no.079

2023~2024

京阪神5天4夜自由行

特別企劃

36分區手指地圖玩透透

目 錄

2023~2024

京阪神
Kyoto Osaka Kobe

地圖隨身go

no.079 M◎◎K

如何使用本書

利用區域編號，方便尋找想要的分區。

景點、美食、購物等介紹直接連結在地圖上，使找路更加方便。

右頁上方標示出分區索引或是單元名稱，翻閱更輕鬆。

23 新世界 しんせかい Shinsekai

大阪庶民集散地，熱鬧商店街好吃好買

ACCESS

① 天王寺公園
⊙大阪市天王寺區茶臼山町 5-55
⊙7:00~22:00
www.tennoji-park.jp

② 通天閣
☎06-6641-9555
⊙大阪市浪速區惠美須東1-18-6

③ CoConChi
☎06-6634-0606 ⊙大阪市浪速區惠美須東
2-7-2 ⊙10:00~18:00、週六日10:00~20:00
⊙不定休 www.yotteya.jp/content/shinsekai

④ 鏘鏘橫丁
⊙中央區惠美須東3丁目
⊙大阪市浪速區惠美須東3丁目
⊙依店鋪而異

⑤ 揚天閣南本通
⊙大阪市浪速區惠美須東
⊙各店休日時間不一 www.shinsekai.net/

⑥ ビリケン神社
⊙大阪市浪速區惠美須東3-6-1
⊙10:00~22:00

124　　　125

編輯或遊客推薦景點，以對話框及黃色特別標示

資訊符號

☎ 電話　　⊙ 價格
⊙ 地址　　⊙ 交通
⊙ 時間　　⊙ 網址
⊙ 休日　　⊙ 注意事項

地圖符號

⊙ 景點　　⊙ 美食　　⊙ 公園　　⊙ 溫泉　　⊙ 碼頭
⊙ 美術館　⊙ 拉麵　　⊙ 書店　　⊙ 甜點　　⊙ 纜車
⊙ 購物　　⊙ 咖啡館　⊙ 學校　　⊙ 和風甜點　⊙ 公車站
⊙ 百貨公司　⊙ 飯店　　⊙ 神社　　⊙ 遊客中心　卍 寺廟

初次來京阪神，吃喝玩樂要如何規劃？市區近郊一路漫遊，途中許多精采景點，熱鬧市區與近郊遼闊的景緻，一網打盡定番景點。

5天4夜自由行推薦 ⓵

途中下車 京阪神滿喫

Day 1
↓
抵達關西機場
↓
a. 梅田‧大阪駅
↓
b. 心斎橋商店街

a. 梅田‧大阪駅
放好行李後，來到梅田‧大阪駅欣賞站內水戶岡銳治以「水」、「綠」、「時」、「エコ」、「情報」為核心，設計8個特色的主題廣場，再到與北棟連接的LUCUA osaka逛街。(見P.96~101)

Donald Duck

b. 心斎橋商店街
著名的時尚流行發祥地心齋橋商店街，百貨及各大時尚品牌齊聚一堂，想要知道當季最流行的裝扮，就到心齋橋商店街走一圈，馬上成為時尚達人。(見P.102~105)

Day 2
↓
c. 万博記念公園
↓
d. EXPOCITY
↓
e. 道頓堀
↓
f. HARUKAS300展望台

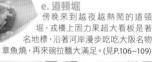

e. 道頓堀
傍晚來到越夜越熱鬧的道頓堀，戎橋上固力果超大看板是著名地標，沿著河岸漫步吃吃大阪名物章魚燒，再來碗拉麵大滿足。(見P.106~109)

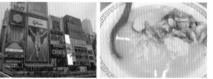

c. 萬博記念公園
起了個大早，轉搭大阪單軌電車到萬博記念公園遊玩，園內分成兩區，一是日本庭園區，一是以岡本太郎所設計的博覽會地標——太陽之塔為中心的自然文化園。(見P.132~133)

d. EXPOCITY
中午轉戰到萬博記念公園旁應有盡有的複合式設施EXPOCITY，集結百貨LaLaport EXPOCITY，以及兼具寓教於樂的設施，如海遊館出品的NIFREL、戶外小型遊樂場ANIPO等，還有日本最大摩天輪OSAKA WHEEL。(見P.133)

f. HARUKAS300展望台
阿倍野HARUKAS300展望台四面透明的玻璃營造360度無死角的視覺體驗，從300M的制高點向外望去，京阪神一帶的風景映入眼底，離開前別忘了買隻逗趣的吉祥物阿倍野熊留作紀念。(見P.123)

g. 姬路城

早起出發到有著白漆喰(抹牆用的灰泥)所塗刷的姬路城，由外緣到城內都全程走完大約需要三小時，尤其是一層層沿著高聳的階梯爬上天守閣更是挺費力的，不過走這一趟絕對值得。(見P.162~163)

i. 三宮

吃飽喝足，來三宮的結緣神社生田神社參拜，再步行至商店街走走逛逛，順道去DONQ位在三宮創始總店買個麵包當下午茶吃。(見P.134~137)

h. 明石

午餐時間逛逛魚の棚商店街，吃吃名物玉子燒也就是明石燒。吃法是將玉子燒放入昆布熬煮成的高湯中吸收湯汁，再享用，也因玉子燒蛋為主體占的比例較高，吃起來的口感也比章魚燒更滑嫩。(見P.160)

j. 神戶港區

晚餐就選在神戶港區，吹著微風，看著來往的點點船隻，欣賞港邊炫目璀璨的港口夜景，氣氛滿點，飽餐一頓後，至Umie逛街購物，結束今日充實的行程。(見P.148~151)

k. 東山

早早出門，搭公車至清水道下車，從塔の下商店街沿石坂道拾級而上，感受清幽的古都風情，在%ARABICA先點杯拉花冠軍的拿鐵暖暖身，漫步至清水寺參拜，走下八坂通時，別忘了回頭看看東山區最具代表性的一席風景「傾斜坂道通往高處的八坂之塔」，走累了至十文堂點份招牌「団楽」有五種口味的糰子墊墊胃。(見P.54~59)

l. 祇園

午餐就選有別於京料理的壱銭洋食，再沿著幽靜的花見小路悠閒慢行，前往結良緣、斬惡緣而聞名安井金比羅宮參拜，只要先在籤紙上寫下願望，再穿過「緣切緣結碑」中間的洞口，願望就能實現。(見P.48~53)

m. 四条・河原町

下午茶至燈光昏暗、充滿懷舊風的Soiree喝杯果凍飲料，小憩一下，補充接下來逛街購物的體力，晚餐選擇京野菜吃到飽的賀茂，亦有提供部分肉食料理。(見P.40~45)

n. 京都塔

今天就要回國了，來去京都塔走走，與古都京都道別。(見P.34)

穿梭古今
吃喝玩樂全制霸

傳統與摩登，璀璨城市與雋雅古都，各個姿態風情萬種，讓人不由自主地想層層探究且細細品味京阪神的百變風貌。

© 京都鐵道博物館

Day 1
↓
抵達關西機場
↓
a.梅小路公園
↓
b.祇園
↓
c.四条·河原町

a. 梅小路公園
梅小路公園內有著豐富的鐵道設施，包含2016年開幕的京都鐵道博物館，以一具大型的扇形車庫為主展場，還能於體驗區搭乘蒸汽火車；一旁的市電廣場將舊市電車的車廂改造成賣店、咖啡店，還復原一台老鏽鏘電車，也可買票搭上電車體驗並巡禮公園風景。(見P.38~39)

b. 祇園
散步至祇園地標——祇園甲部歌舞練場有京都傳統的舞妓、藝妓表演，無論服裝、背景都十分講究，即使外國觀光客聽不懂詞曲，但故事內容並不難猜，華美精緻的舞台也絕對讓你值回票價。再轉往附近的八坂神社參拜，八坂神社是京都藝妓們與商人經常造訪的神社，神社大殿被稱為「祇園造」，是日本獨特的神社建築。(見P.48~53)

c. 四条·河原町
夜晚四條·河原町依舊人聲鼎沸熱鬧非凡，逛街購物的好去處。(見P.40~45)

Day2
↓
d.伏見稻荷大社
↓
e.宇治
↓
f.京都駅

d. 伏見稻荷大社
一早來到全日本稻荷社的總本社伏見稻荷大社，到處看得到口中叼著稻穗或穀物的狐狸，千本鳥居的壯麗景色更是不容錯過的定番景點。參拜後，不妨順道繞往寶玉堂，買個在地伴手禮最佳代表——狐狸面具形狀的煎餅。(見P.86~87)

e. 宇治
近中午來到古寺茶香滿溢的宇治，必訪碩果僅存的藤原文化平等院別名鳳凰堂，從堂前阿字池拍攝的鳳凰堂，也是日幣10円上的圖樣。漫步宇治滿街的宇治茶老舖，下午茶就挑選一家細細品味茶香的深度，加點份招牌甜品品嚐。(見P.82~85)

f. 京都駅
傍晚先至京都塔逛逛囊括美食、土產和體驗的KYOTO TOWER SANDO，再到展望台360度欣賞京都的風景。回程於京都駅內的THE CUBE B1和1樓購買伴手禮，行囊收穫滿滿的一日。(見P.32~39)

g. 北野異人館

明治時代神戶開港後，歐洲人在北野山坡的領事館或居住的家，多建造成接近故鄉風格的洋館保留至今，其中風見雞的館屋頂上的風向雞幾乎已成了北野異人館的標誌。(見P.152~155)

h. 栄町

昔日為神戶港的繁盛區域，至今仍然保有這些存在著繁盛景象痕跡的公寓，濃濃的懷舊感又帶點流行復古時尚，而昔日的辦公室紛紛成了雜貨、咖啡廳、服飾店、藝廊等個性小舖，每一間都有著迷人的故事風景。(見P.146~147)

i. 旧居留地

擁有一系列新文藝復興風格的歐風建築，是100多年前神戶開港時外國人居住的地區，因此稱為舊居留地，如今精品名牌店、露天咖啡座紛紛進駐，午餐就選在具歐洲風情的洋樓享用吧！(見P.142~145)

j. 六甲山夜景

傍晚至六甲花園露台欣賞世界三大夜景之一的六甲山夜景，夜晚點起萬家燈火，從明石海峽一直延伸至大阪平原、關西國際機場的海灣景色，美不勝收。(見P.156)

k. 大阪城

大阪城除最醒目的天守閣之外，城內還有大阪市立博物館，以及古蹟文物大手門、千貫櫓、火藥庫「焰硝藏」、豐國神社等，而西之丸庭園、梅林更是賞花季節人潮聚集的景點。(見P.116~117)

l. ご舟かもめ

遊船佐大阪水岸風情，多元主題有晨間朝食、水上咖啡館、酒吧夜航及建築巡遊是年間定番，並有季節限定的特別企畫，諸如船上茶會、舟中小憩時光、擁被爐烤麻糬的冬遊船，非常有趣。(見P.118)

m. 難波

午餐選在難波千日前道具街附近的烏龍麵老店千とせ，吃了吉本演員也愛的招牌料理碎肉湯，也可點碎肉烏龍麵，吃飽喝足，走到吉本喜劇場場なんばグランド花月和地下街走走逛逛。(見P.110~115)

n. 道頓堀

太陽快下山，步行至道頓堀，晚餐無懸念就選定大阪庶民美食大阪燒與章魚燒，沿著川畔遊逛，最後來碗法善寺橫丁旁的夫婦善哉收尾。(見P.106~109)

o. 梅田‧大阪駅

把握回國前最後的短暫時光，來到與大阪駅相連GRAND FRONT OSAKA做最後採購，度過倒數的旅程。(見P.96)

京阪神市區交通便捷，不愛長程車程移動，那就專心待在京阪神市區裡大玩一番吧！雖然時間總是不夠多，但留有遺憾未能造訪的景點，將是下次旅行的原動力。

遊逛鬧區
熱搜景點一把抓

Day 1

抵達關西機場
⇩
a. 天神橋筋商店街
⇩
b. 梅田・大阪駅

a. 天神橋筋商店街

全長2.6公里為日本最長商店街，亦是大阪天滿宮的參拜道，齊聚老舖商家、和服店、熟食外帶店、大眾食堂等，口味道地、價錢又實惠，堪稱體驗大阪人日常的好去處。(見P.120~121)

b. 梅田・大阪駅

午後逛逛車站周邊的各大百貨，最熱門、最有話題的商品通通都在這裡，夜晚至梅田スカイビル39樓的展望台，腳踏在閃著點點螢光步道上，宛如漫步在銀河上，浪漫指數滿點。(見P.96~101)

Day 2

c. 大阪港區
⇩
d. 心斎橋商店街
⇩
e. 道頓堀
⇩
f. 天王寺

c. 大阪港區

今日第一站海遊館，與瀨戶內海、日本海溝、大堡礁等10個不同型態的海底世界相遇，午餐到一旁天保山Market Place以昭和年代的為主題的なにわ食いしんぼ横丁覓食。(見P.128~129)

e. 道頓堀

傍晚來到繁華熱鬧不夜城道頓堀，河道沿岸好逛好買吃不停，大大的店家招牌吸引遊客佇足，這也是道頓堀人氣有增無減獨樹一格的特色。(見P.106~109)

f. 天王寺

天王寺周邊有HARUKAS近鐵本店、Q'S MALL、天王寺MIO、and、Hoop，堪稱是大阪百貨激戰區也不為過。(見P.122~123)

d. 心斎橋商店街

餵飽肚子後，來逛具有百年歷史的心齋橋商店街，亦是當季流行文化的指標，擁有遮陽頂蓋的心齋橋商店街，晴雨天逛街人潮皆絡繹不絕。(見P.102~105)

Day 3
↓
g.嵐山
↓
h.出町柳
↓
i.六曜社地下店
↓
j.四条‧河原町

g. 嵐山

起了個大早，搭造型復古的蒸汽小火車「嵯峨野號」沿著保津川，奔行到嵐山，第一站漫步於別有一番意境的竹林之道，通往以金榜題名與結緣著稱野宮神社，第二站來到嵐山香火最盛的寺廟天龍寺參拜，午餐選在從前的嵯峨野澡堂的嵯峨野湯享用。(見P.90~95)

i. 六曜社地下店

覺得還不過癮，再到知名的文青懷舊咖啡廳六曜社地下店，點杯手沖咖啡與當店招牌炸得外皮酥脆的甜甜圈，大飽口福。(見P.61)

h. 出町柳

下午來到賀茂川與高野川的交匯處跳烏龜，沿著川畔來到下鴨神社抽張籤詩，拿到御手洗川上看看運勢吧！午茶就去附近有御手洗糰子的始祖之稱的加茂みたらし茶屋吃現烤糰子。(見P.74~75)

j. 四条‧河原町

繼續前往京都最熱鬧的繁華街道，由四條通、河原町通與烏丸通、三條通所圍成的地區，也是造訪京都必逛的購物與美食區。(見P.40~45)

Day 4
↓
k.明石海峽大橋
↓
l.元町
↓
m.神戶港區

l. 元町

滿滿的在地風情來這裡準沒錯，除了元町商店街外，在商店街的南邊還有個唐人風情的南京町。(見P.138~141)

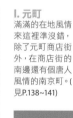

m. 神戶港區

碧海藍天中只見船隻點點，港邊的建築物也配合海洋意象，波光倒映出絕美風華，充分展現海港城市的開放感與自由氣息。(見P.148~151)

k. 明石海峽大橋

難得來到舞子，不如參加Bridge World Tour，體驗走在明石海峽大橋的海上維修步道，親自爬上主塔，從289M的制高點看向淡路島與整個神戶地區吧！下一站前往鄰近的舞子海上步道，走一圈離海面47公尺的迴遊式步道，也是頗有趣好玩。(見P.158~159)

Day 5
↓
n.新世界
↓
關西機場

n.新世界

離開前的早上，來到大阪庶民集散地新世界，熱鬧商店街好吃好買，悠閒的行程就此劃下句點。(見P.124~127)

京阪神人氣銘菓、名物 大盤點 15 LIST

來到關西地區的重心京都、大阪、神戶三區，
擁有各式獨有的銘菓以及別具特色名物，送禮自用兩相宜，
延續旅行的美好回憶，怎麼能兩手空空回國呢？

吉祥物周邊

JR西日本ICOCA的吉祥物カモノハシの
イコちゃん(ICOChan)是隻藍色的鴨嘴獸，
由漫畫家夏野ひまわり所設計，家族成員
有スマートイコちゃん以及小孩イコ太和イ
コ美，各個表情逗趣，令人會心一笑。

阿倍野熊(あべのべあ，Abeno Bear)為
ハルカス(HARUKAS)之吉祥物，以高樓為
意象，阿倍野熊身上飄著朵朵白雲，最喜
愛的食物是雲，最愛做的事是睡覺，沒睡
醒般呆萌的樣子，可愛至極，另有晚霞板
與星空版的阿倍野熊。

新世界一帶隨處可見的ビリケン
(Billiken)幸運之神，據說只要撫摸腳底說
出願望就能美夢成真。

食倒太郎
くいだおれ太郎

頭上戴頂了紅白條紋帽子，臉上帶
著圓框的眼鏡，背著大鼓，敲著太鼓，
穿著紅白條紋小丑裝正是食倒太郎的
正字標記，早在昭和24年就成為道頓
堀店家「大阪名物くいだおれ」的看板
明星，至今仍是大阪響叮噹的人物，多
元化的周邊商品，等著你把食倒太郎
一起打包回家。

網址：http://cui-daore-taro.com/

抹茶/玉露/煎茶

茶道源於京都，提到京都直覺就想到
抹茶，京都地區不乏眾多百年茶舖，一保
堂、中村藤吉、辻利、福壽園、伊藤久右
衛門、上林春松、祇園辻利等，茶香飄香
滿街，把這京都味不單單停留在舌尖，更
要一併飄洋過海帶回國，在家也彷彿置身
於典雅的古都街頭。

七味辣椒粉
七味唐がらし

七味指的是各種香辛料的
組合，包括辣椒、白薑、麻
種、紫蘇、陳皮、山椒、胡椒
等，獨特香辣粉味融合多
種滋味帶出宛如京都優雅
的辣，首推清水寺前350年
的老舖七味家，七味
粉盛裝於葫蘆狀的竹
筒內，將餐桌點綴濃
濃的日本風。

網址：www.shichimiya.co.jp

UCHU wagashi 和菓子

由職人以和三盆糖手作出配色與設
計感十足如詩如畫的和菓子，UCHU
wagashi開創出不同以往視覺衝擊的
新食感，一盒盒糖果主題隨著季節、
節慶更迭，更添入京都風情的元素，宛
如精緻藝術品般，讓人眼睛一亮，大
人氣的好評絕非讓得虛名。

網址：uchu-wagashi.jp/

金網つじ 手編
烤網、咖啡濾網

京都的手編烤網是許多人夢寐以求的
廚房逸品，職人用金屬線所編成的各種物
品，精緻作工堪稱工藝品也不為過，每個
品項數量稀少，想買還得碰運氣。其中又
以店家金網つじ名列之中佼佼者，近期也
與老舖開化堂咖啡合作開發咖啡濾網，
亦成為咖啡達人的夢幻逸品。

網址：www.kanaamitsuji.net/

阪神虎周邊

阪神甲子園球場高校棒球聖地,至今已有近百年歷史,亦是阪神虎(阪神タイガース)主場,整個關西地區幾乎都隸屬虎迷的勢力範圍,而虎迷一向以瘋狂的熱情著稱,各式周邊一應俱全,包含傳統的加油配備以及與卡通人物聯名的加油道具,亦有文具、生活用品、雜貨等,一同感受棒球迷死忠的愛。

網址:hanshintigers.jp/

和小物

有運用各色和風織布縫製而成的傳統圖樣及緣起物,緣起物指的是日本傳統的吉祥物,如招財貓、達摩、金魚、青蛙、長壽龜、茄子、白鶴、波千鳥等;亦有創新將日本古典文化以刺繡呈現一枚枚繡成紋樣,傳統與創新的和小物任君挑選。

網址:https://mrucompany.co.jp/brand/manekiya/
(まねきねこのて──招喜屋)、www.chirimenzaikukan.
jp/(ちりめん細工館)、www.kyototo.jp/(京東都)

NAGASAWA煉瓦倉庫店 原創限定文具

明治15年(1882年)創業以來,神戶老舖文具房NAGASAWA深受地緣居民喜愛,販售多種鋼筆,亦開發與神戶在地特色息息相關的限定原創商品,像是原創色的Kobe INK物語,以神戶特色主題命名,另有限定鋼筆的筆頭刻有神戶限定的風見雞圖案,以及描繪濃濃神戶風情的紙膠帶與神戶風景意象的尺,成為文具控最佳朝聖地。

網址:kobe-nagasawa.co.jp/

フエキくん

創業超過百年的不易糊公司,以生產糨糊出名,1957年創造出可愛的フエキくん造型的糨糊包裝,成為4、5年級生童年的共同回憶,如今フエキくん更進化出各種不同樣貌的內容物,有煉乳布丁、護手霜、身體乳等,多樣化的選擇。

網址:https://www.fueki.co.jp/fuekikun/

風月堂 法蘭酥

風月堂創業於明治30年(1897年),最具代表性的名品是法蘭酥,圓形煎餅中間夾著一層奶油,除了有草莓、巧克力、香草三種傳統口味,近年來另開發紅茶、抹茶、咖啡、水果等口味,薄脆又口齒留香,是來訪神戶時必買的伴手禮之一。

網址:https://www.kobe-fugetsudo.co.jp/

SOU・SOU

以工作便靴打響名號的SOU・SOU,讓傳統走入現代,製作出更符合潮流的商品,例如日本風布包、相機包巾、文具用品、襪子等,也可以單獨購買布料自己變化出更多品項。日風雜貨控SOU・SOU結合傳統手工藝的舒適質感與融合和洋風格的摩登設計是絕不能錯過的伴手禮。

網址:www.sousou.co.jp/

京飴
京あめ

京飴老舖今西製菓傳承百年的手工滋味,兼具古都風雅意趣,近年開創出嶄新品牌Crochet,宛如皇朝再現的華麗風采,融合歐陸糖果色澤講求繽紛炫目,以及結合傳統重京飴的好滋味,色澤呈現很西方,色彩選擇很東洋,賦予傳統京飴嶄新的突破。

網址:crcht.com/

日本環球影城限定商品

哈利波特、蜘蛛人、小小兵、芝麻街裡可愛的ELMO和大鳥、史努比、HELLO KITTY等環球影城旗下的螢幕明星,除了可以在影城內找到他們的身影,更可以在影城的商店中找到各式各樣超級可愛限定商品。

網址:https://ucw.jp/

北極星 蛋包飯番茄醬
オムライス好きのケチャップ

要說關西最好吃的蛋包飯,在地人大多都會推薦北極星。原來,深受日本民眾喜愛的蛋包飯正是於1925年誕生於此,而蛋包飯的靈魂之一番茄醬,更能提升蛋包飯美味的等級,推薦買一瓶北極星蛋包飯專用番茄醬,在家也能品嘗到老舖的味道。

網址:hokkyokusei.jp/

京阪神
吃貨必達 15 LIST

説到京阪神的美食，有多可口、有多美味，絕對無需多贅述，
這裡推薦定番美食，從平價的庶民B級美食到高貴的高級料理，
和我們一起繞進小巷弄、在市區穿梭，在美食之都，品嚐味覺的饗宴吧！

章魚燒
たこ焼き

大阪庶民美食的代表之一，亦是章魚燒激戰地，各家章魚燒店家無不開創出各具特色的章魚燒一較高下，有章魚燒發源的会津屋；有著新鮮特大章魚塊的本家大たこ；有東大阪工廠自製的醬汁調味的あっちち本舖，即使冷冷的吃依舊美味；有把章魚燒浸在湯中的赤鬼；有在章魚燒灑上天カス(天婦羅的麵衣)口感脆脆的十八番等，多重選擇，讓人難以抉擇。

狐狸煎餅
きつね煎餅

寶玉堂狐狸煎餅創始店，將狐狸煎餅做成面具形狀，也成為最具伏見稻荷代表的伴手禮。煎餅加入白味噌調味，香氣十足，口感酥脆且溫潤的甜度，讓人一口接一口停不下來。

神戶牛排

日本三大和牛為神戶牛、近江牛以及松阪牛，通通都位於關西地區。神戶牛肉的產地為但馬及淡路島，而要成為神戶牛，必須經過嚴峻的審核標準。以炭火慢烤、鐵板炙煎的牛排，還有細火慢燉的燉牛肉都是顯出牛肉美味的箇中翹楚。

洋菓子

神戶美食首推洋菓子，神戶甜點擁有高度品牌知名度，職人們發揮創意，運用當季食材製作出一個個宛如藝術品的甜點，推薦教堂甜點屋FREUNDLIEB，三宮Berry經濟實惠平價蛋糕，榮町由香港主廚經營的法式蛋糕店mont plus，西洋老洋房咖啡屋TOOTH TOOTH TOOTH maison15th，與甜點來個美麗的邂逅吧！

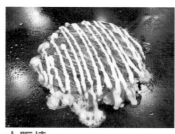

大阪燒
大阪焼き

大阪燒這種介於主食與點心的料理，因為便宜又大碗的庶民性格成為大阪的代表性美食。最基本的材料少不了蔥末、高麗菜絲、蛋、海苔等，另外還有海鮮、肉類。上桌前灑上柴魚片、美乃滋、還有深紅色的紅薑絲去腥調味，鮮豔色彩構成一幅美食畫面，刺激味覺。

抹茶聖代/抹茶冰淇淋
抹茶パフェ/抹茶アイスクリーム

京都抹茶名聞遐邇，不乏百年老舖的茶寮與新興店家，店內提供各式各樣的抹茶甜點，抹茶聖代、抹茶團子、抹茶霜淇淋、抹茶蛋糕、抹茶餅乾、抹茶果凍等，像是定番中村藤吉本店限定竹桶裝的生茶ゼリイ(生茶果凍)，亦有提供服務、空間與餐點皆比照料亭規格的無碍山房Salon de Muge濃い抹茶パフェ(濃抹茶聖代)，各有千秋，值得親自品嚐箇中之味。

十文堂

十文堂的招牌團樂有五種口味的烤糰子,京風白味噌、黑芝麻醬油、御手洗、磯邊燒、紅豆粒,份量不大,一口一種口味,吃完剛剛好。

老松 夏柑糖

老松在室町時代是獻貢給宮廷御用的和菓子老舖,夏季限定名物的夏柑糖,是在柑橘內填入清涼的寒天,充滿酸甜的香氣,堪稱是絕佳的消暑聖品。

出町ふたば 名代豆餅

出柳町商店街內的百年老店,招牌名物名代豆餅,餅皮柔軟Q彈,紅豆內餡鬆軟香甜,餅皮上帶著淡淡鹹味的黑豆有著畫龍點睛的效果,讓名代豆餅美味更加成。

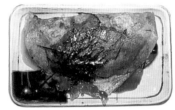

湯豆腐

京都向來以潔淨冰涼的地下水著稱,是製造豆腐的絕佳環境。做法非常簡單,陶鍋中倒入昆布熬出的湯頭,在鍋下方以微火加熱,湯頭將滾之際放入大塊的木綿豆腐,並放入切片或切絲的桔皮增加香味,將火調小慢煮,等豆腐微微發漲並逐漸浮起時,就表示已吸足湯頭味道可以起鍋。以篩匙撈起一塊豆腐至盤中,沾點桔汁和鰹魚醬油混和的調味料就非常可口。

串炸
串カツ

新世界名物串炸,食材裹上磨得略細的麵包粉下鍋油炸,外皮薄又酥脆,內部麵糊軟Q咬勁十足,展現香脆口感,搭配醬汁食用格外美味。特別的是也有店家推出甜品串炸,延伸串炸的無限可能。

壹錢洋食

壹錢洋食據説是大阪燒的始祖,在鐵板上用麵糊煎出餅皮,餅皮上加入洋蔥、國產和牛、蒟蒻、竹輪、紅生薑、櫻花蝦、天かす、鰹節、蛋,餅皮對半折包裹滿滿餡料,淋上濃厚味重的醬料,再撒上海苔絲就大功告成了,價格實惠可説是平民美食的代表。

紅葉天婦羅
紅葉天ぷら

大阪郊區箕面公園名物非紅葉天婦羅莫屬,將食用楓葉裹上厚厚麵糊下熱鍋油炸之後,立刻變成香酥可口的零嘴,五角楓葉狀的外觀也頗為詩意,這可是已經有1300年歷史的傳統點心呢!

重亭 漢堡排
ハンバーグステーキ

下町洋食店重亭,招牌名物現點現做的漢堡排,牛豬肉混和碎洋蔥製成的漢堡排,外皮煎得微焦香脆,切開後飽滿肉汁宛如瀑布般傾瀉而出,搭配店家自製番茄醬與創業以來一直使用的醬汁Demi-Glace sauce,甜鹹滋味,美味無比。

章魚飯
ひっぱりだこ飯

ひっぱりだこ飯是紀念1998年落成的明石海峽大橋所推出的便當,盛裝章魚飯的容器是模仿傳統捕魚法的蛸壺所製作的陶器,主菜兩大塊明石蛸(章魚)腳,配上季節蔬菜,冷便當卻擁有讓人驚艷不已的好滋味。

京阪神旅遊交通情報

京阪神的鐵道系統總是讓人又愛又恨，愛的是它那方便、快速
以及可以深入各大景點的優勢，恨的就是它那錯綜複雜、各家鐵道系統交錯的線路。
其實只要弄清楚幾個主要的系統與路線，再搭配本書完整詳實的地鐵圖(見P.18~19)，
相信這些乘車、轉車的困擾都能馬上迎刃而解，旅途上一路暢行無礙。
而京都則有繁密的巴士系統，搭配鐵道一同搭乘更快速方便。

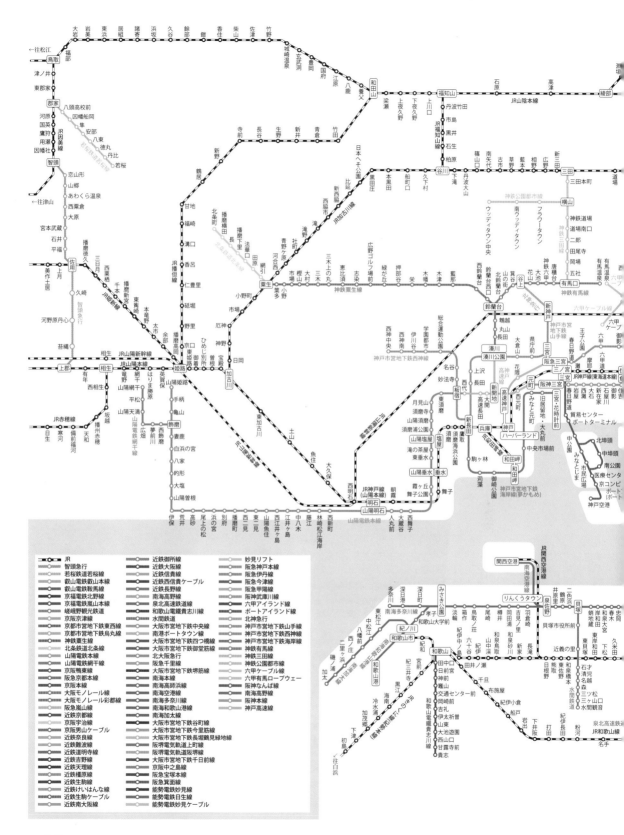

18

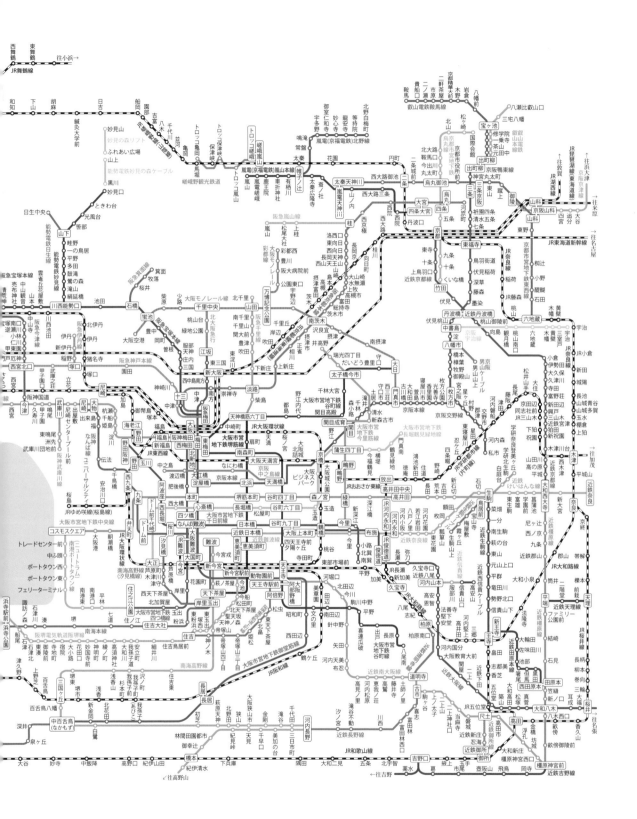

如何進入京阪神

從關西國際機場要進入京阪神市區有許多交通方式，時間、價格也有所不同，所要花的時間越長當然價格也就越便宜，端看個人需求及預定住宿的飯店地區所選擇。

鐵路前往京都大阪

關西機場是關西地區的主要門戶，位在大阪府內，但其實距離大阪市區也有一段距離，好在有大眾運輸工具可以利用。從機場通往京都、大阪市中心的方式最常利用的就是鐵道。

◎JR特急Haruka
関空特急はるか

特急Haruka隨著關西機場開航而運行，是從關西機場連結大阪市區最快的一輛車。票價較其他列車貴，但因為快速和舒適的優點，十分受到商務人士歡迎。另外，車廂前後有行李櫃可擺放大型行李箱，所以就算帶大包小包也不用怕沒地方放。

路線名	目的地	需要時間	車票＋普通指定席
特急Haruka	新大阪	約50分	¥3110
	天王寺	約32分	¥2470
	京都	約1小時18分	¥3630
	大津(滋賀縣)	約1小時27分	¥4790

註：前往難波駅、大阪駅需在天王寺轉車

這麼多種車，究竟要選哪一個好？

其實主要還是依住宿地點而定。以大阪來說，繁華區可分為南北二區，南區是難波、道頓堀、心齋橋一帶，北區則是梅田、新大阪一帶。如果住北區，建議搭乘JR特急HARUKA至新大阪或JR關空快速至大阪駅(梅田)；若在南區就搭乘南海電鐵至難波最方便；反之，回程也是以此概念選擇班車。但如果住宿的飯店剛好有利木津巴士停靠，那麼巴士也是不錯的選擇。

◎JR關空快速

JR關空快速線是連結機場與大阪市區較為方便的路線之一。由於JR鐵道四通八達，如果預計下榻的飯店並非在大阪、梅田或是難波、心齋橋一帶的話，利用JR稠密的鐵道系統反而較為便利。

路線名	目的地	需要時間	車票＋普通指定席
關空快速	大阪	約1小時10分	¥1210
	京橋	約1小時20分	¥1210
	天王寺	約55分	¥1080
	日根野	約13分	¥460

註：前往難波需在天王寺轉車，往京都在大阪駅轉車。

◎南海電鐵特急Rapi:t
ラピート

南海電鐵是從關西機場前往難波、心齋橋地區的最好選擇。Rapi:t是由南海電鐵營運的特急列車，其模仿飛機的橢圓形車窗及結合力度與速度美感的車頭，是許多鐵道迷心中的完美車形。Rapi:t穿梭於機場與難波地區，全車皆為指定席，車廂前後有行李櫃可擺放大型行李箱。

路線名	目的地	需要時間	車票＋普通指定席
Rapi:t α	なんば(難波)	約34分	¥1450
Rapi:t β	なんば(難波)	約39分	¥1450
	堺	約27分	¥1360

◎南海電鐵空港急行

由關西機場前往難波地區，南海電鐵是很方便的移動手段。除特急Rapi:t之外，還有空港急行與每一站都停的普通車，而由於普通車和空港急行票價相同，因此一般不會特地選擇普通車。搭乘空港急行雖花費較多時間，卻是從機場進入大阪南部市區最便宜的交通方式。

路線名	目的地	需要時間	票價
空港急行	なんば(難波)	約50分	¥930
	新今宮	約47分	¥930
	堺	約35分	¥840

註：從機場出發的時段如果只有普通車的話，可以搭至泉佐野站再轉搭開往なんば(難波)的急行列車，會比坐普通車快很多。

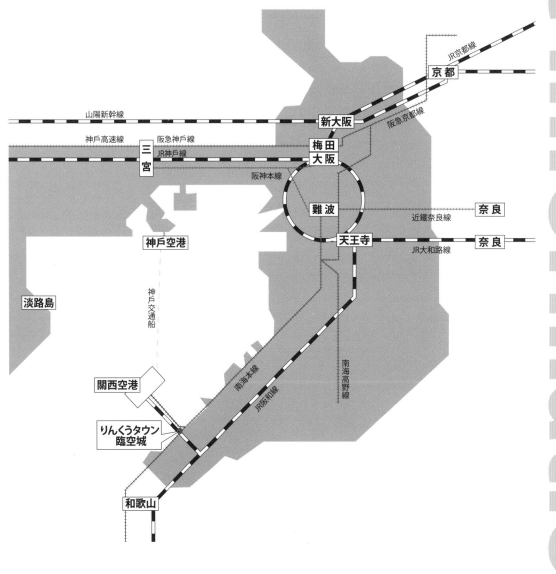

JR京都線

京都

山陽新幹線

新大阪

阪急京都線

神戸高速線　阪急神戸線

梅田

三宮　JR神戸線

大阪

阪神本線

難波

神戸空港

近鐵奈良線

奈良

天王寺

奈良

JR大和路線

淡路島

神戸交通船

關西空港

りんくうタウン
臨空城

南海本線

JR阪和線

南海高野線

和歌山

水路前往神戶

Bay Shuttle
🌐 www.kobe-access.jp/

　神戶機場與關西國際機場皆位於大阪灣內，為因應神戶機場開通，搭乘Bay Shuttle是目前從關西機場前往神戶最快速的交通方式。從關西機場搭乘接駁巴士至關西機場海港棧橋，搭乘Bay Shuttle僅需30分，下船後再從神戶機場轉搭乘神戶機場港區捷運線，約18分即可達最熱鬧的三宮地區。

路線名	目的地	需要時間	票價
Bay Shuttle	神戶機場	約30分	¥1880

公路前往京阪神

利木津巴士
リムジンバス
🌐 www.kate.co.jp/pc/index.html

　利木津巴士是連結關西機場與大關西地區各主要車站與飯店的巴士，包括京阪神主要地區與周邊兵庫、奈良、和歌山、岡山及四國地區等各縣皆可抵達，共有23條路線，如果行李較多且預定住宿於利木津巴士有停靠站牌的飯店，這是最好的選擇。

　以下為機場1航廈前往各主要車站的時間和票價。

乘車處	目的地	需要時間	票價
3號	大阪灣、日本環球影城	約60~70分	¥1600
4號	西宮	約55分	¥1800
5號	大阪駅、梅田	約60分	¥1600
6號	神戶三宮	約1小時5分	¥2000
7號	心齋橋、近鐵上本町	約55分	¥1600
8號	京都駅八條口	約1小時30分	¥2600
11號	難波(OCAT)	約50分	¥1100

ICOCA & HARUKA

　JR西日本針對外國遊客推出「ICOCA & HARUKA」折扣，內含一張ICOCA卡與特急HARUKA的自由席優惠票券。HARUKA至天王寺單程票價￥1800，加上ICOCA售價￥2000，需￥3800，但此折扣組合只需￥3200。

◎多少錢
至天王寺單程￥3200、來回￥4400；至新大阪單程￥3600、來回￥5200。無兒童票。

◎哪裡買
可至JR關西空港駅的綠色窗口（みどりの窗口），填寫資料並出示護照即可購買，一人限購一張。也可事先上網預約，再到機場兌換。

◎要注意
・**使用期限：**機場出發的單程票限當日使用，來回票14天內有效。
・**乘坐限制：**路線範圍內可自由轉乘JR一般列車，但不可乘坐特急列車，也不能中途出站。
・**購買限制：**來回型的ICOCA&HARUKA只能在關西機場購買。
・**只買HARUKA優惠票：**如果已持有ICOCA，可以單獨購買HARUKA優惠票，價格為組合票扣去￥2000(ICOCA售價)。購買時需出示卡片。
・**圖樣：**除了一般的ICOCA，還有具收藏價值的風神雷神、Hello Kitty版，但要是退款的話卡片便會被收回，不如把餘額用光，留作紀念。

京阪神市區交通

作為國際知名觀光城市，京阪神三地區不論連接機場或市內交通都相當便利，即使是初次前往，只要依循清楚的交通指示，也能順利抵達各大觀光景點。

JR西日本

🌐 www.westjr.co.jp ☎ 0570-00-2486、078-382-8686

JR（Japan Rail）原本是指的是日本國營鐵路，但政府不堪長期的虧損，於是將JR民營化，而依日本各個區域，分別成立JR東日本、JR東海、JR西日本、JR北海道、JR九州、JR四國等幾個民營公司。在大阪市區最常利用的就是JR環狀線、JR東西線，京都則是JR京都線、JR奈良線、JR嵯峨野線，另外還有JR神戶線、JR大和路線、新幹線，是在關西地區做長途移動的最佳交通選擇。

綠色窗口

綠色窗口(みどりの窗口)是JR的票務櫃臺，販售著JR的各式車票，包括一般乘車券、特急券、指定券等，也負責販售月票及套票。雖然JR的車站大多設有自動售票機，但若是起訖點超過所在車站範圍的車票、需要劃位的指定券等，還是得到綠色窗口購買。

大阪市營地下鐵

🌐 subway.osakametro.co.jp ☎ 06-6582-1400

大阪地下鐵擁有9條路線，與JR大阪環狀線串聯起來共同譜出大阪市區的交通圈。其中連接梅田與難波的御堂筋線、四つ橋線，連接梅田與天王寺的谷町線，從市區往大阪港區的中央線等都是較常被觀光客所利用的熱門路線。在大阪市區內重要的區域地下鐵幾乎全都能到，彼此間的轉乘也很方便，是在大阪旅行時的便利鐵路系統之一。

・御堂筋線

重要車站：新大阪、梅田、淀屋橋、本町、心斎橋、なんば、動物園前、天王寺

御堂筋線是大阪的第一條地下鐵，也是全日本第一條公營的地下鐵。由日本國土交通省調查，在御堂筋的梅田與淀屋橋之間，是乘客流量最大的區間。御堂筋線被喻為是大阪交通的大動脈，故其代表顏色是紅色。

・谷町線

重要車站：東梅田、南森町、天満橋、谷町四丁目、天王寺

谷町線是從大阪府北邊的守口市經由大阪市中心，延伸至大阪府南部八尾市的路線，是大阪地下鐵中營業長度最長的一條路線。由於沿線有許多寺廟古蹟，所以路線就採用和尚袈裟上的「紫」當作代表色。

・四つ橋線

重要車站：西梅田、四ツ橋、なんば

四つ橋線最初的設定是作為御堂筋線的支線，所以在梅田車站旁再設了西梅田車站分擔御堂筋線的流量。是大阪地下鐵中流量第四大的路線。由於其分擔流量的特性，故以與大動脈紅色相對的「靜脈」藍色作為代表色。

・中央線

重要車站：コスモスクエア、大阪港、本町、谷町四丁目

中央線連接了大阪市住之江區的コスモスクエア駅與東大阪市的長田駅，因行走於中央大通地下，因而有中央線的暱稱。中央線肩負著大阪市東西向的交通，且為大阪所有的地下鐵中，唯一一個與所有路線連接的路線。

阪神電鐵

🌐 www.hanshin.co.jp/global/tw ☎ 06-6457-2123

由字面就可以明白，阪神電鐵的營運路線主要在大阪至神戶之間，但事實上還延伸至世界文化遺產姬路城的所在地「姬路」。由於阪神的票價較為便宜，停靠站又多，所以相當受到當地居民歡迎。雖然速度比不上JR，但如果想省錢也想來趟鐵路慢活旅行，阪神電鐵倒是個不錯的選擇。

阪急電鐵

🔗 https://www.hankyu.co.jp/　📞 0570-089-500、06-6133-3473

阪急電鐵涵蓋的範圍廣大，全線長143.6公里，神戶、大阪、京都這三大區域都有其運行軌跡。以大阪梅田為中心，向外大致可以分為神戶線、寶塚線、京都線；列車分為普通、準急、特急等，不必再另外購買特急券也能搭乘。前往京都嵐山、兵庫寶塚時會建議搭乘阪急電鐵，較為方便。

南海電鐵

🔗 www.howto-osaka.com/tc/　📞 06-6643-1005

南海電氣鐵道主要運轉區間在大阪南部至和歌山、高野山一帶，也連結大阪難波與關西機場之間的交通。因為高野山在2004年被聯合國教科文組織登錄為世界遺產，使得通往高野山最方便的交通路線——南海高野線，受到日本各地與外國人觀光客的注意。

近畿日本鐵道

🔗 www.kintetsu.co.jp　📞 06-6771-3105

日本最大的私鐵公司，愛稱為「近鉄(きんてつ)」。其路線幾乎涵蓋近畿南面區域，也就是大阪、京都、奈良、三重及名古屋之間。尤其由大阪往奈良，雖然有JR和近鐵可以選擇，但由於JR奈良駅離奈良觀光區域較遠，大多數人會選擇搭乘近鐵至近鐵奈良車站。

京阪電車

🔗 www.keihan.co.jp/travel/tw/　📞 06-6945-4560

京阪本線在三條駅與地下鐵東西線的三條京阪駅相交，是市巴士在市區內最大的停靠點之一。搭乘京阪本線到出町柳駅，可轉搭叡山電鐵前往貴船、鞍馬和比叡山延曆寺。

京福電鐵

🔗 randen.keifuku.co.jp/tw/　📞 075-801-2511

通稱「嵐電」的京福電鐵，為京都最特別的路面電車，共有兩條主要路線，分別為連結市區的四條大宮駅和嵐山駅的嵐山本線，以及通往仁和寺、妙心寺、北野天滿宮的北野線。

叡山電車

🔗 eizandensha.co.jp/　📞 075-781-3305

起站為出町柳駅，叡山電車鞍馬線通往貴船、鞍馬，叡山電車叡山線則可在八瀨比叡山口駅下車轉乘纜車到比叡山延曆寺。

神戶市營地下鐵

🔗 www.city.kobe.lg.jp/life/access/transport　📞 078-322-5924

在神戶地區，除了各大私鐵與JR之外，最常被觀光客使用的當屬神戶市營地下鐵海岸線了，由於連接神戶港區與三宮繁華街，讓來往兩地更便捷。

京都市營地下鐵

🔗 www.city.kyoto.lg.jp/kotsu/　📞 0570-666-846

京都市主要有兩條地下鐵，分別是南北向的「地下鐵烏丸線」和東西向的「地下鐵東西線」。

・東西線

東西線連結了宇治市的六地藏駅及右京區的太秦天神川駅，沿線經由蹴上、東山、三條京阪、京都市役所前、烏丸御池、二條城前、二條等。

・烏丸線

烏丸線是京都市最早的市營地下鐵，連接左京區的國際會館駅與伏見區的竹田駅，沿線經由北大路、今出川、烏丸御池、四條、京都等。

計程車(タクシー)

若在京都市區內短距離搭乘，且有3~4人一起搭乘的話，計程車並不會比搭乘市巴士貴太多。假設4個人要從京都駅前往清水寺的計程車車資跳錶約為￥1400，搭乘市巴士則為￥230×4人＝￥920。

＊計程車車資查詢網站：www.taxisite.com

＊計程車價格

小型車：最多可搭乘人數：4人

中型車：最多可搭乘人數：5人

京都市域地區起跳價、跳錶區間：1000m以內￥500。之後約279m跳錶，一次￥100

京都北部地區起跳價、跳錶區間：1300m以內￥570起跳。之後約226m跳錶，一次￥80

阪神優惠交通票券

　精打細算的旅人一定要看！本篇將介紹阪神地區的優惠票券，不管是省錢的，方便的，每一種套票都各有其優點，要怎麼決定自己適合哪一張票，其實只要抓出計劃中的行程景點，將交通費列出，再與套票做比較，加加減減，最適合自己的套票就很明顯囉！

關西悠遊卡
KANSAI THRU PASS

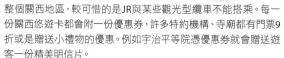

區間：京都、大阪、神戶、比叡山、姬路、和歌山、奈良、高野山的電車、地鐵與巴士(有一定範圍)，範圍幾乎涵蓋了整個關西地區，較可惜的是JR與某些觀光型纜車不能搭乘。每一份關西悠遊卡都會附一份優惠券，許多特約機構、寺廟都有門票9折或是贈送小禮物的優惠。例如宇治平等院就會贈送遊客一份精美明信片。

💴 二日券￥4,380、三日券￥5,400。兒童券(6-12歲)，票價為成人的一半。

🏠 以觀光為目的短期滯在旅客，憑護照可在關西機場觀光資訊服務中心、梅田、難波、大丸心齋橋等地的遊客中心購買。另外也可以在出發前先於國內各大旅行社購買。

🎫 可在卡片效期內任選二/天使用(不需連續)

🌐 www.surutto.com/tickets/kansai_thru_hantaiji.html

JR西日本關西地區鐵路周遊券
JR WEST RAIL PASS Kansai Area Pass

區間：通行於京都、大阪、神戶、奈良、滋賀等縣活動。在使用期限內，可以無限次搭乘範圍內JR西日本的普通車、快速、新快速、特急HARUKA的自由席，但不可搭乘新幹線與其他特急列車。票券分為1~4天，需要連續使用。若是只買1天票，光是搭乘特急HARUKA進出關西機場都很划算！

💴 一日券￥2,400、二日券￥4,600、三日券￥5,600、四日券￥6,800(兒童6~11歲半價)。若於JR售票處購買票價較貴。

🏠 短期滯在的旅客可以(1)網上預約，列印出有預約號碼之郵件，在京都駅、新大阪駅、大阪駅、關西機場填寫申請表，出示護照及預訂信件購買。(2)洽旅行社購買兌換憑證，先在申請書上填妥姓名、護照號碼、旅行開始日期等必要項目，到日本後於連同兌換券及護照在京都駅、新大阪駅、大阪駅、關西機場、三ノ宮駅、和歌山駅、奈良駅兌換。(3)在日本境內購買，只能購買一張，並且需出示護照及回程機票。

🎫 兌換憑證需於發行日起三個月內兌換。

🌐 www.westjr.co.jp/global/tc/

阪急全線乘車券
HANKYU TOURIST PASS

區間：阪急電鐵全線(神戶高速線除外)無限次乘坐

💴 一日券￥700、二日券￥1,200(只有成人票券)。

🏠 阪急ツーリストセンター大阪梅田(阪急旅客服務中心，位於阪急梅田駅1樓)；阪急阪神ホールディングスグループ沿線主要飯店(包含大阪新阪急飯店、阪急國際飯店、京都新阪急飯店)；關西機場、大丸心齋橋、京都關西旅遊資訊服務中心。

🌐 www.hankyu.co.jp/global/zh-tw/tickets/information/index.html#ticket01

ENJOY ECO CARD
エンジョイ エコカード

區間：大阪市地下鐵、市巴士一日無限次乘坐，憑卡還有約30家設施的優惠。

💴 成人￥820(週六、日及例假日￥620)、小孩￥310

🏠 大阪市地下鐵售票機、大阪市營交通案內所、定期券販賣處，大阪市巴士內(只賣大人券)、市巴士營業所。

🌐 subway.osakametro.co.jp/guide/page/senjoy-eco.php

大阪周遊卡
大阪周遊パス

區間：大阪市巴士、地下鐵全區一天或連續二天使用，唯一日券還能搭坐阪急、阪神、京都、近鐵、南海電鐵等部分區域列車。持本券可免費進入40個景點，如通天閣、空中庭園展望台、大阪城天守閣等處，是十分優惠的一張票券。

💴 一日券￥2,800、二日券￥3,600

🏠 關西機場KAA櫃台。一日券於大阪市各車站；關西機場、大丸心齋橋、京都關西旅遊資訊服務中心；大阪、難波旅遊服務中心；阪急、阪神、京阪、近鐵、南海的主要車站與部分飯店皆可購買。二日券於關西機場、大丸心齋橋、京都關西旅遊資訊服務中心；大阪、難波旅遊服務中心購買。由於二日券只賣給外國人，購買時要出示護照。另一、二日券也可洽旅行社購買。

🌐 www.osaka-info.jp/osp/cht/

交通儲值卡

ICOCA

　由JR西日本推出的ICOCA是類似台北捷運悠遊卡的儲值票卡，首次購買後便已有￥1,500的額度可以使用，不管是用在搭乘電車、公共置物櫃，或是在便利商店購物都很方便，票卡內的金額用完後只要在機器加值即可。ICOCA因與PiTaPa合作，所以除了JR還可使用於京阪神的市營地下鐵及各大私鐵，十分地便利。

販賣地點：各JR車站的車票自動販賣機。

價格：￥2,000(內含可使用額度￥1,500、保證金￥500，退還卡片時可領回保證金，卡片餘額的部分會扣除￥220的手續費)。

加值金額：每一次可加值￥1,000、2,000、3,000、5,000、10,000

改札口：將ICOCA輕輕觸碰改札口感應處，就可迅速進入車站。

自動精算機：如果卡片中的餘額不足，無法通過改札口，必須在精算機精算出餘額，也可以直接在精算機加值。

✈ ICOCA好好用

只要認明有ICOCA鴨嘴歐圖案，就可以使用ICOCA消費。

1.商店消費
　只要商店貼有可使用ICOCA的商標，就可以在付款時，以ICOCA輕輕觸碰收銀台旁邊的ICOCA感應機，直接付費。

2.投幣式寄物櫃
　JR主要車站有許多使用ICOCA的置物櫃，可直接以ICOCA操作。

自動售票機購票步驟

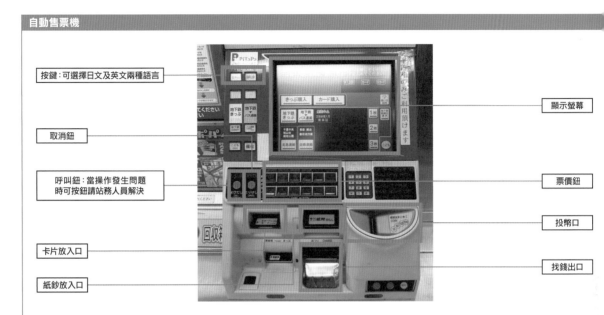

按鍵：可選擇日文及英文兩種語言

取消鈕

呼叫鈕：當操作發生問題時可按鈕請站務人員解決

卡片放入口

紙鈔放入口

顯示螢幕

票價鈕

投幣口

找錢出口

1 搭乘普通或快速電車，只需要在自動售票機購票即可。自動售票機上方通常都會有電車票價表，找出你要的目的地，便可在站名旁看到所需票價。

2 將銅板或紙鈔投進去，螢幕會顯示投入金額(有的售票機不接受￥5,000或￥10,000的紙鈔)。

3 先按下螢幕的「きっぷ購入(購買車票)」，再選「地下鉄きっぷ(地下鐵車票)」，也可按機器右側白色的「地下鉄きっぷ(地下鐵車票)」按鈕。

4 點選完後，紙鈔放入口上方的按鍵便會顯示車票金額，只要按下你選的目的地的票價即可。

5 取出票券以及找的零錢與紙鈔。

如何搭乘地鐵

1 購買車票：看好路線表上的價錢後，可以直接在自動售票機買票。如果覺得不會用，可以到綠色窗口用簡單的英文或紙筆購買。持SUICA或PASMO的人則不需再購票。

2 進站：將車票放進改札口，如果有特急券的話可能會有2張甚至3張票，一次放進改札口後，通過取票即可。持ICOCA的人則感應票卡即可。

3 尋找月台：知道搭乘路線後，尋標示可以找到正確的月台。

4 確認車次：月台上的電子看板會顯示車次相關資訊，記得看清楚免得搭錯車。

5 確認等車的位置：雖然各地標示不同，但月台上都有指標告訴你各種列車停車的位置。普通列車可自由從各車廂上下車。如果是自由席／指定席的話記得找到該車廂。而車輛編列的不同會影響乘車位置，要注意。

6 乘車：一般電車、如JR神戶線等普通列車，可自由從任何車廂上下車。如果是特急列車有指定席的話，要找到自己的座位，按照位置上的編號坐下。持普通車票無法乘坐對號車。

7 確定下車站：大多的列車上會有電子看板，記得下車站名的漢字就沒問題。另外到站前車內也會有廣播，不過除了往來機場的列車之外，一般車都只有日文廣播，熟記下車站的發音也可以避免下錯車站。

京都市內巴士

市內有80多條市巴士行駛路線，在固定的區域範圍內無論距離長短，都是搭乘一次￥230，若是一日要搭乘市巴士3次以上，建議可購買￥700的「巴士一日券」，可在定期券販賣所、市營巴士車內購買，或是在京都駅前的「市巴士、地鐵案內所」裡購買，並可免費獲贈市巴士路線地圖(有英文和日文版)。

觀光巴士

京都有推出多種行程的觀光巴士可利用，包括金閣寺、銀閣寺、清水寺的三大名勝巡遊，繞行嵐山、金閣寺、伏見稻荷大社的主要觀光地一日行程，或者是體驗嵐山小火車與保津川遊船的經典一日遊行程，還有依季節推出的紅葉、點燈行程，價格依行程而異，建議可以事先預約。

京都巴士

京都巴士行駛的主要路線為嵐山、太秦、大原、鞍馬寺、貴船神社、大覺寺、苔寺、三千院、寂光院，在京都駅、三条京阪、四条河原町、北大路、出町柳駅前皆可搭乘。京都市內區間皆為搭乘一次￥230，超過京都市內在上車時要抽一張段號卡，依司機座位上方的顯示牌上的段號數字碼所對應的金額增加車資。

京阪巴士

京阪巴士的主要路線為山科、醍醐、大津、比叡山，在三条京阪、四条河原町駅前皆可搭乘。車資起跳￥230。

JR巴士

JR巴士行駛的主要路線為高雄地區的高山寺、神護寺，在京都駅前可搭乘。都市內區間皆為搭乘一次￥230，超過京都市內在上車時要抽一張段號卡，依司機座位上方的顯示牌上的段號數字碼所對應的金額增加車資。

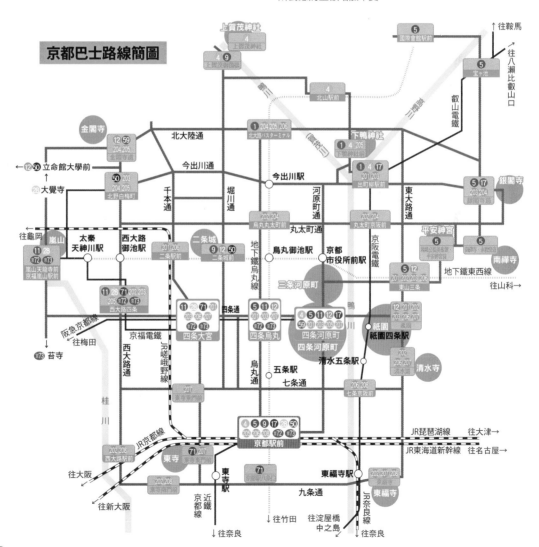

京都巴士路線簡圖

如何搭乘巴士

搭公車總是會讓人怕怕的嗎？別擔心，就跟著搭公車Step by Step，東南西北任你遨遊。

1. 尋找站牌

如果手邊沒有地圖或網路，先往主要道路和大路口移動，多半都能在找到公車站牌。主要轉乘點路口附近也能找到公車站牌位置的地圖。

2. 看懂巴士站牌與時刻表

巴士站牌都會標出車種、路線停靠標示和時刻表，大部分車站也會有即將到站的通知。

上車機器這樣用

整理券

一日券須在此過卡

電子票券請在這裡嗶

3. 後門上車

上車記得抽整理券或在上車時刷交通儲值卡。這是和台灣習慣比較不同的地方，整理券是票價的憑據，記得要拿。另外如果是起站或是在均一車資範圍中也不需拿券。

4. 確認到站與按鈴

前方螢幕會顯示下一站，下車時請按鈴，等車停妥再起身下車。調整系統的車輛上方會顯示票價，可以對照整理券的數字確定應付金額，若從起站坐就沒有整理券，應付票價為第一格「券なし」。

5. 前門下車

和台灣一樣，到站前按鈴就會停車。從駕駛旁的前門投幣下車，將整理券和零錢一起投入即可。如果沒有零錢也可以用兌幣機換好再投。

下車機器這樣用

市巴士‧京都巴士一日乘車券、京都觀光一日 二日乘車券刷卡處

IC卡刷卡處

投錢

在投入車資前可以先用這臺機器換零錢！投入硬幣或紙鈔，換成零錢後再依金額付款

手指日語

總之，先說這句

不好意思。
すみません。
su-mi-ma-sen.
❶ 不管問什麼，向人搭話時都先說這句比較較禮貌。

我不會日文
日本語わかりません。
ni-hon-go wa-ka-ri-ma-sen.

我是台灣人
私は台湾人です。
wa-ta-shi wa Taiwan jin de-su.

生活日文

早安
おはようございます。
o-ha-yo go-za-i-ma-su.

你好
こんにちは。
kon-ni-chi-wa.

晚安 (晚上時候與你好同樣意思)
こんばんは。
kon-ban-wa.

晚安(臨睡前)
おやすみなさい。
o-ya-su-mi-na-sai.

再見
さよなら。
sa-yo-na-ra.

你好嗎？
お元気ですか。
o-gen-ki de- su-ka.

謝謝
ありがとうございます。
a-ri-ga-tou go-za-i-ma-su.

對不起
ごめんなさい。
go-men-na-sa-i.

是 / 好
はい。
ha-i.

不是
いいえ。
i-i-e.

我知道了
わかりました。
wa-ka-ri-ma-shi-ta.

我不知道
わかりません。
wa-ka-ri-ma-sen.

身體不舒服
気分が悪い。
ki-bun ga wa-ru-i.

好像感冒了
風邪引いたみたい。
ka-ze hi-i-ta mi-ta-i.

肚子痛
お腹が痛いです。
o-na-ka ga i-ta-i de-su.

這裡痛
ここが痛いです。
ko-ko ga i-ta-i de-su.

數字

1 いち i-chi	4 し／よん shi／yon	7 しち／なな shi-chi／nana	10 じゅう jyu	百 ひゃく hya-ku
2 に ni	5 ご go	8 はち ha-chi	11 じゅういち jyu-i-chi	千 せん sen
3 さん san	6 ろく ro-ku	9 きゅう kyu	20 にじゅう ni-jyu	萬 まん man

交通日文

想問路嗎？

我想要去〜。
〜に行きたいです。
〜ni iki-tai desu.

去〜的月台／乘車處是幾號？
**〜行きはどのホーム／乗り場
ですか？**
〜yuki wa do no ho-mu／no-ri-ba
desuka.

直接這麼説！

搭什麼線比較好？
何線でいいですか？
nani-sen de ii desu ka.

請問在哪裡轉車？
どこで乗り換えますか？
doko de nori-kae masu ka.

那一個出口比較近
何番出口の方が近いですか？
nan-ban de-guchi no hou ga chi-kai
desu ka.

過不了改札口
改札口を通れませんでした。
kai-satsu-guchi wo toore-masen de-
shi-ta.

車票不見了
**切符をなくしてしまいまし
た。**
kippu wo naku-shite shi-mai-ma-shi-
ta.

東西忘了拿
荷物を忘れてしまいました。
ni-mo-tsu wo wa-su-re-te si-mai-ma-shi-
ta.

餐廳日文

推薦的料理是什麼？
おすすめの料理はなんですか。
o-su-su-me no ryo-ri wa nan-de-su-ka.

請問有〜嗎？
〜はありますか。
〜wa a-ri-ma-su-ka.

請給我菜單
メニューを下さい。
Menu wo ku-da-sai.

請問有中文（英文）的菜單嗎？
中国語（英語）のメニューはありませんか。
cyu-go-ku-go (e-i-go) no Menu wa a-ri-ma-sen-ka.

請問這是什麼？
これはなんですか。
ko-re wa nan-de-su-ka.

請不要放冰塊
氷は入れないで下さい。
ko-o-ri wa i-re-na-i de-ku-da-sai.

點的餐還沒來
料理がまだ来ません。
ryo-ri ga ma-da ki-ma-sen.

麻煩請結帳
お会計お願いします。
o-ka-i-ke, o-ne-ga-i si-ma-su.

想退票
払い戻ししたいんです。
ha-rai mo-do-shi shi-tain desu.

搭錯車
乗り間違えました。
no-ri machi-gae-ma-shi-ta.

坐過站
乗り過ごしました。
nori su-go-shi-ma-shi-ta.

請寫下來
書いてください。
Kai-te-ku-da-sai.

京都駅
きょうとえき Kyoto Station

京都重要交通樞紐 展示現代化的古都印象

京都車站是進入京都的入口，空間相當廣大、設施更是先進，尤其嶄新高科技結構的外觀，讓許多來到京都探尋古都風味的旅客都大吃一驚，寬敞的站內也有著四通八達的交通網、地下通道、商店街和旅遊詢問處，方便所有旅客的需求。

○空中通道
○京都劇場　●京都Gran Via飯店　○中央札閘口
市巴士、地下鐵案內所　○市巴士站
①　**③** 京都車站
Porta

ACCESS
電車
搭乘市巴士205等至「京都駅前」站牌下車，或搭乘JR西日本：京都線、湖西線、琵琶湖線、奈良線、東海道新幹線、山陰本線‧嵯峨野線、關空特急はるか、近畿鐵道京都線、京都地下鐵烏丸線等，於「京都駅」下車。

① PORTA

☎075-365-7528　○京都市下京區烏丸通塩小路下ル東塩小路町902　◉購物10:00~20:00(週五、六~20:30)，美食11:00~22:00　◐www.porta.co.jp

位於京都車站下方的PORTA寬敞清爽的空間讓人逛起來十分舒服，**長長的地下街中有各種店舖，包括書店、服裝、藥妝等，並有京都多家土特產進駐**，對於趕時間的旅客來說，可以立刻買到所需的商品。PORTA的美食街也提供豐富選擇，而且快速方便，即使一個人獨自用餐也不會感到不舒適。

車站直結百貨，好逛又好吃！

小編激推

② JR京都伊勢丹

☎075-352-1111　○京都市下京區烏丸通塩小路下ル東塩小路町　◉10:00~20:00　休不定休　◐kyoto.wjr-isetan.co.jp

京都車站大樓的JR伊勢丹百貨**包括各種話題性十足的餐廳、咖啡館到讓京都人更美更有療癒感的美妝、雜貨小物一應俱全**，遊逛空間帶有時尚感卻能夠讓人感到舒服，成為許多京都美人的通勤必逛之處。

抹茶控最愛，品嚐超人氣美味京抹茶！

小編激推

中村藤吉 京都車站店

☎075-352-1111　○JR京都伊勢丹3F　◉銘茶賣場11:00~21:00、café11:00~22:00(L.O.21:00)　⑤生茶ゼリイ¥1281　◐www.tokichi.jp

進駐JR伊勢丹3樓最醒目位置的中村藤吉，可是每天一開店就吸引大批排隊人潮。在這裡不但可以品嚐用**高級宇治茶製作的獨家冰淇淋甜點**，也有烘培茶製作的巧克力等茶香風味十足的京味點心。沒時間坐下來歇腳的話，也可以至2樓的NEXT店，這裡可是提供邊走邊吃的京抹茶美味。

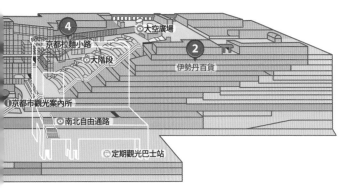

③ 京都車站

⌂京都市下京區烏丸通塩小路下ル東塩小路町 ⊕https://www.kyoto-station-building.co.jp/

　落成於1997年7月的京都駅是座非常嶄新的高科技建築，除了**充滿未來感的空間藝術設計，也結合交通運輸與住宿娛樂等功能**。車站裡還有自然採光的中庭咖啡座、屋頂展望台以及空中走廊。車站1樓則是近鐵線地下一樓有可以託放行李的大型置物箱，和有專人保管的置放服務站；地下二樓是地鐵烏丸線；車站地下街則有美食購物商場，可將土產一網打盡。通往關西空港的利木津巴士則要至八條口的京阪京都飯店前搭乘。

最濃醇味美的湯頭、口感絕佳的麵條和叉燒肉。

④ 京都拉麵小路

各路拉麵集結一方，不知道吃什麼的時候總是第一個想到這裡！

☎075-361-4401 ⌂京都車站ビル10F ⏰11:00~22:00 ⊕www.kyotoramen-koji.com

小編激推

　京都拉麵小路集合了日本最火紅的人氣拉麵店，要用最濃醇味美的湯頭、口感絕佳的麵條和叉燒肉，將京都駅裡的人潮通通都給吸引過來。每年這裡的拉麵店都會有所變動，目前有的店家是**京都的ますたに與麵匠 たか松、富山的麵家いろは、明石的ラーメンこがね家、德島的ラーメン東大、博多的一幸舍、高槻的中村商店、札幌的麵や虎鉄 等**；想要盡嚐日本各地的拉麵美味，來到這裡準沒錯！

京都代表高塔，只有100公尺便能看遍整個市區。

京都塔的代表吉祥物「TAWAWA醬」（たわわちゃん）是京都塔為了紀念開業40年而設計出來的可愛角色。

1 京都塔

☎075-361-3215 ☖京都市下京區烏丸七条下ル東塩小路町721-1(JR京都駅正面) ◷10:00~21:00（最後入場20:30） ⑤成人￥900，高中生￥700，國中小學生￥600，幼兒（3歲以上）￥200 ⊕www.kyoto-tower.jp/zh-tw/index.html

京都塔是京都駅前最醒目的地標，建築以海上燈塔為藍圖所設計，蘊含著照亮京都古老城鎮的寓意。**京都塔上有展望台，雖然只有100公尺高，但由於古都的禁建令，一般房舍都不高，所以從這裡可以360度欣賞京都的風景。**展望台內可以免費使用望遠鏡，從南側能仔細欣賞進出京都駅的來往車輛，新幹線各系列車都難逃眼底。

KYOTO TOWER SANDO

☎075-746-5830(9:00~20:00) ☖京都塔B1F~2F ◷1F 11:00~21:00、2F 10:00~19:00、B1F 11:00~23:00(部分店家有異) ⊕www.kyoto-tower-sando.jp/tw

2017年4月開幕的KYOTO TOWER SANDO地下一樓至二樓的三層空間，納入了美食、特色伴手與體驗，帶給旅客逛街的全新感受。1樓以MARKET為主題，光從挑選的店家就能看出品味出眾。2樓則是WORKSHOP，共有5間不同的體驗店家，也適合帶小朋友同樂。

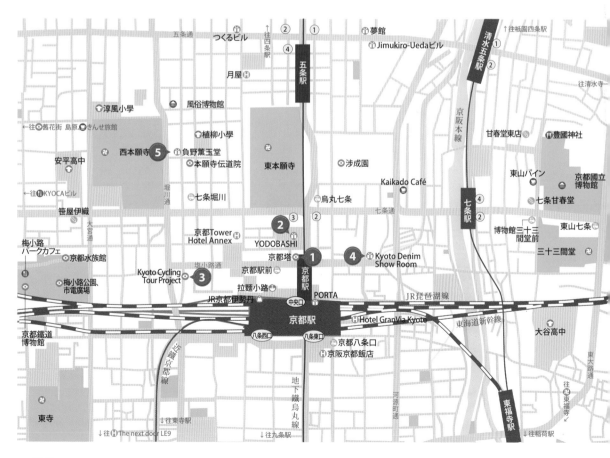

② YODOBASHI京都

☎075-351-1010 ⚑京都市下京區烏丸通七条下る東塩小路町590-2 ◷9:30~22:00 ⊕www.yodobashi.com

在日本各地都有分店的大型家電販賣店YODOBASHI，於2010年11月在京都駅前開設了一家複合型大樓，**在這裡不只有電器，舉凡時尚、美妝、家用、雜貨、甚至是餐廳、咖啡廳，一次就能滿足一家大小的逛街需求**，也為京都駅前再添一處購物休閒新去處。

③ Kyoto Cycling Tour Project

☎075-354-3636 (預約制) ⚑京都市下京區油小路通塩小路下ル東油小路町552-13 ◷9:00~18:00 ⑤租腳踏車一日¥1000起，導覽行程詳洽官網 ⊕www.kctp.net

位在京都駅附近的Kyoto Cycling Tour Project推廣騎單車遊京都行程多年，每年服務的各國旅客有5萬人以上；現在來到這裡也**有華文導遊會為台灣遊客服務**。一路左彎右拐地鑽過大街小巷，每到一個景點，華文導遊會請大家停車，並且拿出資料解說該景點的歷史與細節，一點都不是走馬看花。

④ Kyoto Denim

☎075-352-1053 ⚑京都市下京區小稻荷町79-3-104 ◷9:00~19:00 ⑤丹寧口金包¥4950起 ⊕kyoto-denim.jp

2008年問世的品牌「KYOTO Denim」由1977年出生的青年設計師桑山豐章所主導，**利用日本和服的傳統技法，將天然草木染、西陣織、京友禪等京都傳統的工藝融入牛仔褲的設計中**，就連銅釦也印上了代表京都季節的櫻花，而立體剪裁則是讓女性看來更顯瘦，一推出就大受歡迎，位在京都駅旁的店舖可以此品牌唯一的直營店，喜歡傳統結合現代設計的朋友可別錯過了。

> 京都自有品牌，別處買不到的日風丹寧時尚。

小編激推

> 聞香步驟較難懂，最好會日文再前往參加。

> 參加香道體驗，從文化了解歷史，進而提升氣質。

小編激推

⑤ 負野薰玉堂

☎075-371-0162 ⚑京都市下京區堀川通西本願寺前 ◷9:00~17:30 ⚑每月第1、3個週日、年末年始 ⑤香道體驗每人¥2200(附抹茶與和菓子) ⊕www.kungyokudo.co.jp ❶香道體驗需事先預約，人數5人以上(2人以下只限每月第二與第四個週五)，現因疫情緣故暫停中

創業超過400年的國寶級老舖薰玉堂，致力於香道的普及與推廣，在總店的三樓設有**開闢了以一般人為對象的香道體驗教室**。這個香道體驗教室不僅是京都、就連在日本也相當罕見，進行聞香遊戲之前，還另有30分鐘的香道歷史簡介。

① 西本願寺

📞075-371-5181 🏠京都市下京區堀川通花屋町下ル ⏰5:30~17:00 💴自由參觀 🌐www.hongwanji.or.jp

　西本願寺是淨土真宗本願寺派的總本山，**建築風格屬於桃山文化，唐門、書院、能舞台，都是日本國寶，也是世界遺產**。寺內的唐門，雕刻刀法精緻璀璨，華麗非凡，總讓人駐足許久流連終日，因此有「日暮門」之稱。此外，西本願寺的能舞台，據考證是日本現存最古老的一座；與「金閣寺」、「銀閣寺」並稱為「京都三名閣」的「飛雲閣」則是由豐臣秀吉在京都的宅邸—聚樂第移過來的。

> 平成知新館由直線構成的簡單空間以日本的「粹」為精神。

② 東本願寺

📞075-371-9181 🏠京都市下京區烏丸通七条上る ⏰3月~10月5:50~17:30，11月~2月 6:20~16:30 💴自由參觀 🌐www.tomo-net.or.jp

　東本願寺是日本淨土真宗大谷派的大本山，**境內的御影堂是世界最大的木造建築**，供奉著淨土真宗的創教人「親鸞上人」。寺內的建築都是明治28年(1895)重建的，之前原本的面貌因多次火災而不復見，據說在建時過程很不順利，於是女信徒們便斷髮結繩祈願、並編成粗壯的毛綱搬動木材，才得以建成。

> 京都國寶齊聚，每一樣都是值得一看的名品珍藏。

小編激推

③ 京都國立博物館

📞075-525-2473 🏠京都市東山區茶屋町527 ⏰特展期間9:30~17:30(入館至17:00) 🚫週一(遇例假日延至翌日休)、無特展時不定休，詳細資訊請上網查詢 💴依展覽而異 🌐www.kyohaku.go.jp

　國立博物館收藏的**京都美術、工藝品種類豐富，且數量超過一萬件，每一件都是相當珍貴的文化遺產**；明治古都館本身則為文藝復興風格的磚造樓房，也是日本重點文化財之一。由知名設計家谷口吉生設計的平成知新館於2014年開幕，室內氛圍典雅，現代化設計融和古意，館內收藏品以日本古老佛教文化為主，帶人一窺京都的文化核心。

輝煌卻顯得樸實，日本佛教底蘊完整呈現。

⑤ 蓮華王院　三十三間堂

☎075-561-0467　📍京都市東山區三十三間堂廻町657　⏰8:30~17:00（11月16日~3月9:00~16:00）　💰成人¥600，國高中生¥400，小學生¥300　🌐www.sanjusangendo.jp

　　三十三間堂意指「以柱隔間，共有三十三室的大殿」，而每一間室堂內都是觀音佛像，總計有一千零一座，正式的名稱為蓮華王院。**位居所有佛像正中間的「坐姿千手觀音」乃出自鐮倉時代（1192~1333）名雕刻師湛慶之手**，眼鑲水晶，雕工細膩，是日本有名的國寶。雖名為「千手」觀音，但其實每個觀音共有四十隻手，而每一隻手又各握有二十五種拯救塵世的法器；此外，千也代表了「無限無量」，故稱為千手觀音。

小編激推

高達54.8公尺的五種塔是日本最高的木造建築。

日本第一高的木造古塔，弘法市熱鬧有趣，值得一遊。

⑥ 東寺

☎075-691-3325　📍京都市南區九條町1　⏰8:30~17:30（入館至16:30）　💰自由參觀，五重塔：成人¥800，高中生¥700，國中生以下¥500　🌐www.toji.or.jp

　　東寺的正式名稱為教王護國寺，建於平安京遷都時期（延曆13年，794年），**除了有鎮守京城的意義外，更有鎮護東國（關東地區一帶）的目的**，在平安朝歷史上備受尊崇。創建時期的建築毀於多次戰亂烽火，因而一無所存，現在能看到的主要建築群是距今約500年前的江戶初期，按照奈良時代的伽藍堂宇所重建。話雖如此，**東寺仍藏有眾多國寶及重要文獻，東寺可說是日本密教美術的寶庫**，於西元1994年被登錄為世界遺產。

小編激推

弘法市

🌐www.touji-ennichi.com

　　每月21日是弘法大師的忌日，在東寺境內都有俗稱「弘法市」的市集舉行，各式攤販約上千家集中在此，叫賣的商品從古董雜貨如陶瓷器、書畫、二手和服、舊書和佛器、小吃到盆栽、新鮮蔬果等什麼都有，如果旅行途中恰巧遇上21日的話不妨來逛逛。

---

④ 風俗博物館

☎075-342-5345　📍京都市下京區新花屋町通堀川東入る5F　⏰10:00~17:00　❌週日例假日、8月13~17日、換展期　💰成人¥500，高中大學生¥300，國中小學生¥200　🌐www.iz2.or.jp

　　風俗博物館以模型的方式重現了「源氏物語」主角—光源氏所建「六條院」中的春之御殿。雖然館內空間不大，但**春之御殿精雕細琢的佈置、人偶細緻華麗的作工及配合季節變換的場景十分引人入勝**，也可以透過展覽，一窺平安時代的貴族生活。

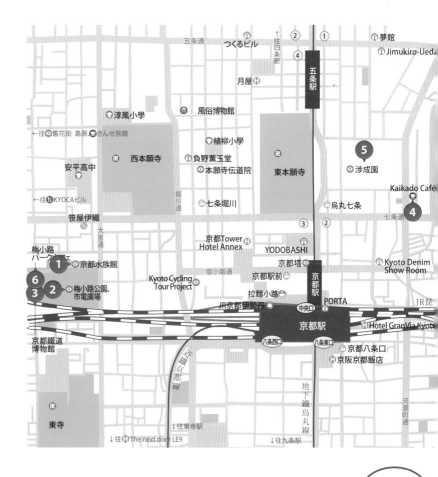

① 京都水族館

☎075-354-3130 📍京都市下京區親喜寺町35-1(梅小路公園內) ⏰10：00～18：00 💰大人￥2400、高中生￥1800、國中小學生￥1200、3歲以上幼兒￥800 🌐www.kyoto-aquarium.com

弧線型的山水造景槽，這是京都水族館最想介紹給大家的「京都河川生態區」，三面環山的京都盆地，有鴨川、桂川等十多條河流貫通，優良的水質賦予了京野菜等食材豐富美味，川床、友禪染等文化，也都依著河川發展而成；京都的活力，可說是由眾多河川注入而成。「水族不應該只有海洋生物」，京都水族館負起的教育責任，就是將源泉一滴匯流至汪洋大海、生物共生的生態體系，完整地介紹給內陸的孩子們。

② 市電廣場

📍京都市下京區親喜寺町56-3(梅小路公園內) ⏰10：00～16：00，7～8月到17：00為止(鏘鏘電車每20分鐘行駛一班，僅週六～日及例假日、暑假營業) 📅(鏘鏘電車)週一～五 💰(鏘鏘電車)單程券￥150，一日券￥310 🌐www.kyoto-ga.jp/umekouji/facilities/train.html

大正時期幾乎整個京都市區都是以市電為主要交通工具，昭和時期退役後，為了讓老一輩市民懷舊老時代，特別在公園內闢了一處市電廣場。**以舊市電的車廂，轉化為賣店、咖啡屋、旅遊處及休息區，最酷的是還復原一台老鏘鏘電車**，鋪設軌道於公園中，設有鏘鏘電車站及展示室可參觀外，也可買票搭上電車體驗並巡禮公園風景。

搭乘鏘鏘電車逛公園。

小編激推

老車廂成了咖啡、賣店及免費休息息區。

③ 京都鐵道博物館

☎075-323-7334 ⚐京都市下京區観喜寺町 ⏰10:00~17:00(入館至16:30) ⊗週三、年末年始 ⑤全票¥1500，大學生、高中生¥1,300，中小學生¥500，3歲以上幼童¥200，場內蒸汽火車搭乘券成人¥300、中學生以下¥100 ⓦwww.kyotorailwaymuseum.jp/tc/

　　2016年四月底開幕的京都鐵道博物館，已經成了鐵道文化的教育新展場，館內以一具大型的扇形車庫為主要展場，連接主樓的展覽設施，展示著館場主旨「與在地共進的鐵道文化據點」。**館內收藏有大量的鐵道文獻歷史資料，提供來訪者深入研究京都鐵道的歷史與文化**，或是來到體驗區搭乘一段蒸汽火車之路，不論大人小孩來此都能盡到學習育樂相長的歡樂時光。

© 京都鐵道博物館

④ Kaikado Café

☎075-353-5668 ⚐京都市下京區河原町通七条上ル住吉町352 ⏰10:00~18:30(L.O.18:00) ⊗週四、第1個週三、夏季臨時休業、年年年始 ⑤咖啡¥850起，紅茶¥850 ⓦwww.kaikado-cafe.jp

　　開化堂是京都知名的老舖，專賣手工茶筒，每個要價不斐。由這樣老舖所開設的咖啡廳，自然每一個小細節都十分講究。**改建自京都市電的車庫兼事務所，洋式建築十分古典**，室內則大量運用木質與金屬，現代明亮開放的感覺，配上**北歐風格桌椅、各種京都職人工藝器具，和洋融合出自我風格**。店內提供的餐點也絕不馬虎；採用中川鱷魚(中川ワニ)的咖啡品牌、倫敦Postcard Teas的紅茶、利招園茶舖的日本茶與丸久小山園的抹茶，特別的是，這裡也提供城崎溫泉GUBIGABU的啤酒，滿足客人的每一個需求。

⑤ 涉成園

☎075-371-9210 ⚐京都市下京區正面通間之町東玉水町 ⏰9:00~17:00(11~2月至16:00)，入園至閉園前30分鐘 ⑤為維護園景自由捐獻，成人捐獻¥500以上、高中生以下¥250贈送園內介紹 ⓦhttps://www.higashihonganji.or.jp/about/guide/shoseien/

　　純日式庭園，相傳是源氏物語主人翁原型—嵯峨天皇的皇子「源融」的別邸，走進此園，可領受平安時期的園林之美。曾在江戶時代進行整備工程的涉成園，屬於池泉回遊式庭園，花木扶疏，池庭處處，再加上設計巧絕的亭台樓閣點綴其中，景緻宜人。

⑥ 梅小路パークカフェ

☎075-352-7660 ⚐京都市下京區観喜寺町15 ⏰9:00~18:00 ⑤京野菜PIZZA¥1000，飲料¥400起 ⓦwww.u-parkcafe.com/

　　位於公園內的鏘鏘電車的車站及兒童遊具區旁，以落地玻璃引入大量公園景緻的パークカフェ，不論何時總是人潮不絕。這裡**以當日直送的新鮮京野菜、自家製甜點及咖啡等頗受好評**，豐富的菜單，從外帶野餐盒、內用各式餐點、早餐、兒童餐及飲料，或想來一支冰涼霜淇淋通通有。

四条・河原町

しじょう・かわらまち Shijyo・Kawaramachi

歷史悠久的熱鬧商店街 手作品與雜貨的集中地

> 四條通、河原町通與烏丸通、三條通所圍成的地區是京都最熱鬧的繁華街，也是造訪京都必逛的購物與美食區。在這裡集中了多家年輕人必去的流行百貨商場與服飾精品店；御池通與四條通所隔住的寺町通由寺町商店街與寺町京極商店街所串聯，是許多年輕人喜歡遊逛的商店街。

ACCESS

電車
搭乘阪急電鐵京都本線至「河原町駅」、「烏丸駅」下車；京都地下鐵烏丸線至「四条駅」、「烏丸御池駅」下車，東西線至「烏丸御池駅」下車。

巴士
京都車站搭乘市巴士4、17、205至「四条河原町」站牌下車，或5至「四条烏丸」站牌下車。

① 如果以三條、四條、河原町定點遊玩，可選擇搭乘100円循環バス，其路線以京都市役所前為起點，順著御池通、烏丸通、四條通、河原町通圍成的正方區域行進，可作為附近景點的代步工具。

⑤ 大人、兒童各¥100。

① 福壽園 京都本店

☎ 075-221-6170　⌂ 京都市下京區四条通富小路角　
🕐 1F店鋪11:00~18:00、B1F京の茶蔵11:00~17:30　
週三　⑤ 茶講座體驗依內容、時間不同共分四種，¥2200~3300　預約：可電話或直接至店預約（若有空可隨時參加，但建議最好在旅行前幾天至店面預約）
🌐 www.fukujuen-kyotohonten.com

　　來自宇治的福壽園是開業超過兩百年的宇治茶老鋪。外觀充滿現代感的京都本店，1樓是陳列商品的茶鋪，從一旁階梯潛入地下一樓，則是名叫「宇治茶のMy Tea工房 京の茶蔵」的有趣空間。在這裡，不但**可以和調茶師一起尋找自己喜歡的日本茶、現場調配出符合個人喜好的「My Tea」**，更可以報名參加日本茶講座，從基礎開始，認識日本茶的種類、味道和泡法。

> 分別以玉露：煎茶（5:5）、覆蓋茶：煎茶（5:5）的比例，體驗混茶的魅力。

> 由職員室改成的咖啡館，能在優雅音樂中享受一杯咖啡。

② 元・立誠小學校

☎ 075-708-5318　⌂ 京都市中京區備前島町310-2（木屋町蛸藥師下ル）　☕ Traveling Coffee 1:00~17:00，校舍其他部分僅活動舉辦時開放
🌐 https://www.hulic.co.jp/business/rent/hotel/272

　　鄰近河原町通鬧區的高瀨川邊，有一棟優美建築的小學，名叫立誠小學校。1920年在高瀨川卸除運河功能後，學校接著在1928年建蓋，但隨著少子化，也不免面臨廢校命運，1993年廢學後，其他單位來這裡接替運用，因此建築及內部都保存完好。**近來又成為多功能的文化發祥地與咖啡館，成為文化藝術、電影演出的新空間。**

> 獨一無二的「手織壽司」，一口咬進最新鮮也最真實的京都旬味。

小編激推

③ AWOMB

☎ 075-204-5543　⌂ 京都市中京區姥柳町189番地　🕐 12:00~15:00（L.O.14:00），17:00~20:00（L.O.19:00）　⑤ 手織壽司¥3630
www.awomb.com

　　AWOMB的烏丸本店選擇改建帶有京都風味的町屋，人氣招牌料理「手織壽司」堪稱一道絕美精緻的藝術品。**以當季京都家常菜為中心**，在黑色石盤上層層堆疊擺放牛蒡、金時蘿蔔、真姬菇、鮭魚等各式各樣壽司素材與新鮮時蔬，並提供梅肉、石野味噌、奶油起司、杏仁……**高達十四種的天然調味料，隨心所欲製作出獨一無二的「手織壽司」。**

> 在特製的小巧竹簾上，搭配海苔、晶瑩剔透的醋飯，再配上各式配料。

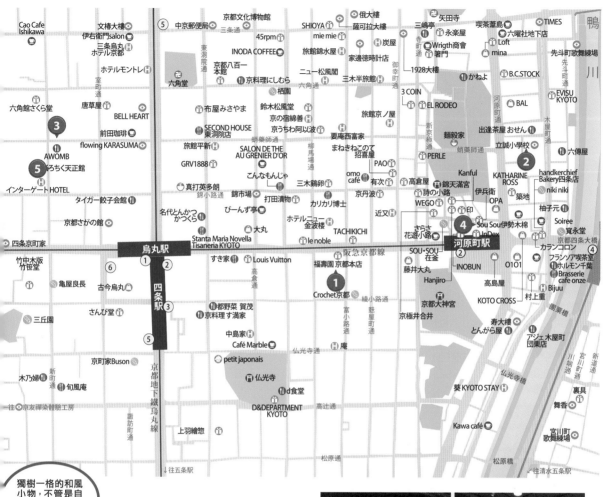

Cao Cafe Ishikawa
文椿大樓
伊右衛門salon
三条烏丸ホテル京都
ホテルモントレH
中京郵便局
京都文化博物館
三条通
45rpm
SHIOYA
mie mie
俄大樓
薩可拉大樓
三嶋亭
永楽館
喫茶葦島
六曜社地下店
TIMES
矢田寺
INODA COFFEE
旅館錦水館
京都八百一本館
ニュー松風閣
京料理にしむら
栖園
三木半旅館
家邊徳時計店
炭屋
Wrigth商會
箸門
mina
Loft
先斗町歌舞練場
先斗町通
B.C.STOCK
鴨川
六角堂
1928大樓
EVISU KYOTO
六角館さくら堂
唐草屋
布屋みさやま
鈴木松風堂
京の宿綿善
三木鶏卵
かねよ
EL RODEO
木屋町通
BELL HEART
前田珈琲
SECOND HOUSE 東洞店
旅館平新
京うちわ阿以波
要庵西富家
まねきねこのて招喜屋
PERLE
出逢茶屋おせん
立誠小學校
蛸藥師通
六傳屋
AWOMB
くろちく天正館
flowing KARASUMA
GRV1888
SALON DE THE AU GRENIER D'OR
こんなもんじゃ
PAO
omo café
有次
高倉屋
Kanful
錦天滿宮
伊兵衛
KATHARINE ROSS
handkerchief Bakery四条店
niki niki
インターゲートHOTEL
タイガー餃子會館
真打英多朗
錦小路通
三木鶏卵
打田漬物
びーんず亭
京丹波
WEGO
詩の小路
OPA
築地
柚子元
Soiree
京都さがの館
名代とんかつかつくら
錦市場
カリカリ博士
近又
印
Sou Sou伊勢木棉
InDex
寬永堂
四条京町家
大丸
ホテルモントレ金波楼
TACHIKICHI
さらさ花遊小路
SOU·SOU 在釜
河原町駅
OPA
カランコロン
フランソア喫茶室
ホルモン千葉
Brasserie café onze
Bijuu
竹中木版竹笹堂
Stanta Maria Novella Tisaneria KYOTO
le noble
阪急京都線
福壽園京都本店
INOBUN
0101
高島屋
亀屋良長
すき家
Louis Vuitton
Crochet京都
藤井大丸
Hanjiro
KOTO CROSS
村上重
古今烏丸
四条駅
都野菜 賀茂
綾小路通
京料理すてら家
京都大神宮
京極井合井
寿大樓
とんがらし
アジェ 木屋町団栗店
さんび堂
三丘園
中島家
Café Marble
庵
京都地下鐵烏丸線
petit japonais
仏光寺
京町家Buson
d食堂
葵KYOTO STAY
仏光寺通
宮川町通
新道通
川端通
木乃婦
旬風庵
D&DEPARTMENT KYOTO
高辻通
Kawa café
舞香
裏具
宮川町歌舞練場
往京友禪染體驗工房
上羽繪惣
諏訪町通
松原通
松原橋
往五条駅
往清水五条駅

烏丸駅 四条駅 ①②③⑤⑥ ③ ④

> 獨樹一格的和風小物，不管是自用或買來送人都十分適合。

小編激推

④ SOU・SOU 伊勢木棉

☎075-212-9324 ⚲京都市中京區新京極四条上ル二筋目東入ル二軒目P-91ビル1F ⏰12:00~20:00 💰零錢包￥2120起 🌐www.sousou.co.jp

以工作便靴打響名號的SOU・SOU成立唯一的布料專門店，讓傳統走入現代，製作出更多符合潮流的商品，例如手機吊飾、日本風布包，也可以單獨購買布料自己變化出更多品項。如果你也喜歡隨身小物，怎會錯過SOU・SOU那結合傳統手工藝的舒適質感與融合和洋風格的摩登設計。

> 多樣式的和風小物讓人看得目不暇給，東挑西選買得好滿足～

小編激推

⑤ くろちく 天正館

☎075-256-5000 ⚲京都市中京區新町通錦小路上ル百足屋町380 ⏰9:30~18:00 ❌1/1~1/3 🌐www.kurochiku.co.jp ⚑くろちく在各大觀光區都有分店，可上官網查詢

　　くろちく的創辦者黑竹節人致力於推廣京都文化的傳統與再生，在町家建築和和雜貨重返流行的風潮裡，扮演著重要的推手角色。旗下的同名品牌**くろちく天正館位於新町通上，是隱藏在町家建築裡的和雜貨店**，販賣由くろちく挑選的京味商品，從和風小袋、手拭巾、ちりめん布織小物等不一而足，狹長的店內深處則是精美的人形藝廊。

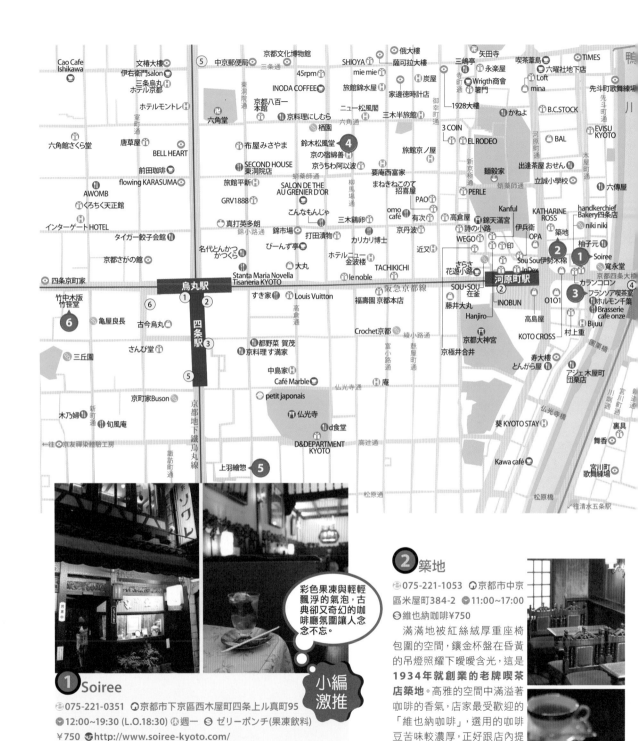

彩色果凍與輕輕飄浮的氣泡，古典卻又奇幻的咖啡廳氛圍讓人念念不忘。

小編激推

1 Soiree

☎075-221-0351 ⊙京都市下京區西木屋町四條上ル真町95
🕐12:00~19:30 (L.O.18:30) 🈺週一 ⊙ゼリーポンチ(果凍飲料)
¥750 ⊕http://www.soiree-kyoto.com/

位在木屋町上，充滿昭和懷舊風的Soiree，一進入室內，微藍的昏暗燈光讓人稍稍恍惚，舉目可及、充滿古典主義的歐式懷舊裝飾，營造出懷舊的少女情懷。來到二樓藍光更加強烈，點了杯招牌果凍飲，**五顏六色的果凍在杯中，加上蘇打水反射出的藍光，讓飲料也變得奇幻不已**，這時已不在乎滋味，而是靜靜沉醉在這藍色的恍惚中。

2 築地

☎075-221-1053 ⊙京都市中京區米屋町384-2 🕐11:00~17:00
⊙維也納咖啡¥750

滿滿地被紅絲絨厚重座椅包圍的空間，鑲金杯盤在昏黃的吊燈照耀下暖暖含光，這是**1934年就創業的老牌喫茶店築地**。高雅的空間中滿溢著咖啡的香氣，店家最受歡迎的「維也納咖啡」，選用的咖啡豆苦味較濃厚，正好跟店內提供的多款蛋糕相搭配，小巧可愛的慕斯蛋糕，鮮奶油頂端綴上糖漬櫻桃，再淋上一圈藍莓醬，優雅又帶點花俏，就像是**老京都的印象**。

老式電話依舊是店內可以運作的通訊器具。

③ フランソア喫茶室

☎ 075-351-4042 ⊙ 京都市下京區西木屋町通四条下ル船頭町184
⊙ 10:00~22:00(L.O吐司類20:00、飲料&蛋糕21:30) ⊗ 12/31~1/2
⊙ 咖啡¥700起，法式起士蛋糕¥700 ⊎ www.francois1934.com

列為日本有形文化財的這家咖啡館，融合日洋特殊建築風格，以咖啡廳身分被登錄在日本算是很稀有。義大利巴洛克形式的建築、內裝則宛如華麗客船內部，在昭和9年(1934)以咖啡廳開幕，瞬間成為很多音樂藝術家的聚集地，宛如高級沙龍般的存在。一直維持僅供應各式飲品與甜點、三明治的傳統，讓很多人可以懷舊老時代。

④ 鈴木松風堂

☎ 075-231-5003 ⊙ 京都市中京區柳馬場六角下ル井筒屋町409・410 ⊙ 10:00~18:00 ⊗ 週三 ⊎ www.shofudo.co.jp

鈴木松風堂位在小巷弄中，木質古味建築門口有寫著「紙の和雜貨」青蛙彩繪。走進店裡，燈光照映的是色彩繽紛的**和紙雜貨，和風包裝紙、錢包、紙皿、紙燈、紙盒**等，甚至紙製手機保護殼，讓人大呼驚奇，原來紙的用途這麼多！

颜色豐富、好擦好卸，最重要的是天然無毒。

小編激推

⑤ 上羽繪惣

☎ 0120-399520 ⊙ 京都市下京區東洞院通高辻下ル燈籠町579 ⊙ 9:00~17:00 ⊗ 週六日、例假日 ⊙ 胡粉ネイル(指甲油)個罐¥1452起 ⊎ www.gofun-nail.com/ ⊙ 上羽繪惣的商品在全日本多處都能買得，行前可上網查詢「胡粉ネイル取扱店舖」一項

使用天然貝殼粉製成的指甲油，沒了化學臭味，也更天然無害。

創業於1751年的上羽繪惣，本業是製作顏料的公司，從270多年前，就利用天然貝殼研磨成的「胡粉」製作各式繪畫用顏料，日本畫、人形娃娃、寺廟藝術等都會使用到，是日本古老工藝用品之一。而現在上羽繪惣更創造了**胡粉指甲油，透氣性高、易上色，也快乾，**更有金粉款與加入精油款，滿足了女性的美麗需求。更棒的是，它無需去光水，用一般酒精或專用卸甲液即可卸淨。

⑥ 竹中木版 竹笹堂

☎ 075-353-8585 ⊙ 京都市下京區綾小路通西洞院東入ル新釜座町737 ⊙ 10:00~18:00、木版畫體驗教室14:00~16:00 ⊗ 週日、例假日 ⊙ ブックカーバ(書衣)¥880起，木版畫體驗教室¥3600起 ⊎ www.takezasa.co.jp ⊙ 體驗教室為預約制，且2人以上才開課

竹中木版創立於明治24年，作為手工木版印刷師（摺師）工房，屹立在京都街頭百年餘，是日本屈指可數。竹第五代傳人竹中健司在1999年開設了新品牌「竹笹堂」，**除了包裝紙、團扇、扇子等日用品和工藝品外，也運用傳統木版畫的設計元素推出家飾與文具用品。**另外不定時會舉辦體驗課程，從選擇題材與圖案、繪圖到雕刻，最後手刷木版畫明信片，與坊間體驗課程相比，是少有的奢實。

明亮空間，暖暖的日式情調，來這裡就能享受正宗京都小清新。

1 Kawa Cafe

小編激推

☎075-341-0115　⌂京都市下京區木屋町通松原上ル美濃屋町176-1　◷10:00~23:30　www.kawa-cafe.com

　　由傳統京町家改建的**Kawa Café**，維持了骨構但打掉向陽的那一面牆，一推開大落地窗，就可以走出納涼露臺，夏天正是川床納涼的最佳場所。**店家自豪的法式吐司早午餐**包含了吸足蛋汁牛奶、煎得鬆軟酥脆的法國麵包和草莓醬，微苦的芝麻菜拌上微酸的義大利油醋，再加上滑嫩的奶油蛋和煎培根，嚐來既清爽又飽足。

2 アジェ 木屋町団栗店

☎075-371-2727　⌂京都市下京區河原町木屋町団栗下る東側　◷15:00~23:00(LO. 22:00)　⊗不定休　$ホソ(小腸)¥750，ホルモンミックス(綜合內臟)¥850　www.aje.to

　　離祇園四條徒步不用5分鐘之遙，門口總是排了長長人龍。進到店裡鬧哄哄的讓人不飲自醉，充滿庶民的氣息。打開菜單，即使懂日文的人也很難搞懂的各種內臟應有盡有，一定要點的便是**小腸部位的「ホソ」，以直火碳烤，逼出濃厚的油花與彈脆口感，好吃到讓人欲罷不能！**另外老闆的私房料理清燉牛尾，入口軟嫩不腥臭，充滿膠質的口感堪稱一絕！

在優雅的京都，想要找間充滿熱情活力的燒肉店，就來到アジェ。

3 ホルモン千葉

☎075-352-6162　⌂京都市下京區船頭町234-1　◷17:00~23:00　⊗週二　$千葉のコース(千葉套餐：塩味5種+黑醬5種+炒麵)¥3498　www.chiba-group.jp/hormone/

　　喜歡重口味、大口吃肉的人，就不能錯過在美食排行榜上人氣高不下的新名店。店內沒有單套菜單，統一採取套餐式，食材約8成是內臟；為了不讓客人錯過最美味一刻，**全店皆為吧台座位，由店員親手烤肉**，第一輪是塩味，第二輪則是醬味。吧台桌上放著特製傾斜烤盤，讓第一輪經過煎烤的肉汁配上大量豆芽菜十分美味，肉汁流到底下混入特調味噌醬汁裡後，再拿來烤第二輪。兩輪都吃完後，店員會詢問需要烏龍麵或炒麵，加入滴肉汁的味噌，滋味濃厚，讓每一個人都吃得飽飽飽！

當日鮮送的野菜沙拉吧，口感鮮甜。

一次品嚐各式京野菜。

4 都野菜 賀茂

小編激推

☎075-351-2732　⌂京都市下京區東洞院通綾小路下る扇酒屋町276　◷早餐8:00~10:00，午餐10:30~16:00，晚餐17:00~22:00(L.O.前半小時)　$早餐¥550，午餐¥1150(週末例假日¥1230)，晚餐¥1530(週末例假日¥1650)，飲料吧¥380/1180(含酒精)，火鍋¥3300起(預約制)　nasukamo.net/

　　與京都農家直接合作直送的當日新鮮蔬菜，都在賀茂成為各式美味，**以京野菜為主題，每天至少提供30種類以上料理**，包含煮、燉、炒、蒸及生鮮蔬菜沙拉吧，也有部分肉食料理，**採吃到飽模式，想吃什麼自己拿。**另可額外預訂火鍋，各式蔬菜及地產肉類，絕對澎湃。

⑤ 柚子元

柚子香氣令人食慾大開，不油不膩的料理堪稱一絕！

小編激推

☎075-254-0806 ⊕京都市中京區先斗町四条上る鍋屋町212 ⏰11:30~14:00(L.O)，17:00~22:00（L.O.21:30）⑤柚子雞肉鍋￥2800/1人，火鍋至少必須點2人份⊕kiwa-group.co.jp/yuzugen_pontocho/

先斗町上不知為何火鍋店特別多，店招牌是個黃澄大柚子的「柚子元」就是其中一家。**柚子元賣的是以柚子為主題的各種相關食物：包括柚子拉麵、柚子肉包、柚子酒和柚子火鍋等。**店裡使用的柚子比一般台灣看到的柚子小很多，濃郁的香氣和略酸的口味相當開胃，而且和肉品意外地十分搭配。吧台的座位有些狹窄，但很有日式小店的氣氛。

⑥ D&D京都

☎075-343-3217 ⊕京都市下京區高倉通仏光寺下ル新開町397 本山佛光寺內 ⏰11:00~18:00 ㊡週二三 ⊕www.d-department.com/jp/shop/kyoto

在日本各地以「長居生活創意」為主題，導入「在地化」小物販賣、餐飲、觀光概念的D&DEPARTMENT，來到京都正好是第10號據點。以本山佛光寺為根據地，並且找來京都造型藝術大學為夥伴，**引進了京都老店的工藝品、生活雜貨，甚至調味料、防火水桶都有陳列販賣。**境內除了常駐的咖啡廳外，還不定時結合京都老舖舉辦小特展，無論是品茗或是咖啡，用深入淺出方式把京都的生活風味帶給大家。

依季節變化菜色的京都定食最推薦，可品嚐京都旬之美味。

d食堂

☎075-343-3215 ⊕D&D京都內 ⏰11:00~18:00（餐點L.O.16:30，其他L.O.17:00）㊡週二三 ⑤豆乳肉味噌うどん(豆乳肉味噌烏龍麵)￥1300

逛完D&Department記得留點時間到一旁的d食堂坐坐喝杯咖啡或用餐。**d食堂所在的獨立建築，以往是寺院信徒們聚會講經所，榻榻米的內部上放上桌椅，成了以味蕾品嚐京都味的好地方。**料理使用京都旬之食材，醬油、醬菜、咖啡及茶等也都是來自京都知名老舖或職人咖啡選豆，食堂氣氛優雅、美味也值得細嚐。

集結地產美味料理與咖啡，文青休閒最愛去所。

小編激推

03 錦市場

にしきいちば Nishiki Market

踏進京都的廚房 一趟京風漬物與家常熱食的味覺之旅

想了解京都的民生日常，來到錦市場便能窺探一二。從新京極通到高倉通之間的錦小路就是錦市場，有「京都的廚房」之稱，舉凡京懷石料理到一般家常菜的素材都可在此買到，其中也有賣廚具、餐具等日式烹調用具，以及充滿濃濃京都味的美食小舖，營業時間約為早上9點到黃昏6點。

ACCESS

電車
搭乘阪急電鐵京都本線至「河原町駅」、「烏丸駅」下車；京都地下鐵烏丸線至「四条駅」、「烏丸御池駅」下車，東西線至「烏丸御池駅」下車。

巴士
京都駅搭乘巴士4、17、205至「四条河原町」站牌下車，或5至「四条烏丸」站牌下車。

❶ 如果以三條、四條、河原町定點遊玩，可選擇搭乘100円循環巴士，其路線以京都市役所前為起點，順著御池通、烏丸通、四條通、河原町通圍成的正方區域行進，可作為附近景點的代步工具。
Ⓢ大人、兒童￥100。

❶ 錦 天滿宮

☎075-231-5732　🏠京都市中京區新京極中之町537　▾8:00~20:00　Ⓢ免費

錦天滿宮是錦市場的鎮守神社，也是京都商人們的重要信仰中心，祭拜的神祇菅原道真，除了是一般人熟悉的學問之神外，也是掌管商業才能。錦天滿宮入口處的黑牛塑像，據說摸了就會有好運，因此牛頭被摸得閃閃發亮。

❷ 有次

☎075-221-1091　🏠京都市中京區錦小路通御幸町西入る　▾10:00~16:00　⓫1/1~1/3，週三　Ⓢ三德牛刀庖丁18cm￥23100

創業的藤原有次從1560年就開始用心製造一把把讓食物更美味的刀子，到了1969年，後代選在錦市場開業，「有次」，就成了每個日本廚師的夢想。錦市場的有次店內**可以看到職人現場製作磨刀，在此製造並販賣由頂級廚房配件**，從刀子到鍋子，每一個都是職人以手工一次又一次敲擊打磨出的商品。

❹ 三木鷄卵

☎075-221-1585　🏠京都市中京區錦小路通富小路西入ル東魚屋町182　▾9:00~17:00　⓫1/1　Ⓢだし巻き玉子(高湯煎蛋)￥690起

強調使用嚴選食材的三木鷄卵主要賣的是高湯煎蛋，**以北海道利尻昆布與柴魚熬煮的高湯，在職人的巧手下一塊塊煎出日式煎蛋**的標準形狀，完美的奶油色讓煎蛋彷彿一件藝術品，一咬下，層層疊疊的軟嫩口感中竟然溢出滿滿的鮮美高湯，鹹味恰到好處。

❸ カリカリ博士

☎075-212-0481　🏠京都市中京區錦小路柳馬場東入ル東魚屋町185-6　▾10:00~20:00　⓫週四　Ⓢたこ焼き(章魚燒)6個￥180　🌐www.karikari.jp

カリカリ指的是章魚燒的外皮香脆，咬下去會發出「卡哩卡哩」的聲音，能夠將章魚燒煎烤到酥香，內餡卻柔滑軟嫩，可要有一身好功夫，永遠有著饕客等候的カリカリ博士賣的是特別的**京都風章魚燒，有美乃滋、起士、原味、蔥花沙拉等風味可選擇**，每一種都可嚐嚐看。

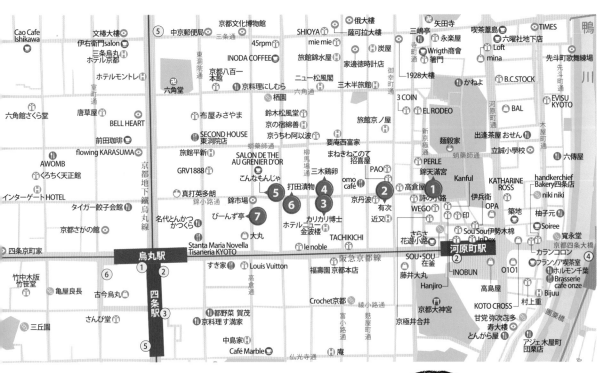

市場裡的屋台咖啡吧，站著喝也別有一番風味。

5 こんなもんじゃ

☎075-255-3231　🏠京都市中京區錦小路堺町通角中魚屋町４９４　🕐10:00~18:00　✖不定休　💰豆乳ドーナツ(豆乳甜甜圈)10個¥350　🌐www.kyotofu.co.jp

由京都知名豆腐店藤野所開設，**使用豆乳做成的現炸迷你甜甜圈非常受到歡迎**，購買時店員會詢問想要現場品嚐或是外帶回家，如果是立刻吃，店員會給剛剛炸好，熱騰騰的美味，另外豆乳霜淇淋也十分出名，尖峰時間還常會大排長龍。

6 打田漬物

☎075-221-5609　🏠京都市中京區錦小路通柳馬場西入る　🕐9:30~18:00　✖1/1　💰漬物¥302起　🌐www.kyoto-uchida.ne.jp

京都醬菜相當有名，昔日京都人會隨著季節甚至當天的氣候溫度與料理的主菜搭配醬菜，醬菜不是低調的配角，而是不可或缺的滋味。創業超過一甲子的打田漬物強調**醬菜也會呼吸，延續傳統製作手法在木桶內培養美味醬菜**，希望品嚐的饕客們都能夠感受到京都的精神。

7 びーんず亭

☎075-213-1445　🏠京都市中京區高倉通錦小路下る　🕐11:00~18:00　💰咖啡¥200　🌐www.beanstei.com

選在錦市場開了這個小小的咖啡吧，就是鎖定擁有挑剔味蕾的京都人，沒有座位，每個人都只能站著品嚐一杯香醇濃郁咖啡，卻照樣吸引客人不斷上門。びーんず亭**提供的是專業的單品咖啡，所有豆子都是自己烘焙而成**，也兼賣咖啡豆，咖啡雖然平價，卻擁有專業職人風味，遊逛錦市場前來喝一杯吧。

04 祇園
ぎおん Gion

石坂小巷內 舞妓風景與京都經典必遊

ACCESS
電車
京都地下鐵東西線至「三条京阪駅」下車；京阪電鐵京阪本線、鴨東線至「三条駅」，京阪本線至「祇園四条駅」下車。
巴士
京都駅搭乘市巴士202、206、207至「祇園」站牌下車。

1 八坂神社

☏075-561-6155 ⌂京都市東山區祇園町北側625 ◷自由參拜 web.kyoto-inet.or.jp/org/yasaka

> 位在祇園盡頭的繁盛神社，是通往東山的必經之途。

小編激推

　　從東大路通上的階梯拾級而上，香火鼎盛的八坂神社，是關西地區最知名且歷史悠久的神社之一，京都人暱稱它為「祇園さん」。**八坂神社和圓山公園相通，傳說因為昔日災疫不斷而建廟祈願，是京都藝妓們經常造訪的神社，也是京都商人們的信仰**。八坂神社拜的是保佑商家生意興隆、消災解厄的神祇，建築獨特的神社大殿被稱為「祇園造」，是日本獨特的神社建築，最早的記載見於西元925年。

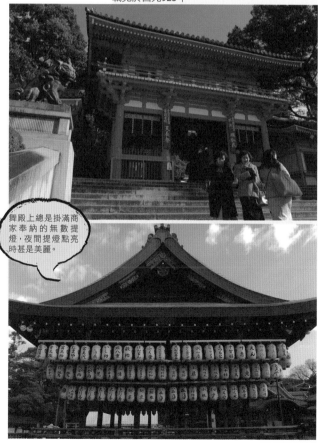

> 舞殿上總是掛滿商家奉納的無數提燈，夜間提燈點亮時甚是美麗。

2 花見小路

⌂京都市東山區祇園町 ◷自由參觀

　　花見小路是日本名氣最大的花街，精華區主要在四條通南面的一段。以紅殼格子的一力茶屋為起點，可以南行抵達春舞表演的祇園甲部歌舞練場和傳統藝能表演的祇園藝場。**藝妓們表演的茶屋和高級料亭林立在花見小路兩旁，隨意折進兩旁巷弄，更能在大門深鎖的木造茶屋間，感受到這裡獨特神秘的氛圍。**

> 運氣好的話在街巷也常能見在茶屋間穿梭趕場的藝妓或舞妓。

地圖：
柚子元 ⑪
烏龍麵博物館 ⑨
壱銭洋食 ⑪
ハナビラヒトツ ⑪
寛永堂 ⑮
京都四条大橋
四条通
祇園四条 ④
松葉 南座 美美卯 ⑪ ノレン ⑪
RAA
ホルモン千葉 ⑪ モーリヤ ⑪
Brasserie cafe onze ⑪
ZEN CAFE ⑪
Kagizen Gift Shop ⑪ 和バルO
祇園き
園栗橋
川端通 宮川町通 新道通 大和大路通
園栗通
④
建仁
裏具 ⑪
兩
舞香 ⑪
ゑびす神社 ⑪

古老寺廟建築與國寶名物，每一樣都教人看得心馳。

小編激推

4 建仁寺

075-561-6363 京都市東山區大和大路通四條下ル小松町591 10:00~17:00(入寺至16:30) 12/28~12/31 成人￥600，國高中生￥300，小學生￥200 www.kenninji.jp

建仁寺創建於建仁2年（1202），是日本最古老的禪寺，也是日本禪宗臨濟宗的名剎，端寧的氣氛和不遠處藝妓穿梭的花街彷彿是兩個世界。**境內迦藍配置從勒使門、三門、佛殿、本坊、方丈等都在一直線上，非常壯觀**，除了以枯山水知名的方丈庭園之外，名畫師俵屋宗達的「風神雷神圖屏風」和法堂大天井上的「大雙龍圖」都是參觀的重點。

位在法堂天井的大雙龍圖出自小泉淳作之筆，是其為2002年建仁寺創寺800年紀念而畫，巨大畫作約有108個塌塌米大，歷時2年才完成。

禪寺中體驗坐禪與瑜珈，藉由身體與精神感受禪的最高境界。

每個女孩來到這裡都一定要鑽過緣切緣結碑。

3 安井金比羅宮

075-561-5127 東山區東大路松原上ル下弁天町70 境內自由參觀，繪馬館、授與所9:00~17:30 繪馬館+玻璃館：週一 境內免費，繪馬館+玻璃館成人￥500，高中生以下￥400，幼兒免費 www.yasui-konpiragu.or.jp

特別的參拜方式，讓好緣來，惡緣切！

小編激推

經過祇園甲部歌舞練場後不久，就會抵達氣氛寧靜的安井金比羅宮，是間**以保佑結良緣、斬惡緣而聞名的神社**，也是日劇「Anego」的取景地之一。境內最醒目的是個覆滿白色籤紙、中間有開口的大石，名叫「緣切緣結碑」，**只要先在籤紙上寫下願望，再穿過中間的洞口，願望就能實現**。如果祈求良緣，要從石洞的裏口（うら）爬到表口，想切斷惡緣則反過來從表口往裏口，可千萬別弄錯了。另外，金比羅宮還有展示古今繪馬的繪馬館和玻璃館可以參觀。

5 兩足院

075-561-3216 京都市東山區大和大路通四條下る4丁目小松町591(建仁寺山境內) 每年冬季、初夏開放特別拜觀，特別拜觀期間10:00~16:00(16:30關門)，詳見官網 特別拜觀成人￥1000，國高中生￥500 www.ryosokuin.com

兩足院位於建仁寺腹地內，環境清幽、別有一番天地。**穿過寺舍與坪庭「閼伽井庭」，迂迴之後映入眼簾的，是本堂外的枯山水「方丈前庭」，松木、嶙石，濡濕的苔原散發澄澄光澤**，本堂供養著阿彌陀如來，香煙裊裊。拐過簷廊進入書院，自聯翩的玻璃障子向外望，池泉回遊式的「書院前庭」宛如卷軸般展開，草木扶疏、流水蜿蜒，饒有趣致；無論從哪個角度欣賞，都伴隨著自然的因子在四季遞嬗間律動，動靜自如，取之以師法自然。

❶ 祇園 北川半兵衛

☎075-205-0880 ⌂京都市東山區祇園町南側570-188 ◷11:00~18:00 ㊡不定休 🍴茶詠み～お茶五種飲み比べ(5種茶與甜點套餐)¥2800

　　北川半兵衛是創業於1861年的**宇治老茶舖，2018年在祇園南側開設了間咖啡沙龍**，低調的門口若不仔細找還真的很容易會錯過。改建自老町屋的空間歷史感中又帶點城市的優雅，1樓的吧台面對著坪庭，2樓隔出各空間皆充滿大人的沉穩氣氛。這裡提供的餐點，主要**以茶品為主，但也備有咖啡供人選擇**。不妨點份套餐吧，一字排開，依發酵程度的五杯茶風味各異，配上各自適合的5種小點心(依季節替換)，體驗不同以往的品茶文化。

> 從左到右為：紅茶、烏龍茶、焙茶、煎茶、抹茶。

❷ 祇園きなな

☎075-525-8300 ⌂京都市東山區祇園町南側570-119 ◷11:00~18:00(L.O.17:30) ㊡週四 🍴きななハポン(KINANA聖代)¥1500、きなな三種盛 (三種口味冰淇淋)¥1200 🌐www.kyo-kinana.com ❗現因店舖改裝工事暫時停業

　　近幾年在年輕女性間口耳相傳的祇園きなな，就藏在花見小路旁的小巷子裡。各式口味的和風冰淇淋聖代十分受歡迎，像是**加了胡麻抹茶冰淇淋、藍莓、覆盆子、碎餅乾的莓果KINANA聖代**，除去了聖代的甜膩感，取而代之的是莓果的酸甜與冰淇淋的調和。而加了栗子、紅豆、蒟蒻等配料的KINANA聖代，配著日式焙茶一起享用，更能品味出日式風情。

> 就算是不嗜甜食的人也會被這高雅的和風甜品吸引。

❸ 不老庵

☎075-525-2266 ⌂京都市東山區祇園町南側570-128 ◷12:00~19:00 ㊡不定休

　　花見小路上的不老庵在門口就有展示京都最有名的下酒菜「ちりめん山椒」，這是**將小魚以山椒拌炒，成為能夠保存更久的食物，除了搭配日本酒，和白飯更是對味**，只要一點點就可以吃下大碗白飯，加入熱茶變成茶泡飯也很好吃。不老庵提供多種口味試吃，讓人滿意再購買。

美味和風聖代，不甜不膩，對女孩來説再多也吃得下！

④ 茶寮都路里

小編激推

☎075-561-2257 ◎京都市東山區四条通祇園町南側 573-3 祇園辻利本店 2~3F ◎10:30~19:00(L.O.18:00)，週末例假日 10:00~20:00(L.O.19:00) ⑤特選グリーンティーフロート(特選漂浮抹茶)¥600 ⓜ www.giontsujiri.co.jp

茶寮都路里是京都最受歡迎的甘味店，門口總是大排長龍，真材實料用**上等宇治抹茶做的各式聖代冰品讓人讚不絕口**，聖代裡除了抹茶霜淇淋，還添加了甘栗、抹茶蜂蜜蛋糕塊、抹茶果凍，讓人吃了還想一口接一口。

⑤ 加加阿365

☎075-551-6060 ◎京都市東山區祇園町南側570-150 ◎10:00~17:00 ⓗ不定休 ⑤加加阿365(巧克力) 2入¥1100 ⓦwww.malebranche.co.jp

加加阿365是京都知名菓子舖malebranche的祇園店，專賣巧克力。店名的加加阿用日文讀成カカオ(kakao)，指的便是巧克力的原料「可可」，而**365則是指一年365天皆能品味這由京都而發的巧克力，享受愉悦的巧克力生活**。巧克力上設計了花紋，每種皆有節令、節日的意義濃縮其中，讓人吃的不只是巧克力，更是京都的生活流儀。若是下午才造訪極有可能巧克力皆已售罄，這時也可以品嚐有眾多口味的巧克力冰棒，或是挑選店內其他商品。

京都 ｎ
加美屋　COFFEE Cattleya　祇園小石　ⓗいづ重
原了郭　著工房遊膳　かつら清老舗　Ki Yan Stuzio
⑥よーじや
④　ⓗKIZASHI THE SUITE　倭美坐大樓
茶寮都路里　　八坂神社
十二段家
不老庵　③　⑤　中村樓
　　ⓗ旅館菊梅
加加阿365　祇園北川半兵衛
祇園徳屋
⑦祇園芸場
ⓗ祇園甲部歌舞練場
ⓗForever現代美術館
安井北門通

京都必買美妝小物，走在祇園必會看到人手一袋。

⑥ よーじや

小編激推

☎075-541-0177 ◎京都市東山區祇園四条花見小路東北角 ◎11:00~19:00 ⑤あぶらとり紙5冊(吸油面紙5組)¥1960 ⓜ www.yojiya.co.jp

よーじや的吸油面紙是京都最有人氣的必買名物，帶有金箔成份的吸油面紙吸油力特強。此外像是純植物性的香皂、彩妝用品、化妝水、化妝工具、柚子口味的護唇膏等，都很受顧客歡迎，也是大家來這裡的首要搶購目標。

⑦ 祇園藝場

☎075-561-1119 ◎京都市東山區祇園町南側570-2 弥栄会館 ◎每日2場 18:00、19:00，12~3月只有週五~日、例假日公演 ⓗ7/16、8/16、12/29~1/3 ⑤大人¥5500、高中大學生¥3800、中小學生¥3300 ⓦwww.kyoto-gioncorner.com ❶個人不需預約，團體(20人以上)需網路預約

祇園藝場是能**近距離欣賞日本古典藝能表演**的場所，包括茶道、琴藝、花道、文樂，以及京舞、雅樂、狂言等，約一小時的節目讓一般遊客對日本傳統藝能有初步的體會，十分受到觀光客的歡迎。在祇園藝場的入口是「祇園藝廊」，以深入淺出的方式，介紹京都的藝妓與花街文化、展示藝妓的日常用品等，可以一探藝妓的神秘生活。

① Cacao Market by MarieBelle KYOTO

☎075-533-7311 　☖京都市東山區常盤町
大和大路通165-2 　賣店11:00~19:00，
ANGEL LIBRARY11:00~18:00 　休週二
💲熱巧克力¥864起 　🌐https://www.
cacaomarket.jp/

在鴨川旁Cacao Market有著童話故
事般的設定，宛如魔法世界中會出現的甜點店，店內的氣氛非常甜蜜且色彩
飽滿。位於地下室的**附設咖啡店ANGEL LIBRARY**，需要先向店員索取密
碼，輸入之後才能打開秘密之門進入。咖啡店的設定是天使們的圖書館，依
照著店員提供的秘密地圖找到自己的座位，就可以在這童話般的空間內享用
特製的下午茶。**非常推薦這邊的巧克力蛋糕或是冰淇淋**，恰到好處的苦味與
香甜融合，是小天使們獻給世界上的禮物。**成了反差，光是視覺感受上就足
以收服遊客的心。**

> 如夢似幻的童話世界，巧克力的甜美滋味就好像是上天的恩賜！

---

② いづ重

☎075-561-0019 　☖京都市東山
區祇園町北側292-1 　⏰
10:30~17:00 　休週三四 　💲鯖姿
ずし(鯖壽司1人份)¥5832

擁有超過60年的歷史，いづ
重始終在八坂神社前默默地提
供美味京都壽司，**招牌的鯖壽
司挑選真鯖魚，直到現在依然
搭配用柴火炊煮的米飯，在壽
司職人的熟練技巧下一個個
壓得緊實**，做出完全融合入味
的美食。

> 若是夏日造訪，也可品嚐季節限定的香魚壽司。

④ 壹錢洋食

與京都靜雅氣質格格不入的搞怪惡趣味，美味料理引人進入嚐鮮。

小編激推

☎075-533-0001 ⊙京都市東山區祇園町北側238 ⊙11:00~翌1:00、週六、例假日前一日：11:00~翌3:00、週日例假日10:30~22:00 ⑤壹錢洋食￥800 ⊛www.issen-yosyoku.co.jp

壹錢洋食的店門口有個小孩被狗咬住褲子的人像，意謂著好吃到狗會追著咬人的地步，十分醒目且逗趣。全店內就只賣一種食物，也就是招牌的壹錢洋食。這壹錢洋食據說可是大阪燒的始祖，在鐵**板上用麵糊煎出餅皮，再於餅皮上加入洋蔥、蒟蒻、蒜、蝦及兩顆蛋，淋上濃厚味重的醬料**，是讓人難忘平民美食。

③ 祇園小森

小編激推

☎075-561-0504 ⊙京都市東山區新橋通大和大路東入元吉町61 ⊙11:00~20:00(L.O.19:30) ⊙週三 ⑤本わらびもちパフェ(蕨餅聖代)￥1700 ⊛www.giwon-komori.com/

ぎおん小森位在祇園白川旁，建築的前身為藝妓表演的茶屋，飄散著濃濃的京都花街風情。這裡**專賣和風甜品**，使用的素材像是大納言、吉野葛、柳櫻園抹茶等，每一樣都是最上等的材料，讓人吃來格外安心。榻榻米的座位旁隔著竹簾就是潺潺流水與迎風搖曳的楊柳，使在這裡品嚐甜食成了純和風的優雅享受。

三大惠比壽神社之一，祈求商賣昌盛的聖地。

⑤ えびす神社

☎075-525-0005 ⊙京都市東山區大和大路通四條下ル小松町125 ⊙9:00~17:00 ⊛www.kyoto-ebisu.jp

守護著商人們的惠比壽大神，在商賣行為繁盛的京都，自然不會少了祭祀祂的神社。**京都えびす神社與全國惠比壽神社的總社「西宮神社」、大阪「今宮戎神社」並稱為日本三大惠比壽神社**。相傳京都惠比壽神社建設於1202年，至今已經有800年以上的歷史。

東山

ひがしやま Higashiyama

古都氛圍百分百 寺廟與石坂道勾勒出典雅京都味

大致可分為東西南北四區的京都，東面通稱東山，而清水寺周邊正是此區的精華旅遊景點。長斜的石疊小徑兩旁盡是木窗烏瓦的二層樓京風建築，二年坂、三年坂、高台寺和寧寧之道一帶久享盛名，終日遊客成群，小店齊聚，閒坐聊天可以感覺京都時間特有的閑靜魅力。

ACCESS
巴士
京都駅搭乘市巴206至「清水道」、「五条坂」站牌下車。
❶ 可從四条河原町、祇園一帶一路散步過來，做全天的行程串聯。

清水寺的正殿殿前的木質露台被稱為「清水舞台」，使用139根木頭架構而成，高達12m，靠著超水準的接榫技術，沒有動用任何一根釘子。

不管來京都幾次，每次造訪總是要來清水寺參拜，由高眺望京都市景。

小編激推

清水寺後方的音羽的滝又有「金色水」、「延命水」的別稱，為日本十大名水。

1 清水寺

☎075-551-1234 ⌂京都市東山區清水1 ◷6:00~18:00，7、8月至18:30，夜間特別拜觀春櫻、千日詣り、秋楓至21:00 ⑤高中以上¥400，國中小學生¥200。 ⒲www.kiyomizudera.or.jp

清水寺位於京都洛東東山境內，**建於西元798年，是平安時代建築物**，歷史相當悠久，因為寺內擁有一處清泉（音羽の滝）而得名。由於曾經多次遭受祝融之災，目前所見的清水寺，是1633年時依照原貌重建的。沿著清水坂走向清水寺，首先看到清水寺巍峨的紅色仁王門。仁王門屬「切妻」式建築，是日本最正統的屋頂建築式樣。

2 京都地主神社

☎075-541-2097 ⌂京都市東山區清水1-317 ◷9:00~17:00 ⑤自由參觀 ⒲www.jishujinja.or.jp ❶2022年起進行為期約三年的修復工事，期間暫停開放

地主神社是奉祀姻緣之神，**正殿前方有一對相距17至18公尺的「戀占之石」**，聽說信男信女只要蒙起眼睛，口中唸著愛慕者名字，從這顆石頭走到那顆石頭，日後都可成就美滿姻緣。

高台寺於春、夏、秋三季夜晚會特別開寺，配上燈光與寺內造景，營造出京都的特別情調。

3 高台寺

☎075-561-9966 ⌂京都市東山區高台寺下河原町526 ◷9:00~17:30(售票至17:00)，夜間特別拜觀17:00~22:00(售票至21:30) ⑤成人¥600，國高中生¥250，含掌美術館門票。高台寺、掌美術館、圓德院三處共同拜觀券¥900 ⒲www.kodaiji.com

高台寺是豐臣秀吉將軍逝世後，秀吉夫人「北政所寧寧」（ねね）晚年安養修佛的地方，建於慶長10年(1605年)，開山堂、靈屋、傘亭、時雨亭等都是國寶級古蹟。高台寺也是京都賞櫻、紅葉名所之一，尤其夜晚的點燈活動，是一年一度遊客最期待的花見樂事。

④ 八坂庚申堂

☏075-541-2565　⌂京都市東山區金園町390
◷9:00~17:00　⑤境內自由　◉www.
yasakakousinndou.sakura.ne.jp/

　熱鬧的八坂通上除了各式小店與八坂之塔串起的好拍街景外，八坂之塔不遠處的庚申堂前的菩薩像前掛著許多色彩鮮豔的布猴子「くくり猿」，買一個￥500的布猴子，**寫下自己的願望在上面後掛在庚申堂，據說可讓願望實現。**

⑤ 八坂之塔

☏075-551-2417　⌂京都市東山區八坂上町388　◷
10:00~15:00　⑤￥400

　沿著八坂通的上坡道前行，可以見到坂道盡頭高處黝黑的「八坂之塔」，也是東山地區的象徵。「八坂之塔」相傳是在1500年前聖德太子所建，保留了日本現存最古老、白鳳時代的五重塔樣式。經過多次祝融之災，現在的塔身建築是西元1440年由幕府將軍足利義教重建。**走下八坂通時，別忘了背對東大路通，回頭看看「傾斜坂道通往高處的八坂之塔」**，可是東山區最具代表性的一席風景。

1 二年坂星巴克

☎075-532-0601 ⌖京都市東山區高台寺南門通下河原東入桝屋町349 ⌄
8:00~20:00 ⊘不定休 ⓘ店內為單向通行，點餐後可至二樓用餐，再遵循指標從另一個樓梯下樓出店

咖啡龍頭星巴克不只遍地開花，還在二年坂上的老町屋裡開起概念店，一推出便受到遊客歡迎，成為遊玩清水寺一帶的必訪景點。老町屋內，除了一般的點餐櫃台之外，更是處處充滿巧思，**將老屋特色發揮得淋漓盡致**。往深處走去，一個義式咖啡機吧台正對著坪庭，職人在此做的拿鐵都變得得京都味了！餐點都領完後，可以上到二樓，還有榻榻米座位區，完全展現和風優雅。

2 %ARABICA

品味拉花的純熟，與咖啡與牛奶融和的醇厚口感。

☎075-746-3669 ⌖京都市東山區星野町87-5 ⌄9:00~18:00
⊘不定休 ⓢ拿鐵￥500起 ⓦarabica.coffee/

小編激推

%ARABICA是來自香港的品牌，店主山口淳一於2014年得到了世界拉花冠軍的殊榮，現在也是每天站在店頭為客人拉花。**不只拉花技巧純熟，自家烘焙的豆子香味宜人，入口不苦不澀**，且全店不同於古都氣氛，透明玻璃與原本裝潢，牆上的世界地圖點綴著，味覺就這麼跟著咖啡一同旅行於世界中。

由拉花冠軍做的拿鐵咖啡特別好喝。

3 十文堂

特別的迷你串烤糰子，每一口滋味不同，滿足好奇的每個心。

☎075-525-3733 ⌖京都市東山區玉水町76 ⌄11
:00~18:00(L.O.17:30) ⊘週三、四 ⓢ団楽(五種糰子)￥750，抹茶らて(抹茶拿鐵)￥580 ⓦ
jumondo.jp

十文堂以伴手禮「鈴最中」走紅，而其的炙烤糰子近來也是人氣上升，小小的店面裡總是擠滿人，等著品嚐這小巧又可愛的烤糰子。**烤糰子份量不大，每一種口味一口就能吃下**，吃完不太飽，也滿足了口腹之欲，東山散步途中不妨來這裡休息一下。十文堂的招牌「団楽」有五種口味，份量不大，一口一種口味，吃完剛剛好。

小編激推

<!-- 地圖標示 -->
◎レンタル着物岡本八坂神社店
◎レンタル着物夢京都祇園店
●西樓門 ●美御前社
●南門 ●八坂神社 枝垂櫻●
二軒茶屋 中村樓 ●長樂館

円山公園

畑中
花樂

ぎをん彩
高台寺 京とみ ねねの道 洛匠
迦陵頻 元奈古
豆吉本舖 圓德院
三面大黑天神社 高台寺
石塀小路 豆ちゃ 高台寺指掌美術館
東山安井 ひざこ 東山八百伊
東山安井 下河原 田舍庭 料理旅館力彌
阿月 玉半 靈山觀音
Salon de 波ぎ
KANBAYASHI 天空庵
上林春松本店 阿咩坊
鍵善良房高台寺店 箸工房おおした
京あるき 染匠きたむら 金網つじ
前田咖啡
松葉亭 レンタル着物
裏具ハッチ 高台寺店 二年坂星巴
② %ARABICA 八坂 文の助 二井三
③ 之塔 茶屋 舞妓変身ス
十文堂京東都 八坂庚申堂 レディス
大塚吳服店 洋食の店みしな 清水山莊
奧丹 忘我亭
洲浜屋 OBLIO
カラス堂 青龍苑
清水道 梅園
レンタル着物岡本
JIZO堂 清水寺店
七味家
八ツ橋おたべ ④ 八ツ橋茶屋
清水順正
豆吉本舖 京あみ

●夢工房
●夢京都 清水店
往 五條坂

岡本分店資訊

本店
京都市東山區五条橋東6-546-8
075-532-1320

祇園店
京都市東山區高台寺北門前鷲尾町523
075-531-7890

祇園別邸（高級和服租借）
京都市東山區高台寺北門前鷲尾町523
075-531-6980

八坂の塔前店
京都市東山區八坂上町374
075-525-1420

八坂神社店
京都市東山區祇園町301-1
075-532-0510

清水東山店
京都市東山區辰巳町110-9
075-533-8900

無碍山房 Salon de Muge
工山莊　菊乃井
靈山歷史館

ナ・四季
かた

寶性院　成就院
西利　清水寺
月日堂　仁王門
地主神社
悠三記念館

和服花色及飾品種類十分多樣，輕鬆變身京都美人！

④ 和服租賃 岡本 清水寺店

075-525-7115　京都市東山區清水2-237-1-1
9:00~18:00　和服￥3278 ~￥6578，男性用著物￥4378　www.okamotokimono.com

小編激推

「岡本和服」擁有180年的悠久歷史，由清水寺步行過來只需一分鐘，從茶碗坂進入胡同，便能發現這間充滿京都寧靜氣息的店舖。岡本為和服租借的創始店，有許多遊客會慕名前來體驗。此外，在大受遊客歡迎的東山區也設有6間大型店舖，每一間店舖皆營造出濃厚日本文化的氛圍。除了地點方便，岡本擁有超過1,000款的和服任君挑選，和服出租一天的包套價錢由3,278至￥6,578不等，包括腰帶、手提包與木屐襪等等全部皆包含在內，無論男女

兒童，皆可享有完善的和服體驗。若另加￥550也可進行頭髮造型等服務。岡本每年有20萬組的客人，廣受信賴及肯定，遊客們可以安心前來體驗。整個和服體驗過程從挑選和服、著裝、頭髮造型到出發大約需要一個小時，為了讓遊客們能夠在京都悠閒散策，與三五好友拍照留念，租借和服的客人們只要在晚上5點30分前回到店內即可。

夏季時亦會提供浴衣出租服務，價錢由￥4,378起。若入住地點為京都市內的酒店，只需另加￥1010起，便可享有專人運送和服至酒店的服務，退還時將和服寄放在酒店櫃台即可，非常方便。除了這間清水寺店以外，岡本也另外開設了本店及祇園店等分店，祇園別邸分店內還提供如有振袖等更高等級的和服出租，一樣是用合理經濟價格提供，讓遊客們有更多的選擇。

① 青龍苑

老町屋中集結了眾多伴手禮商店，有美景有美食，進來走走逛逛都很愜意。

📞 075-532-5959　🏠 京都市東山區清水3-334
🕐 各店舖不一　🌐 www.seiryu-en.com

小編激推

在清水寺一帶有不少舊町家建築改建成的複合式商店，青龍苑就是其中之一。苑內**保留了小川治兵衛所造的日式庭園**，在詩情畫意的池塘、草庵與茶室周邊，是多家京都有名的品牌小店及餐廳，如白臉娃娃的「よーじや」、香老舖「松榮堂」、京都千枚漬名店「京つけもの西利」和有美味水果塔的咖啡廳「デリス京都清水店」等齊聚。

② 京あみ

提供手做甜點和咖啡，讓旅人放鬆度過的旅途中繼站。

📞 075-531-6956　🏠 京都市東山區清水1-262-2
🕐 10:00～18:00　🈲 不定休　🍰 八ッ橋しゅー(八橋泡芙)¥330　🌐 www.kiyomizukyoami.com

小編激推

還未走近京あみ就可以看到長長的排隊人龍，原來是專為這獨家的八橋泡芙而來，一天竟然可以賣出2000個。**以獨家秘方製作的泡芙加入了八橋風味，帶點肉桂香氣，和抹茶奶油或卡士達蛋奶醬都十分對味**，春天還會推出櫻花口味，由於每個都是點了才擠入奶油，需要等候一些時間才能吃到美味。

依季節還有不同的冰品選擇，冬季的草莓義式冰淇淋美味無法抵擋。

③ 無碍山房 Salon de Muge

📞 075-561-0015　🏠 京都市東山區下河原通高台寺北門前鷲尾町524　🕐 午餐便當「時雨弁当」11:30～13:00，喫茶11:30～17:00　🈲 週二、年末年始　🍰 濃い抹茶パフェ(濃抹茶聖代)¥1760，時雨弁当¥5500起　🌐 kikunoi.jp/kikunoiweb/Muge　❗不接受6歲以下兒童入店

老舖料亭菊乃井所開設的咖啡沙龍Salon de Muge，以時段區分餐點，**中午提供風雅的日式便當，下午則是各式甜品與飲料**，價格雖然較高，但提供的服務、空間與餐點皆比照料亭的規格，摩登中不失京都風味，是想品嚐米其林三星料亭滋味的入門首選。推薦在午後散步來這裡，品嚐超濃的抹茶聖代，或是嚐杯講究的紅茶，一邊欣賞小巧精緻的庭園空間，享受愜意時光。

④ Salon de KANBAYASHI

☎0120-210-189 ⏺京都市東山區下河原通高台寺塔之前上る 金園町400-1 🕚11:30~17:00 ❌週二，週六日、例假日不定休 💰綾鷹煎茶 ¥715 🌐salondekanbayashi.com/

與可口可樂公司合作推出瓶裝茶飲「綾鷹」的老牌茶行上林春松本店，自創業以來已經有450年悠久歷史，原本是宇治地區的御茶師，經過多年傳承，目前已是第14代。在京都創立的Salon de KANBAYASHI，則是**把宇治茶園的優質茶飲與京都風開放式庭園，以及京都陶藝家河原尚子手作陶瓷器皿高雅地融合**，這是自詡為日本茶飲開創先驅者的上林春松本店，創作出的優雅品茗新天地。

⑤ 鍵善良房 高台寺店

☎075-525-0011 ⏺京都市東山區下河原通高台寺表門前上ル 🕚10:00~18:00(L.O.17:30) ❌週三(遇假日順延) 💰葛きり(葛切涼粉) ¥1100 🌐www.kagizen.co.jp 🛈現因改裝工程暫時停業，預計在2023年完成

> 滑溜的葛切沾上黑蜜超級美味～

有百年歷史的鍵善良房是京都有名的甘味舖，其中又以像洋菜般透明的「葛切涼粉」最出名，冰涼的**葛切涼粉都是現點現做才能保持新鮮的透明感**，吃的時候沾點沖繩產的黑糖蜜，口感滑溜極了。

> 最近與開化堂咖啡合作生產的咖啡濾網。

⑥ 七味家

> 説是清水寺的寺前名物一點也不為過，香辣粉末融合多種滋味，京都優雅的辣度當然如此。

小編激推

☎0120-540-738 ⏺京都市東山區清水2丁目清水寺參道 🕚9:00~18:00(冬季至17:00) 🛈www.shichimiya.co.jp

就位在三年坂與清水坂交叉路口的七味家是一家**擁有350年歷史的老舖**，看似不起眼的店內賣得可是京都人必備的七味粉，七味指的是各種香辛料的組合，**包括辣椒、白薑、麻種、紫蘇、陳皮、山椒、胡椒等**，吃起來除了辣味之外還帶有獨特香氣。

> 裝在竹筒中的七味粉，讓餐桌更有日本風。

⑦ 金網つじ

☎075-551-5500 ⏺京都市東山區高台寺桝屋町362 🕚10:00~18:00 ❌夏冬季週三，年末年始，不定休 💰手編烤網(小) ¥7700 🌐www.kanaamitsuji.net/

喜歡料理的人，一定都知道京都那精緻的手編烤網。其中最有名的，便是位在高台寺一念坂的金網つじ。金網，指的是用金屬線所編成的各種物品，像是篩子、瀝水盤、烤網，**每一個品項的數量皆不多，精緻作工堪稱工藝品，是許多人夢寐以求的廚房逸品。**

左側邊欄：長楽寺 護國神社 le Muge 井 史館 成就院 清水寺 二王門 地主神社

三条通

さんじょうどおり Sanjyou Doori

延續舊氣息 感受優雅與美味兼具的京都特色

> 京都的懷舊建築集中區以三條通為主，吸引很多對歷史氣氛有興趣的個性商店和藝廊選在懷舊大樓中設點；與姊小路的氛圍相連，同樣位於京都鬧區中心，除了留有不少過去的洋風紅磚建築，還有幾十年歷史的咖啡、香道、蜂蜜專賣的老舖，爾後也吸引不少充滿個性的新店家在此設店。

ACCESS

電車
搭乘阪急電鐵京都本線至「河原町駅」下車；京都地下鐵烏丸線至「烏丸御池駅」下車，東西線至「烏丸御池駅」、「京都市役所前駅」、「三条京阪駅」下車；搭乘京阪電鐵京阪本線、鴨東線至「三条駅」下車。

巴士
京都駅搭乘市巴士4、5、86、205至「三条京阪前」或「河原町三条」站牌下車。

1 京都文化博物館 別館

📞 075-222-0888 🏠 京都市中京區三条高倉 🕐 10:00~19:30 🗓 依店舖而異 💰 免費 🌐 www.bunpaku.or.jp

　　三條通上的京都文化博物館別館和本館相鄰，設計者長野宇平治是辰野金吾的學生，**紅磚外觀上有一條條的白色飾帶，這是很典型的「辰野式」風格。**別館可自由入內參觀，保留原先日本銀行在此營業時舊貌，後方的金庫區也有座位可休息。

地圖標示：京都漫画博物館、シャトレーイン京都、烏丸御池、GYOZA OHSHO、京都ガーデンホテル、Citron、RAAK、Restaurant 蒼、Cao Cafe Ishikawa、文椿大樓、中京郵便局、三条烏丸ホテル京都、ホテルモントレ、六角堂、唐草屋、BELL HEART、布屋み、姊小路通、京都本館、室町通、東洞院通

> 老舖風景迷人，煎餅個個古樸美味。

2 本家 船はしや

📞 075-221-2673 🏠 京都市中京區三条大橋西詰112 🕐 10:00~20:00 💰 五色豆六角盒¥490 🌐 www.funahashiya.com

　　位於三條大橋橋頭的豆菓子和煎餅店，雖然現址始於1950年，但創業可追溯到天正18年(1590)，可是貨真價實的京都老舖。**可以帶來好運的迷你煎餅「福だるま」造型可愛，**香甜的滋味令人憶起兒時。

> 京都人的早餐都吃什麼？來這裡跟著隔壁桌點就沒錯！

小編激推

3 Smart Coffee

📞 075-231-6547 🏠 京都市中京區寺町通三条上る天性寺前町537 🕐 8:00~19:00 💰 咖啡¥600，ホットケーキ(熱鬆餅)¥750 🌐 www.smartcoffee.jp

　　創業於昭和7年的Smart Coffee並不聰明，而是老老實實地提供最靈巧的服務給每一位顧客，讓人倍感溫馨。每到早上開店後門口便排著人龍，大家是為了要品嚐那懷舊滋味的熱鬆餅。**剛煎好的鬆餅淋上蜂蜜，切開鬆鬆軟軟的餅皮透著微微熱氣，一早吃了胃都暖了起來。**另外也是招牌的法式吐司六面煎到金黃，口感濕潤不乾，微焦香氣極為美味。

4 文椿大樓

🏠 京都市中京區三条通烏丸西入ル御倉町79　🌐 www.fumitsubaki.com

原先作為貿易公司的文椿大樓建於大正9年(1920)，使用木材建造的西洋建築在京都較為少見。而目前的樣貌經過身為建築師的業主久和幸司重新整理、規劃，在保留主結構的同時也加入不少現代建築元素，給人一種穩重又舒服的元素。久和幸司與不少懷舊建築的擁有者一樣，都會挑選進駐的商店，所以這裡的每間商店都有一定的特色和品質。

5 INODA COFFEE 本店

☎ 075-221-0507　🏠 京都市中京區堺町通三条下ル道祐町140　7:00~18:00　🍴 フルーツサンド(水果三明治)¥900，京の朝食¥1600　🌐 www.inoda-coffee.co.jp　❗京都各地支店眾多，距離一個轉角的三條分店也很有人氣

　　發源自京都的INODA COFFEE擁有70年以上的歷史，是谷崎潤一郎等作家與藝術家喜愛的老舖咖啡館。店裡的咖啡除了單品、義式，還有自家烘焙混豆的獨家口味，**招牌「阿拉伯的珍珠」（アラビアの真珠），在菜單上就寫著適合加糖與奶精，和一般對咖啡的想像不同，但出乎意料的甘美順口。**自家調配的豆子，在入口處可以買到，另外，大門左側的白色咖啡間，是當年最早的INODA COFFEE的復刻店面，告知店員後，也可以入內用餐或參觀。

> 總店圓桌、扶手椅、吸煙席與室內挑高，一派老店氛圍。

> 懷舊老咖啡廳與必吃招牌甜甜圈。

小編激推

6 六曜社地下店

☎ 075-241-3026　🏠 京都市中京區河原町三条下ル大黑町40 B1F　🕐 12:00~18:00，Bar18:00~23:00　🚫 週三(Bar無休)　🍴 咖啡¥500，甜甜圈¥180

聚集許多日本文人的六曜社，一直是京都的知名文青咖啡廳。從狹長樓梯步下，推開大門意外寬廣，青綠色磁磚、木造家俱與吊燈組成的空間飄散沉靜氣氛，除了各式讓人激賞的手沖咖啡外，而來此的人大多都會再點一份當店特製的甜甜圈，炸得酥脆外皮，一口咬下內部麵體扎實香鬆，愈吃愈能感受質樸的美味。

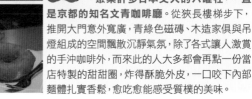

京都漫画博物館
シャトレーイン京都 ②①
烏丸御池
串くら
御池通　京都地下鐵東西線　京都市
丸益西村屋
GYOZA OHSHO
京都ガーテンホテル
姉小路通
Citron
RAAK
Restaurant 蒼
Cao Cafe
Ishikawa
三条烏丸
ホテル京都
ホテルモントレ
六角館さくら堂
唐草屋
BELL HEART

烏丸御池
⑥
⑤
文椿大樓

姉小路高倉
土屋鞄製作所
京都文化博物館
中京郵便局
三条通
京都八百一
本館
布屋みさやま

柊家
料理旅店 吉川
紫野和久傳
遊形 salon de thé
光泉洞壽み
altreTanto
SHIOYA
45rpm mie mie
旅館錦水屋
京料理にしむら
栖園
鈴木松風堂

俵屋
①
Gallery
遊形

俄大樓
④
薩可拉大樓
炭屋
家邊德時計店
ニュー松風閣
三木半旅館

本能寺
鳩居堂
姉小路通
Smart Coffee
矢田寺
三嶋亭
②
③
永樂屋
wright商會
箸門
1928大樓
3 COIN
EL RODEO

馬場染工業 ⑤

①Gallery遊形

☎075-257-6880　♠京都市中京區姉小路通麩屋町東入る姉大東町551 ▽
10:00~18:00　㊡不定休　⑤香皂3入￥840

　　Gallery遊形就販賣**俵屋旅館內為了住客更加舒適而特別獨家開發的商品，其中最受歡迎的特製香皂**，含有200多種香料的香皂是旅館主人特別跟花王訂購的，高雅的香氣與細膩的泡沫大受好評。除了舒適寢具用品，現在更有袋子等個人配件與餐具器皿等。

三條通上的代表舊大樓，懷舊氣息吸引眾多好點聚集。

小編激推

②1928大樓

♠京都市中京町三条通御幸町東南角

　　1928大樓的名稱就是其建成的年代，1928年(昭和3年)。**位在京都懷舊大樓密集區三條通上的1928大樓，幾乎在三條通的最東側，想要在三條通做一次懷舊建築散步，這裡是顏為合適的起點。**裝飾藝術風格的淺橘的外觀頗為特別，有別於一般懷舊建築常見的紅磚建築或辰野式風格，1928大樓使用鋼筋混凝土建造，頂層的星形窗戶和陽台來自每日新聞社的社章形狀(每日新聞京都支社在這裡使用到1998年)都是著名特色。目前裡面作為藝廊、咖啡館和表演廳使用。

❹ 薩可拉大樓

🅐 京都市中京區三条通富小路西入ル中之町20

建於大正5年(1916)的薩可拉大樓就和許多懷舊建築一樣，屬於日本政府登錄在案的國有文化財，在外貌的保存上十分嚴謹，沒有附掛任何招牌或非必要的物件。大樓前方設置燈箱，上面有各家店舖與餐廳的招牌，門前擺放著開店中的商家各自的看板。**這裡最初是日本最大的銀行「不動儲金銀行」的京都分行，文藝復興的風格帶有莊重感**，除了一樓是磚造，二、三樓是木骨磚造，在1988年進行整修而成為我們現今看到的樣貌。

❸ 三嶋亭 本店

📞 075-221-0003　🅐 京都市中京區寺町三条下る
🕚 11:30~21:00(入店至19:30)　休 週三　💲 午餐¥8591起、月コース¥17545起　🌐 www.mishima-tei.co.jp

創業於明治6年的三嶋亭，是京都數一數二的壽喜燒老舖，創業始祖三嶋兼吉曾赴橫濱學習如何製作「牛鍋」，爾後回到京都，發展出獨特的烹調方式，不變的好口味傳承了140多年。**三嶋亭引以為傲的肉，嚴選自黑毛和牛，霜降肉在燒烤時散發出的油脂香氣十分迷人，嚐來更是芳醇。**

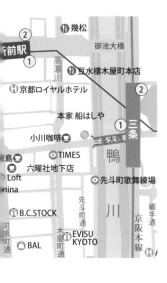

> 親手體驗傳統染工藝，找到自己最喜歡的家紋做紀念吧！

小編激推

❺ 馬場染工業 柊屋新七

📞 075-221-4759　🅐 京都市中京區西洞院通三条下ル柳水町75　🕘 9:00~17:00，體驗10:00~11:00，12:00~17:00　休 週六、週日例假日，年末年始(12/29~1/5)，盂蘭盆節(8/14~8/16)　💲 ¥1650 包含體驗1小時¥550+杯墊¥550+家紋印刷¥550　🌐 www.black-silk.com

黑染，指的是以植物性染料將衣物染色，為17世紀的江戶時代在武士之間的流行服裝趨勢，而馬場染工業正是擁有130年歷史的老舖黑染工廠，至今仍以傳統技法染出許多被稱為京黑紋付染的傳統日本禮服。**由馬場師傅開設體驗工房「柊屋新七」讓一般大眾可以透過親手設計或是印製家紋，對印染有更深的了解，並重新連結起個人與家紋的關係。**

> 也可將現代服裝染色，為普通服飾添上京都的風格。

❻ 45rpm 京都

📞 075-252-0045　🅐 京都市中京區三条通高倉東入枡屋町61　🕚 11:00~19:00　🌐 www.45rpm.jp

45rpm是日本相當受到歡迎的個性品牌，**運用天然材質製作服飾為品牌的最大特色，因此穿起來當然舒適。**三條通上的京都店入口以一根懸吊的枯木與石材、木頭打造出獨特風格，京都町家重生的空間更讓人駐足許久，2樓還有來自瑞士的皮件品牌Henry Cuir，同樣能夠感受到對於自然環境的尊重。

皇宮御苑的四季之美 神社與和菓子店交織成古老風情

てらまち Teramachi

寺町

京都御所往南至御池通，甚至延伸到京都市役所的一整個街廓範圍聚集許多昔日為天皇服務的御用老舖，有和菓子、京都茶葉等，至今仍保存町家風，也進駐許多可愛小店、咖啡廳。不妨在這裡沿著街道漫步閒逛，一同尋找有趣的小店，感受身在京都的生活風景。

ACCESS
電車
京都地下鐵烏丸線至「烏丸御池駅」、「丸太町駅」、「今出川駅」下車，東西線至「烏丸御池駅」、「京都市役所前駅」下車。
巴士
京都駅搭乘市巴士4、17、205至「京都市役所前」站牌下車。

每週末還會有漫畫家在漫畫工房裡實際畫給你看！

① 京都漫畫博物館

☎075-254-7414 📍京都市中京區烏丸御池上 ⏰10:30~17:30(入場至17:00) 🚫週二三，年末年始，特殊休館日（不定時） 💰成人￥900，國高中生￥400，小學生￥200 🌐www.kyotomm.jp

大人小孩都聽過的漫畫全套收藏，每一本都充滿了童年回憶，待一整天看漫畫也不覺得浪費時間。

小編激推

利用昭和4年建築的國小校舍所改裝成的京都國際漫畫博物館，**保存明治初期流傳下來的珍貴漫畫書、漫畫刊行雜誌，以及共三十多萬冊收集自海內外不同語言譯本的人氣漫畫**，還會不定期舉辦漫畫主題特展，走在80年前建築的老校舍穿廊裡，還可感受到彷若日劇情節般的懷舊風情。

2樓還有巴黎閣樓般的小空間展示各項作品。

② Petit a Petit

☎075-746-5921 📍京都市中京區寺町通夷川上ル藤木町32 ⏰10:30~18:00 🚫週四，年末年始 🌐petit-a-petit.jp

2014年春，中村雪與織品印刷總監奧田正廣，在京都御所一帶為他們的設計品牌「petit à petit」設立據點，以**織品色彩呈現她在京都生活中所感受到的季節流轉之美**，這些圖案製成手帕、提袋、抱枕、杯墊等生活小物，為人們點亮每一天的生活。「petit à petit」一名取自法國諺語「Petit à petit, l'oiseau fait son nid（小鳥一點一點地築成巢）」，意思是只要每天都累積努力，總有一天能達成目標。

東洞院通
丸太町駅
欧風堂
松榮堂
IREMON DESIGN LA
衣棚通
市町通
両替町通
然花抄院
たま妓
本家尾張屋
京都漫畫博物館 ①
烏丸御池駅 ①

③ 菊屋雜貨店

☎075-222-0178 ⚑京都市中京區寺町通押小路角妙滿寺前町469 🕐12:00~17:00 ⊗不定休 ⊕kikuyazakkaten.com/concept.html

由於相信「買東西」也能改善某些事情，店主岡本津由子與姊姊兩人繼承了奶奶留下的町屋，成立了一間**無國籍選貨雜貨舖，大至家具，小至衣飾、點心，皆挑選使用天然素材的物品，提倡環保與公平交易原則。**原為化妝用品店的老屋子，當初不論牆壁、地板或是窗框都漆上了白漆，姊妹倆接手後，選擇恢復屋子原本樣貌，希望町屋木質的溫暖氛圍，能夠讓人更加放鬆無拘束地前來。

④ UCHU wagashi 寺町店

☎075-754-8538 ⚑京都市上京區寺町通丸太町上ル信富町307 🕐10:00~17:00 ⊗週二、週三 ⑤swimmy mini¥1230 ⊕uchu-wagashi.jp/

新創品牌的 UCHU wagashi，堅持職人技術與高品質原料素材，創造出不同以往的新食感和菓子糖。小小的店舖裡糖果宛如展示精品般擺置，**每盒糖果裡的色彩與配置都被精心鋪排，不但呈現出和菓子的視覺美感、更加入設計元素，**不同季節、不同送禮主題甚至京都風景，成為一盒盒令人驚豔的彩色糖果風景。

> 以琥珀糖、和三盆糖及金平糖組成的青空、白雲與鳥的畫面，送禮絕對大人氣。

> 不只買茶，更能在茶室中品嚐煎茶、抹茶，深入了解各種烘焙下茶滋味的差別。

小編激推

⑤ 一保堂茶舖

☎075-211-3421 ⚑京都市中京區寺町通二条上ル常盤木町52 🕐茶舖10:00~17:00 ⊗年末年始，每月第二個週三 ⑤罐裝煎茶￥3240起 ⊕www.ippodo-tea.co.jp ⚫喫茶室休業中

一保堂已經有300年的歷史，是京都茶的高品質代表。京都總店依然是木造日式傳統老屋，店門口隨風飛揚的麻布簾，有著濃濃的老舖風情。附設的喫茶室「嘉木」名字來自唐朝陸羽《茶經》一書的「茶者，南方之嘉木也」，店內供應日本茶，並隨季節變換不同口味的和菓子。

UCHU wagashi 寺町店 ④

堺町通　柳馬場通　富小路通　麩屋町通　御幸町通　寺町通

Restaurant 信🍴

手染メ屋🏠

ひつじ🍞

Petit a Petit 2

末廣🏠

◉wak japan

一保堂 5

鴨川🍴

cafe Bibliotic Hello!☕

伊藤柳桜園

紙司柿本🏠

村上開新堂

結🏠

焼肉ダイニング甲🍴

菊屋雜貨店 3

京都大倉飯店

京都市役所◉　Ⓗ

幾松🍴

くら

御池通

御池通

京都市役所前町駅

❶ 村上開新堂

☎075-231-1058 📍京都市中京區寺町通二条上ル
東側 🕙10:00~18:00，咖啡10:00~17:00(L.O.16:30)
🚫週日例假日、每月第3個週一 💰ロシアケーキ(果
醬餅乾)一片￥205，好事福盧￥508 🌐www.
murakami-kaishindo.jp

明治40年(1907)，村上清太郎在寺町二條創立
了西洋菓子舖，是京都的第一間洋菓子店舖。和
洋折衷的洋館在一片町屋之中顯得特別突出；現
在店內仍殘留著往日風華，像是大片玻璃門、大
理石柱等皆完整地保存下來。雖是洋菓子店，這
裡**不賣蛋糕類，而是專精在「餅乾」類的小點
心**。遵循創業時的風味，11種口味的餅乾各有特
色，想吃一定得要預約。若是到現場，則可以至
**店後附設的咖啡廳，坐下來享用一杯紅茶，配
上一片果醬餅乾**，或是特製戚風蛋糕。

店內高掛的「開新
堂」匾額，乃明治
三筆之一「日下部
鳴鶴」的大作。

❷ ひつじ

☎075-221-6534 📍京都市中京區富小路通夷川上る大炊町355-1
11:00~18:00 🚫週日~三、不定休 💰天然酵母和三盆甜甜圈¥270

店主下村高浩先生想要讓每一個愛吃甜甜圈的小朋友都能輕易
記住的店名，才會取名ひつじ(綿羊)。**以發酵24小時以上的麵團
製成的甜甜圈**，嚐來鬆軟可口，就像店名綿羊一樣，讓人感到溫
暖、輕鬆。內用空間小小的卻十分溫馨，即使是一個人旅行也不
覺得侷促。外帶甜甜圈的甜粉或黃豆粉等會另外附送，待要食用
時再撒上，吃起來就像剛做好一樣美味。

❸ 然花抄院

☎075-241-3300 📍京都市中京區室
町通二条下ル蛸藥師町271-1
11:00~18:00(L.O.17:30) 🚫每月第2、4個週一 💰茶庭ノ膳(茶
庭套餐)¥1540 🌐www.zen-kashoin.com

身為「長崎堂」的第四代，店主荒木志華乃將自己對藝
術、設計的喜愛，與家族企業做了徹底結合，
由她一手規劃改裝的**「然花抄院京都室町本
店」**為經典蜂蜜蛋糕換上的新包裝，更獲得
2010年德國紅點設計大獎的傑出設計獎。

在原為和服店倉
庫改裝而成的茶
房內，品嚐然蜂
蜜蛋糕的濃醇的
新鮮蛋香。

> 除了各式肉類串燒外，也提供新鮮的當季京野菜，讓來客充分感受古都風情。

⑤ 串くら

☎075-213-2211 ⊕京都市中京區高倉通御池上ル柊町584 ⊙11:30~14:30，17:00~21:30 ⑤串燒一串¥380起，鶏のひつまぶしコース¥4500 ⑩www.kushikura.jp

小編激推

串くら的建築已有100多年歷史，十多年前將內部改裝為町家風情的串燒店。**串燒採用岩手縣產的南部雞和滋賀縣產的近江雞為主要燒烤素材，用最高級的備長炭高溫燒烤**，配上伏見酒藏特別釀造的清酒，暢快過癮！

UCHU wagashi
寺町店

Restaurant 信

ひつじ ②

Petit a Petit

末廣

一保堂

伊藤柳櫻園

紙司柿本

cafe Bibliotic Hello!

結

④ 手染メ屋

村上開新堂 ①

グ甲

菊屋雜貨店

京都大倉飯店 H

京都市役所

京都市役所前町駅

⑥ 松榮堂

☎075-212-5590 ⊕京都市中京區烏丸通二条上ル東側 ⊙9:00~18:00，薰習館10:00~17:00 ⑤線香¥550起 ⑩www.shoyeido.co.jp

創業於寶永2年、至今已有300餘年歷史的松榮堂也是京都的香老舖之一，甚至在美國擁有分店。**在二條城附近的松榮堂本店裡，店員會親切為顧客們介紹香道知識，並教導如何品香**，除了各種不同的香外，也可以買到香台與周邊商品。

④ 手染メ屋

☎075-211-1498 ⊕京都市中京區姉小路通岩上西入樽屋町451 ⊙11:00~18:00 ⑭不定休 ⑤獨家染色T恤¥6600起 ⑩www.tezomeya.com

曾經在內衣品牌華歌爾當過9年上班族的老闆因工作第一次遇到自然染料技法就愛上了，最後甚至以此當作職業，店內所有的商品都是老闆自己運用天然染料所**染出，牛仔褲、T恤或圍裙，都有著與眾不同的風格**，選在寧靜的小路上開店兼染坊，照樣能夠吸引許多人特地來購買。

⑦ 本家 尾張屋

☎075-231-3446 ⊕京都市中京區車屋町通二条下る ⊙9:00~17:30；蕎麥麵11:00~15:30(L.O.15:00) ⑭1/1~1/2、7月4、11、18、25日 ⑤宝来そば（寶來蕎麥麵）¥2970、季節野菜天せいろ（季節時蔬天婦羅蕎麥麵）¥2310 ⑩www.honke-owariya.co.jp

尾張屋在江戶時代開始就是晉奉宮廷的御用蕎麥麵司，**製作蕎麥麵已有530多年歷史**。寶來蕎麥麵將麵條分裝在5層漆器盒裡，配上一籃日式佐菜，吃完麵後將蕎麥麵湯倒入醬汁，又成為一碗樸實的湯品，讓吃蕎麥麵變成一種幸福樂趣。

金閣寺

きんかくじ Kinkakuji

耀眼的金色寺廟是京都象徵 初遊必訪之地

> 金閣寺用金箔所貼覆而成，也是京都最耀眼的象徵，寺內的池泉回遊式庭園以鏡湖池為中心，向背面的衣笠山借景，金碧輝煌的金閣倒影在水中搖曳甚是美麗，再與不遠的龍安寺、妙心寺等串聯，位置雖稍稍遠離市區，卻是造訪京都絕對不能錯過的世界遺產。

ACCESS
巴士
‧205搭乘204至「金閣寺道」巴士站下車。

> 金黃色的建築耀眼非凡，依山傍水的景色已成為京都定番景點。

小編激推

① 金閣寺

☎075-461-0013 🏠京都市北區金閣寺町1 🕘9:00~17:00 💰成人¥500，國中小學生¥300 🌐www.shokoku-ji.jp/kinkakuji/

金閣寺是由足利義滿於1397年打造，**在建築風格上融合了貴族式的寢殿造與禪宗形式**，四周則是以鏡湖池為中心的池泉回遊式庭園，並借景衣笠山。三層樓閣的金閣寺位於鏡湖池畔，底層為「阿彌陀堂法水院」，第二層是稱為「潮音閣」的觀音殿，最上層則是仿唐室建築的格局，一隻飛舞的金色鳳凰矗立在屋頂，十分醒目。**整座寺閣都是使用金箔貼飾**，也因而被封上「金閣寺」的美名。天晴之日，金碧輝煌的金閣寺映於水中，倒影搖曳，甚是美麗；每到冬季時，「雪粧金閣」更令人們趨之若鶩的夢幻秘景。昭和25年7月2日（1950），金閣寺慘遭焚燬，稱為「金閣炎上事件」，現在所看到的金閣寺是於昭和30年（1955）重建，30年後再貼上金箔復原的。三島由紀夫以此事件為背景，寫成著名的「金閣寺」一書；或許也是在小說之後，金閣寺聲名大噪，與富士山並列為日本最具代表性的名景。

▲ 衣笠山

② 仁和寺

☎075-461-1155 🏠京都市右京區御室大內33 🕘3~11月9:00~17:00、12~2月9:00~16:30 💰御所庭園成人¥800，高中生以下免費；靈寶館成人¥500 🌐www.ninnaji.or.jp

仁和寺與日本皇室關係密切，曾有數位天皇退位遁入佛門後，在仁和寺執行「法皇」的政務權利，因此**仁和寺又有「御室御所」之稱**(御室為僧坊，御所則是天皇居所之意)。它同時也是**日本佛教教派「真言宗御室派」的大本山**，在宗教上地位甚高。仁和寺的建築規模宏大，庭園優美，在寺院建築上，享有最高格式之名。

御寺櫻

仁和寺的櫻花花期比京都市內晚十天至二個星期，因此有「京洛最後の花見」的稱號，最大的特色就是從根部，大約離地2、30公分起，就開始開出櫻花來，不像一般櫻花，多長在枝頭樹梢；因此仁和寺櫻花盛開時，有種近在眼前的獨特美麗。

西源院 ⑪   ⑤ 龍安寺

🚉竜安寺前
竹林の里 ⑪   竜安寺前

② 仁和寺

⑪ 龍安寺禪豆腐ろくわ

御室
🚉御室
御室さのわ   龍安寺駅

御室仁和寺駅   妙心寺駅

ワンダア

妙心寺北門前
妙心寺北門前
③ 妙心寺

③ 妙心寺

☎075-463-3226　⌂京都市右京區花園妙心寺町64　◐境內自由，法堂和大庫裏9:00~12:00，13:00~16:00(售票至15:30)　⑤法堂拜觀成人¥700，國中小學生¥400　🌐www.myoshinji.or.jp

為臨濟宗妙心寺派大本山的妙心寺，位在京都市右京區花園。以前這裡曾是各大公卿的住所，所以開墾了許多花田，才會有這麼美麗的名字。妙心寺原本是皇室的離宮，當時住在這裡的**第95代天皇「花園法皇」在這裡鑽研佛法，進而將這裡改成佛寺**。妙心寺境內共有46座大大小小寺院，法堂中有國寶雲龍圖，這可是狩野探幽的親筆真跡，十分值得一看。

④ 等持院

☎075-461-5786　⌂京都市北區等持院北町63　◐9:00~16:30(售票至16:00)，12/30~1/3 9:00~15:00(售票至14:30)　⑤高中生以上¥500，中小學生¥300

1341年室町幕府第一代將軍足利尊延請**國師夢窗疎石打造的名園**，如今成為足利家族的家族寺廟，供奉歷代足利將軍的木像。院內的西庭借衣笠山為景，以芙蓉池為中心，茶花、杜鵑等依照四時綻放，景色優美，茶室清漣亭則是足立義政所喜愛的茶亭。

金閣寺

① 金閣寺

金閣寺前　金閣寺前

敷地神社🈂

📍京都府立堂本印象美術館

🅿立命館大學

平野神社🈂

上立売通

CRICKET

④ 等持院

據説十五塊石頭不管從哪個角度都只能看到十四個，每個人都拼命在數。

等持院駅

必見枯山水庭園，藉由禪的意境思宗教之無限，值得細細品味。

小編激推

⑤ 龍安寺

☎075-463-2216　⌂京都市右京區龍安寺御陵下町13　◐3~11月8:00~17:00，12~2月末8:30~16:30　⑤成人¥600，高中生¥500，中小學生¥300　🌐www.ryoanji.jp

龍安寺創建於室町時代的寶德2年(1450)，以著名的**枯山水石庭「渡虎之子」**聞名。這枯山水石庭長30公尺、寬10公尺，以白色矮土牆圍繞。庭中沒有一草一木，白砂被耙掃成整齊的平行波浪；由佛教的角度來觀覽，**無垠白砂代表汪洋、石塊代表浮沉人間以及佛教中永恆的蓬萊仙島**。方寸間見無限，就是枯山水的最高境界。

北野區域與西陣一帶，有祭拜學問之神的北野天滿宮，若是遇上櫻花季節，平野神社美得如詩如夢，而從北野前往嵐山的路面電車更有濃濃的昭和復古風情，讓人感受不一樣的京都風景。

09

きたの・にしじん Kitano・Nishijin

北野・西陣

冬梅與春櫻綻放的美麗神社 順遊陰陽師舊居地

ACCESS

電車
搭乘京都地下鐵烏丸線至「鞍馬口駅」、「今出川駅」下車。京福電氣鐵道嵐電北野線至「北野白梅町駅」下車。

巴士
京都駅搭乘市巴士9至「堀川今出川」站牌下車。

❶西陣指的是一個區域，並沒有被編入住址裡面。一般泛指東到堀川通、北到鞍馬通、西到七本松通、南到中立売通的範圍，想要在這裡遊玩的話建議可以從北野天滿宮走至晴明神社一帶(反之亦然)。

❶ 北野天滿宮

☏075-461-0005
⌂京都市上京區御前通今小路上る馬喰町 ◷4~9月5:00~18:00，10~3月5:30~17:30；1月1日、每月25日、4月10日~5月、12月1日寶物殿9:00~16:00 ⊙境內自由參觀。寶物殿大人¥1000，國高中生¥500，兒童¥250 ⊕ www.kitanotenmangu.or.jp

學問之神香火鼎盛，每當有考試前必來一拜以求心安。

小編激推

　北野天滿宮供奉著平安時代的學者菅原道真。他在日本的民間是位非常有道德勇氣的文人學者，也是**有名的學問之神，許多人會來此祈求學業進步、金榜提名**。每到冬天，北野天滿宮就成了京都最有名的賞梅所，400年前盛開時還曾讓豐臣秀吉驚艷、讚嘆不已。每年2月25日梅花祭時，上七軒的藝妓及舞妓會來此參拜，衣香鬢影間美不勝收。

北野天滿宮天神市

　「天神市」是每月25日在北野天滿宮境內定期舉辦的跳蚤市場。雖然每個月都有，但以1月25日的「初天神」，和12月25日的「終天神」最為熱鬧，多達千餘家的攤販在此聚集，除了古董和服店，還有販賣日本昭和年代雜貨、古董玩具、舊時鐘、舊洋娃娃、陶瓷器等店家。

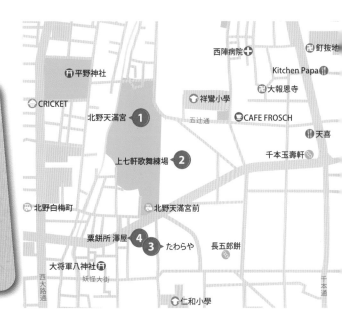

西陣病院✚
釘抜地卍
Kitchen Papa🍴
🏠平野神社
CRICKET☕
大報恩寺卍
祥鸞小學🏫
CAFE FROSCH☕
北野天滿宮 ❶
五辻通
天喜🍴
上七軒歌舞練場 ❷
千本玉壽軒🍴
北野白梅町🚉
北野天滿宮前
粟餅所 澤屋 ❹ ❸ たわらや
長五郎餅
大将軍八神社🏠
妖怪大街
西大路通
仁和小學🏫
千本通

② 上七軒啤酒花園／上七軒歌舞練場

☎075-461-0148 ⊕京都市上京區今出川通七本松西入真盛町742 ⏰7月1日~9月5日 17:30~22:00(L.O.21:30)、用餐時間兩小時 ㊡中元節 💲入場基本消費含飲料一杯和小菜二盤¥ 2500，每加點小菜1道¥1000 🌐www.maiko3.com

每年夏天7月至9月初，京都五花街之一的上七軒會特別將其歌舞練場的前院開放為啤酒花園，裡面提供啤酒、飲料與各式下酒菜，每天還會有5名舞妓或藝妓們穿著夏日浴衣輪流與遊客聊天同樂。除了事前預約座位外，若當天有空的席位也可隨到隨入，除了順口清涼啤酒，並有燒賣、蒸蝦餃、毛豆、日式炒麵等下酒配菜。

③ たわらや

☎075-463-4974 ⊕京都市上京區御前通今小路下ル馬喰町918 ⏰11:00~16:00(L.O.15:30) ㊡不定休 💲たわらやうどん(招牌烏龍麵)¥760

北野天滿宮前有棟400年歷史的京都町家建築，烏龍麵老舖たわらや便以此為據點，使用嚴選食材熬煮湯頭，最出名的就是**粗達1公分的超長烏龍麵，長長的就只一根**，配上清爽的特製湯頭和薑泥，口感十足，滋味非常特別，以筷子夾起唯一一條烏龍麵慢慢咀嚼，用餐過程也相當有樂趣。

> 兩代的家人把櫃檯後擠得滿滿的，合作無間、快速做餅的模樣。

④ 粟餅所澤屋

☎075-461-4517 ⊕京都市上京區今小路通御前西入紙屋川町838-7 ⏰9:00~17:00 ㊡週三、週四 💲粟餅¥500 🌐www.awamochi-sawaya.shop-site.jp ❗粟餅很快就會變硬，如果可以建議在店裡食用

位於北野天滿宮對面公車站旁的粟餅所澤屋也是天滿宮前有名的點心之一，開業至今有300多年的歷史。粟是小米，餅是麻糬；澤屋的粟餅，**有長條狀佐黃豆粉和球形外裹紅豆泥的2種**，吃起來不但毫不甜膩，還可以充分感受到黃豆、紅豆和小米的香氣，並享受麻糬柔軟中帶著彈性的口感。

> 晴明井是京都名水之一，據傳有治療百病的功效。每到立春時節，社方人員會依照天干地支來調整水流方位。

> 安倍神力之地，五芒星商品眾多，安倍迷的京都朝聖必訪地。

地圖標示：
- 茶房 宗禪
- 堀川寺之內
- 織成館
- dorato
- 鳥岩樓
- 西陣中央小學
- 考古資料館
- 西陣郵局
- 鶴屋吉信
- 堀川今出川
- 今出川通
- HOUSE of HOSOO／Showroom
- 西陣織會館
- Cafe Rhinebeck
- 卯晴
- ⑤ 晴明神社
- 富田屋
- 一条通
- 大宮通
- 堀川通

> 小編激推

⑤ 晴明神社

☎075-441-6460 ⊕京都市上京區堀川通一条上ル806 ⏰9:00~17:00，授與所至16:30 💲參拜自由 🌐www.seimeijinja.jp

晴明神社供奉的是平安時代的御用陰陽師(風水師)：安倍晴明，由於這裡曾是其昔日居所，因而建造神社。**陰陽師負責天文、氣象、曆法、占卜等術，傳說擁有降魔除厄的道法，安倍晴明就是其中法力特高，最知名的陰陽師**，留下許多傳奇故事，還曾拍成電影，每年9月22、23日在神社前會舉辦多達400人的古裝祭典追祀。

1 大將軍八神社

☎075-461-0694 ⊙京都市上京區一条通御前通西入3丁目西町48 ⊙6:00~18:00；方德殿特別拜観(5/1~5/5、11/1~11/5)10:00~17:00(入館至16:00)，其他時間需預約 ⑤方德殿¥500 ⊕www.daishogun.or.jp

位在北野天滿宮南邊巷弄內的大將軍八神社，屬於陰陽道信仰的神社，是京都在**平安時代建都時，因為風水考量而設**。祭祀掌管方位的星神大將軍神，也是**保佑旅人平安的神祇**。神社境內的方德殿，收藏了大將軍信仰全盛時期（西元10~12世紀）共約80尊型態各異的大將軍神像。順著小小的神社繞一圈，只見境內老樹參天，氣氛安靜，沒什麼觀光氣息。

妖怪大街

神社前的商店街又被稱作妖怪大街，因為據考證，這條名叫一條通的路，就是平安時代「百鬼夜行」時，百鬼們走的那條路，沿路的商家也放了不少百鬼夜行登場的小妖怪們在自家店門口，十分有趣。

2 鶴屋吉信

☎075-441-0105 ⊙京都市上京區今出川通崛川西入 ⊙9:00~18:00，菓遊茶屋10:00~17:30(L.O.17:00) ⊛1月1日，菓遊茶屋週三休 ⑤菓遊茶屋和菓子組合附抹茶¥1210 ⊕www.turuya.co.jp

位在二樓的「菓遊茶屋」，可以親眼欣賞和菓子師傅當場製作精美的菓子。

在全日本擁有超過80家店舖的京都老店鶴屋吉信創業於1803年，最有名的和菓子為美麗的羊羹。這裡的和菓子原料不出糯米、糖與紅豆、大豆之類的穀物，但其**千變萬化的美麗造型及精巧的程度**常讓人只願欣賞而不忍入口。

鮮嫩雞蛋與入口彈牙的雞肉共譜成樸實美味的一碗；雞骨高湯也極為美味。

3 鳥岩樓

☎075-441-4004 ⊙京都市上京區五辻通智惠光院西入ル五辻町75 ⊙11:30~15:00 ⊛週四 ⑤名代親子丼¥900

原本是以提供水炊き(雞肉火鍋)為主的鳥岩樓，想不到在中午時段推出親子丼後大受歡迎，成為大家口耳相傳的京都必吃美味餐廳之一。鳥岩樓的親子丼美味的秘訣就在於**熱騰騰的半熟蛋汁上再打上一粒鵪鶉蛋**，趁熱將蛋汁與米飯混合，再配上隨飯附上的雞骨湯，香濃滑口的美味不言而喻。

小編激推

⑤ 釘拔地藏

☎075-414-2233　♠京都市上京區千本通上立売上ル花車町503　⏱8:30~16:30

正式名稱是石像寺的釘拔地藏,相傳堂內的地藏像是由空海大師親手雕刻的,創寺於819年。但之所以以釘拔地藏的名字聞名,**相傳是因為古時一位受莫名病痛侵擾的富商,夢見了這裡的地藏菩薩從他身上拔出兩根釘子,一覺醒來居然不藥而癒**。商人飛奔進寺內,只見地藏像前擺著兩支染血的八吋釘子,這尊地藏菩薩於是被稱為釘拔地藏,據說能替人們拔除疾患苦痛。和其他大寺院比起來,釘拔地藏多了種寧靜的庶民氛圍。

④ Cafe Rhinebeck

☎075-451-1208　♠京都市上京區大宮通中立売上ル石藥師町692　⏱9:00~18:00(L.O.17:30)　💲バナナキャラメル(香蕉焦糖鬆餅)¥1000

位在大通宮上的Cafe Rhinebeck是一家**專門賣鬆餅的小咖啡廳**。由老町家改建的Cafe Rhinebeck除了提供一個休閒的地方之外,還有設立小畫廊供人參觀。這裡的鬆餅吃起來鬆軟可口,加上各式佐料,香甜不膩;西陣的下午,就該在這樣的町家中悠閒度過。

⑥ 西陣織會館

☎075-451-9231　♠京都市上京區堀川通今出川南入　⏱10:00~16:00　休週一,12/29~1/3　💲參觀免費,和服秀一天約7場。租借和服¥3300~16500/一日　🌐nishijin.or.jp　❶3F和服秀目前暫停舉辦

京都傳統工藝中與穿有關的首推西陣織與京友禪。西陣是地名,自十五世紀起,織物職人們慢慢在這一帶聚集,製造於此的華美織品,於是被稱為西陣織。**西陣織會館中可以看到西陣織的發展歷史及手織機的現場表演,還可以欣賞彷如時裝發表會的和服秀**。光看仍嫌不過癮的話,2樓還有商店街展售手帕、錢包、浴衣等西陣織相關商品,也提供一般十二單衣或舞妓的試著體驗服務(需事先預約)。

10 出町柳

でまちやなぎ Demachiyanagi

鴨川跳烏龜 大人氣戀愛神社半日巡遊

下鴨神社有著古老歷史，是造訪京都時不可錯過的熱門景點。尤其境內幾處保佑女生的攝末社，近年來更是成為女性祈求變美、戀愛運的能量景點。由於神社離電車站還有段距離，搭乘公車直接到神社前下車最是方便。也可再與附近的出町柳、叡山電鐵等景點串聯，讓行程更豐富。

ACCESS
電車
搭乘京阪本線在出町柳駅下車，穿越河合橋往北徒步約15分即達下鴨神社。
巴士
搭乘205至「下鴨神社前」巴士站下車。

1 下鴨神社

☎075-781-0010 ♠京都市左京區下鴨泉川町59 ⏰6:30～17:00，特別拜觀「大炊殿」10:00～16:00 ⓢ自由參觀，大炊殿成人￥500，國中生以下免費 🌐www.shimogamo-jinja.or.jp

有著朱紅外觀的下鴨神社，擁有古典的舞殿、橘殿、細殿與本殿等建築，全部的殿社建築皆**按照平安時代的樣式所造**，線條簡潔卻帶著濃濃的貴族氣息。下鴨神社境內還有處特別的地方，就是配置有十二生肖的七座「言社」，每座言社都代表兩個生肖，是十二生肖的守護神社，每個言社都有賣屬於自己生肖的守護符和繪馬，十分有趣。

> 朱紅寺社，綠意森林，建築與自然調和讓下鴨的美永存心中。

小編激推

> 抽張籤詩，拿到御手洗川上看看運勢吧！

河合神社

☎075-781-0010 ♠下鴨神社境內 ⏰6:30～17:00 ⓢ鏡絵馬￥800，かりん美容水￥350

河合神社為下鴨神社裡的攝社，位在廣大的糺之森裡，**想要祈求變美，便不能錯過**。這裡於神武天皇時期創建，主祭神為玉依姬命；自古以來祂便被視為女性的守護之神，安產、育兒、結緣等與女性相關的祈願，皆由其掌管。

2 京都府立植物園

☎075-701-0141 ♠京都市左京區下鴨半木町 ⏰9:00～17:00(入園至16:00)，溫室10:00～16:00(入室至15:30) 🚫12/28～1/4 ⓢ入園：成人￥200，高中生￥150；溫室：成人￥200，高中生￥150 🌐www.pref.kyoto.jp/plant

位於賀茂川清流旁的京都府立植物園，是**日本歷史最悠久的植物園**，創於大正13年(1924)。園內的溫室是日本規模最大的溫室，一年四季都有奇花異卉輪番綻放，戶外庭園則西式與日式庭園兼具，也有著廣大的半木之林以及日本的針葉樹林等著著高大優雅的森林。

> 充滿童話故事色彩的「きのこ文庫」是園區內的開放式圖書館。

③ wife and husband

☎075-201-7324 🏠京都市北區小山下內河原町106-6 ⏰10:00～17:00(野餐 L.O.15:00，Café L.O.16:30) 🈳不定休 💰野餐籃(咖啡＋小點心)1.5hr￥1400/人 🌐www.wifeandhusband.jp

位於窄巷的小巧咖啡店一如店名，由夫妻兩人共同經營，除了美味咖啡，這裡還提供特別的野餐服務：**可以租借草蓆或板凳，提著店家準備的野餐籃，走到附近的河畔喝咖啡。**

到河邊野餐喝咖啡超級愜意。

④ 加茂みたらし茶屋

☎075-791-1652 🏠京都市左京區下鴨松ノ木町53 ⏰9:30～19:00(L.O.18:00) 🈳週三 💰みたらし団子(御手洗糰子)3支￥500

加茂御手洗茶屋是御手洗糰子的始祖，相傳是下鴨神社境內御手洗池底的泡泡幻化而成；另一說則是在下鴨神社御手洗祭時，有小販賣這種糰子，所以也就漸漸以祭典的名字來稱呼這種糰子了。加茂御手洗茶屋店裡**熱呼呼的現烤糰子5個一串，配上祕傳的黑糖醬油**，香甜對味。

意外發現，石頭與石頭的間隔其實挺大的呢！

⑤ 鴨川跳烏龜

📍出町柳賀茂川與高野川的交匯處一帶 ⏰自由參觀

來到出町柳，千萬別忘了來到賀茂川與高野川的交匯處這頭跳烏龜！由烏龜、千鳥等形狀組成的石頭就這麼橫佈在淺淺的鴨川上，人們喜歡邊數邊跳至對岸，趣味無窮。在跳時可要注意對面是否也有人跳來，別撞上了。

銀閣寺・哲學之道

ぎんかくじ・てつがくのみち Ginkakuji・Tetsugakunomichi

大人氣散步道 品味春櫻秋楓的季節風情

ACCESS
巴士
京都駅搭乘市巴士5、17、100至「銀閣寺道」站牌下車。

> 每到京都旺季的櫻花、紅葉時節，哲學之道上就擠滿人潮，櫻花是3月底至4月初約一週的盛開期，紅葉期則約為11月份，花開季節遊客摩肩接踵，小徑兩旁還有許多茶亭、咖啡館和藝品店，可坐下來賞景喝茶、度過優雅的京都時光。

> 不同於華麗金閣寺，內斂典雅的銀閣寺更有京都風雅，銀沙灘也是必看名景。

小編激推

> 枯山水庭園的銀沙灘上有一座白沙砌成的向月台，據說在滿月之夜能將月光返照入閣。

> 佔地不大的銀閣寺，同時擁有枯山水與回遊式庭園景觀。

① 銀閣寺

🕿075-771-5725 ⊙京都市左京區銀閣寺町2 ◕夏季(3~11月)8:30~17:00，冬季(12~2月底)9:00~16:30 ⑤成人、高中生￥500，國中小學生￥300，特別拜觀￥2000 🌐 www.shokoku-ji.jp/ginkakuji/

銀閣寺與金閣寺，同樣由開創室町時代的足利家族所建，不同的是室町時代第3代將軍——足利義滿興建金閣寺時，正在室町時代的全盛期，而銀閣寺則是無力平定戰亂的義政在1473年辭去將軍職後才開始興建的。戰後一片荒涼中需保持低調，**本殿銀閣也僅以黑漆塗飾，透著素靜之美。**

② 哲學之道

⊙京都市左京區銀閣寺～法然院、南禪寺一帶 ◕自由參觀，櫻花季最熱鬧

哲學之道沿著水渠兩旁的小徑共種植著500多株「關雪櫻」，名稱的由來為大正10年，京都畫壇名家橋本關雪的夫人在此栽種櫻花因而得名。而哲學之道的由來也是因昔日哲學家西田幾多郎，經常在此沉思散步之故，所以取名為「哲學之道」。

今出川通

銀閣寺道

銀閣寺道

⛩吉田神社

茂庵 ④

⛩竹中稲荷社

真如堂卍 ⑥

④ 茂庵

☎075-761-2100 🏠京都市左京區吉田神樂岡町8 🕐12:00~17:00(L.O.16:30) 🈺週一、週二、8/21~8/29、年末年始 💰飲品與點心套餐¥1100起 🌐www.mo-an.com

位在京都市中心的山區，茂庵是許多旅人費盡千辛萬苦也要一訪的**秘境咖啡廳**。茂庵原是建於大正時期的茶室，就在京都大學、百萬遍、銀閣寺的交會之處，但由於**位在山中，人跡極少，十分清幽**。茂庵提供簡單餐食，除了氣氛極佳外，料理精緻美味，選面窗的位置，一邊欣賞山景一邊悠閒享用下午茶最是愉快。

> 位在山區的茂庵不太好找，從銀閣寺徒步約30分鐘才能到。

③ 千鳥屋

☎075-751-6650 🏠京都市左京區淨土寺上南田町65-1 🕐10:00~18:00 💰ちどりや特選あぶらとり紙(吸油面紙)¥500 🌐www.kyotochidoriya.com

堅持使用天然成份製成美妝品的ちどりや，店內販賣各式保養美妝品，**從頭髮保養到足部護理**，產品應有盡有，而且其和風可愛的包裝更是一大賣點。另外，還有多樣和風小飾品，讓人愈看愈喜歡，無怪乎店內的女生都驚呼連連。

> 和風美妝加上可愛包裝，讓人愛不釋手。

⑤ 法然院

☎075-771-2420 🏠京都市左京區鹿ヶ谷御所ノ段町30 🕐6:00~16:00，伽藍內特別公開春季(4/1~4/7)9:30~16:00，秋季(11/18~11/24)9:00~16:00 💰境內參觀自由。本堂特別參觀日春天(4/1~4/7)¥800、秋天(11/18~11/24)¥800 🌐www.honen-in.jp

> 法然院春天以山茶花聞名，秋天則是紅葉名景之一。

建於西元1680年的**法然院為了紀念日本佛教淨土宗開山祖師——法然上人所建**。法然院包括本堂和庭園，本堂供奉著一尊阿彌陀佛如來座像，庭園則屬於池泉回遊式。門前參道兩旁有兩座白砂堆成的「砂盛」，砂上描繪有花草、水紋等圖樣，象徵潔淨的清水，走過砂盛中間有潔淨身心之喻。

> 春櫻秋楓時都極美，人潮卻不過於擁擠。若在這兩個季節造訪值得特地前來。

小編激推

⑥ 真如堂

☎075-771-0915 🏠京都市左京區淨土寺真如町82 🕐9:00~16:00(售票至15:45) 🈺不定休 💰高中生以上¥500、國中生¥400，小學生以下免費；特別拜觀高中生以上¥1000，國中生¥900，小學生以下免費 🌐shin-nyo-do.jp

真如堂的正式名稱為真正極樂寺，堂裡的阿彌陀如來立像是**京都六大阿彌陀佛之一**，是日本的重要文化財，寺寶經藏甚多，但要到11/5~15中的「十夜大法要」最後一天，阿彌陀如來立像才有特別公開。這裡**不但是紅葉名所，秋萩和銀杏也相當有名**。借景東山三十六峰的枯山水庭園「涅槃庭」，也是京都的名庭之一。真如堂的紅葉來得遲，11月中旬本堂前開始換上紅色楓貌，11月底至12月皆可欣賞到境內槭樹及楓葉的一片火紅。

銀閣寺前
橋本關雪記念館
A NOA
① 銀閣寺
⑪ 風の館
③ 千鳥屋
忘我亭⑪
⑤ 法然院
のび工房⑪
よーじや
② 哲学の道
鹿ヶ谷通
住蓮山安樂寺

平安神宮・南禪寺

へいあんじんぐう・なんぜんじ Heianjungu・Nanzenji

12

拜訪壯闊的神社與寺廟 來段小小的人文漫步

稍微遠離鬧區，平安神宮和南禪寺相約20分鐘距離，周邊綠意盎然的區域內，有著仿平安時代王朝宮殿的平安神宮，以及以湯豆腐聞名的南禪寺，此外還有美術館以及楓紅醉人的名寺古剎。

① 平安神宮

☎075-761-0221 ⌂京都市左京區岡崎西天王町 ⏱2/15~3/14、10月6:00~17:30、3/15~9月至18:00，11月~2月底至17:00；神苑3月1~14日、10月8:30~17:00、3/15~9月至17:30、11月~2月底至16:30，入苑至閉苑前30分 ⊚參拜免費。神苑成人￥600，兒童￥300 🌐www.heianjingu.or.jp

平安神宮位於岡崎公園北邊，是**1895年日本為了慶祝定都平安京1100年所興建的紀念神社**。平安神宮的格局以3分之2的比例，仿造平安時代王宮而建，裡面共有8座建築，並以長廊銜接北邊的應天門和南邊的大極殿。從入口的應天門走進平安神宮，可以看見色澤豔麗、紅綠相間的拜殿和中式風格的白虎、青龍兩座樓閣，至大殿參拜和遊逛廣場都不需要門票。

ACCESS
電車
往南禪寺方向，搭乘京都市地下鐵東西線至「蹴上駅」下車。
往平安神宮方向，搭乘京都市地下鐵東西線至「東山駅」；搭乘京阪電鐵京阪本線「神宮丸太町駅」下車。
巴士
京都駅搭乘市巴士5至「南禪寺・永觀堂道」站牌下車，或從四條河原町搭乘巴士5、46至「岡崎公園 美術館・平安神宮前」站牌下車。

2樓的商品區，集結各式日本好物，提供購物免稅服務。

② 京都・時代祭館 十二十二

☎075-752-1022 ⌂京都市左京區岡崎西天王町97-2 ⏱10:00~18:00 🌐www.1022.kyoto/

取名自平安神宮遷都日期10(十)月22(二十二)，為了紀念這日期也特意以此為名。整個館於2017年底開幕，除了找來映畫作家將京都知名祭典「時代祭」，以科技影像作品融入空間設計中之外，也把京都職人提燈布置其中。2層樓的寬廣空間中更引入**超過30家美食與京都代表名品**，其中不乏京都老舖與話題店鋪商品。

丸太町通

グリル小宝 ⑥
⌂京都生ショコラ

① 平安神宮

② 京都・時代祭館 十二十二(トニトニ)

京都Modern Terrace
③ 蔦屋書店　⌂岡崎公園、平安樂市集

京都伝統
ふれあい館
二条通

④ 京都会館美術館前
京都国立　⌂京都市美術館　⌂京都市動物園
近代美術館　⌂京都会館美術館前　琵琶湖記念
仁王門通

菓匠 清閑院　瓢亭　⌂無鄰菴

神宮道

Ami Kyoto ⑤

東山駅　地下鉄東西線
⌂神宮道　蹴上
威斯丁都飯店

⌂青蓮院

③ 蔦屋書店

☎075-754-0008　⌂京都市左京區岡崎最勝寺町13　⊙8:00～20:00　🌐real.tsite.jp/kyoto-okazaki/

　大名鼎鼎的蔦屋書店已經是前往東京旅遊的遊客們必訪之處，而在關西，蔦屋書店則選擇落腳在京都岡崎區，靜靜地入駐在平安神宮旁的ロームシアター京都會館一角，2016年開幕的蔦屋書店，一樣**承襲著建築師前川國男「融入在地」的設計理念**，昏黃的燈光與低調招牌，不帶給周遭環境負擔。店內雖然佔地不大，但也為外國旅客開設了免稅櫃檯，**店內書籍都可以攜入一旁星巴克**，一邊品嚐咖啡一邊翻閱，融入京都風情後的蔦屋，讓書店格局又提升了一個層次。

> 想要體驗京都的工藝、藝能文化，來到這裡一次滿足。

小編激推

④ 京都伝統産業ふれあい館

☎075-762-2670　⌂京都市左京區岡崎成勝寺町9-1 勸業館B1　⊙9:00～17:00（入館至16:30），體驗教室10:00～16:30（受理至15:00）　🈺8月不定休(2天)、12/29～1/3　💰參觀免費，型友禪染體驗¥1800起　🌐kmtc.jp　傳統工藝品製作體驗教室需於15天前預約

　位於勸業館地下一樓的京都傳統產業ふれあい館，以影片、作品等方式展示出包括西陣織、友禪染、佛具、京繡等60種以上的京都傳統工藝，並附設簡單有趣的友禪染體驗活動。ふれあい館**不定期會有工匠製作或舞妓表演等特別的活動企畫**，除了可以近距離接觸日本之美外，也可以和這些生活與傳統緊緊相依的人們聊聊天。

⑤ Ami Kyoto

☎080-4240-8866　⌂京都市東山區堀池通373-26　⊙10:00～17:30　🈺週日　🌐www.whattodoinkyoto.com

　Ami Kyoto是間位於住宅區巷弄內的美麗町家老屋，**提供以全英文進行的茶道、書道和花道文化體驗**。這裡的茶道體驗，包含介紹、完整的茶會流程，最後還會讓所有參加體驗的客人練習打一碗自己的抹茶，配上點心一同享用。身著和服的女主人Kimiko和茶道老師Mari兩人流暢的英文和傳統的日式老屋風景，形成了有趣的對比。

> 位於町家老房子內的茶道體驗，每天都可參加。

南禪寺・永観堂道

牧護院
一つ橋庵やなり
南禪寺順正
Blue bottle coffee Kyoto
インクライン
金地院

蹴上駅

⑥ グリル小宝

☎075-771-5893　⌂京都市左京區岡崎北御所町46　⊙11:30～20:30(L.O.20:00)　🈺週二、三、12/31～1/3　💰オムライス(蛋包飯)中¥1130，小¥740

　1961年開業的小寶，是**深受當地人喜愛的老字號洋食屋**。招牌蛋包飯和牛肉燴飯都是絕頂美味，各有死忠擁護者。其實小寶美味的關鍵，就在於那花18天熬製的濃濃醬汁，嚐來回甘不死鹹，讓人一吃上癮。

> 醬汁是美味關鍵！

① 南禪寺

☎075-771-0365 ◉京都市左京區南禪寺福
地町 🕐12~2月8:40~
16:30，3~11月8:40~
17:00 💲境內自由參觀。
方丈庭園¥600，登三門¥
600，南禪院¥400
www.nanzen.com

> 京都必遊景點之一，以秋楓聞名，但四季皆能看見其不同風彩。

小編激推

> 南禪寺境內的水路閣，是明治年間所建的疏水道。紅磚拱型的西式建築古典而優美，沿步道走至水路閣上方，清澈的水流依然奔流不息。

　南禪寺範圍不小，包括方丈庭園、
方丈、三門、水路閣、南禪院等。巨大
的三門建於**1627年**，樣式古樸而氣勢
恢弘，站在樓頂可以遠眺京都周遭美
景。方丈建築分為大方丈、小方丈兩
個部分，其中小方丈在清涼殿後方，
是從伏見城移建而來的小書院，其中
的「襖繪」（隔間木門上的繪畫）色彩
繽紛，以狩野探幽的傑作「水吞虎」最
為有名。

② 無鄰菴

☎075-771-3909 ◉京都市左京區南
禪寺草川町31 🕐4~9月
9:00~18:00，10~3月至17:00；庭園
Café 9:00~17:45 🚫12/29~1/3 💲
¥600，小學生以下免費；庭園Café(
附茶點)¥1600 🌐murin-an.jp/

　引自琵琶湖水的無鄰菴是明治大老山縣有朋的別館，由**山縣
有朋設計、七代小川治兵衛所建的池泉回遊式庭園，被譽為明
治庭園設計的原點**。園內水流潺潺、高低交錯的庭木及借景東
山，構成了活潑而和諧的景致，除了茶室之外，園內有間二層
樓的白色洋館，光線晦暗的2樓房間是當年日俄戰爭前，決定日
方作戰方向的密談「無鄰菴會議」的舉行地。

③ 琵琶湖疏水紀念館

☎075-752-2530 ◉京都市左京
區南禪寺草川町17 🕐
9:00~17:00(入館至16:30) 🚫週
一，年末年始 💲免費 🌐
biwakososui-museum.jp

　流經南禪寺、平安宮前的琵琶
湖疏水道，竣工於明治23年（1890），曾**身兼航行、發電、灌溉等
多重功能，是推動京都整體的都市化發展的功臣**，也是當時的重
大工程之一。現在船隻已不再航行，但每到春天，粉色櫻花沿著
寬闊水道綻放紛落的美景，仍然吸引人們前往。紀念館內保存當
時的資料，讓民眾更了解這項工程的艱困。

丸太町通
グリル小宝
京都生ショコラ
平安神宮
京都・時代祭館 十二十二(トニトニ)
京都Modern Terrace
蔦屋書店
岡崎公園、平安樂市集
二条通
京都伝統
ふれあい館
京都市美術館
京都市動物園
琵琶湖記念
京都会館美術館前
京都国立
近代美術館
京都会館美術館前
❸
仁王門通
菓匠 清閒院
瓢亭
❷
神宮道
無鄰菴
Ami Kyoto
岡崎通
東山駅
地下鉄東西線
蹴上
神宮道
威斯丁都飯店
青蓮院

④ 南禅寺順正

☎075-761-2311　⊕京都市左京區南禅寺門前　⊙11:00~21:30(L.O.20:00)　⊛不定休　⊜ゆどうふコース(湯豆腐套餐)￥3630起　⊌www.to-fu.co.jp

1839年即創業，南禅寺門外環境優雅的**順正書院以湯葉料理、湯豆腐著稱**，由於頗受喜愛，如今在京都市內擁有4家店，提供「**引きあげ湯葉**」，也就是現做現吃的湯葉料理，新鮮湯葉沾著薄醬油和桔汁品嚐都非常美味可口。

⑤ Blue bottle coffee Kyoto

⊕京都市左京區南禅寺草川町64　⊙9:00~18:00　⊜拿鐵￥627　⊌https://store.bluebottlecoffee.jp/pages/kyoto

2015年登陸日本的Blue bottle人氣持續上揚，於2018年3月進軍關西，地點就選在**南禅寺旁的百年町屋中**。活用町屋建築特性，將店舖分為四大空間，分別是推薦客人找到理想味道的杯測區Cupping Space、周邊商品陳設區Shop Space、與能夠享用咖啡的座位區Cafe Space、中庭。Cafe Space挑高天井空間保留町家特色，再融入大片玻璃、霓虹等現代元素，和諧不衝突。而最有京都特色的中庭，則將座位區設在白砂地上，讓人可以**一邊啜飲咖啡，一邊領略京都的四季風情**。

地圖

圓東天王岡崎神社

圓日の出うどん

叶 匠寿庵 京都茶室棟　熊野若王子神社圓

寺・永観堂道　南禅寺・永観堂道　永観堂 ⑥

奥丹圓

牧護院圓

南禅寺 ①

八つ橋庵しゃなり圓

⑤ Blue bottle coffee Kyoto　④ 南禅寺順正

水路閣圓

インクライン

金地院圓

蹴上駅

⑥ 永観堂

☎075-761-0007　⊕京都市左京區永観堂町48　⊙9:00~17:00(售票至16:00)　⊜平日成人￥600、小學國中高中生￥400　⊌www.eikando.or.jp

永観堂以秋天紅葉聞名，而有「**紅葉的永觀堂（もみじの永觀堂）**」之雅稱。院內本堂安置的阿彌陀如來像非常有名，特別在於佛像的臉並不是看著前方，而是往左後方回頭，稱為「**回望阿彌陀佛**」。最建議秋季來到這裡，雖然人較多，但絕美楓景值回票價！

京都除了市中心的觀光景點，郊外也不乏景色優美的遊憩之地，適合坐上電車來一趟悠哉的鐵道之旅。宇治位於京都南邊，一大片的丘陵地形，自古就是京都貴族狩獵巡幸的名所，而流貫宇治全區的宇治川，除了孕育出日本最有名的宇治茶，更是源氏物語中重要的故事場景。

宇治
うじ Uji

源式物語華麗舞台 古寺茶香滿溢

ACCESS
電車
搭乘JR西日本奈良線至「宇治駅」下車；京阪電鐵京阪宇治線至「宇治駅」下車。
❶從京都駅搭乘京阪電鐵京都線至中書島駅轉搭京阪電鐵宇治線，至終點站宇治駅下車。也可由JR京都駅搭乘JR奈良線至宇治駅下車，JR宇治駅離主要觀光地較遠，要有多走一小段路的心理準備。

❶ 平等院

☎0774-21-2861 ○京都府宇治市宇治蓮華116 ◎8:30~17:30，鳳凰堂9:30~16:10(每20分一梯次，9:00開始售票) ⑤(入園＋鳳翔館)大人￥600，國高中生￥400，小學生￥300 ⊕www.byodoin.or.jp

宇治的必訪景點，從堂前阿字池拍攝的鳳凰堂倒影傳達平衡的美感。

小編激推

位於宇治川南岸，首建於西元998年的平等院，是平安時代權傾一時的藤原道長的別墅，當時的規模佔了今日宇治市一半以上的面積。**別名為「鳳凰堂」的平等院，因為置奉著阿彌陀如來，原本稱為阿彌陀堂**，後來到了江戶時代的初期，因為其外型類似振翅欲飛的禽鳥，樑柱的兩側又各有鳳凰，才開始有鳳凰堂的稱呼。平等院是藤原文化碩果僅存、也是集大成的代表性建築物；頭上有雙華蓋、堂內還有**51尊雲中供養菩薩像**。除了鳳凰堂之外，平等院另一值得注意的是鳳凰堂前的阿字池。**阿字池是典型的淨土式庭園**，整個庭園的設計是以阿彌陀堂為中心，池塘及小島則左右對稱的分佈兩旁，希望營造出一個象徵曼陀羅的極樂淨土。

中堂脊治上兩尊展翅高飛的鳳凰像，也是日本錢幣上的精神象徵。

❷ 宇治橋

☎ 0774-23-3334宇治市觀光協會 ○京都府宇治市 ●自由參觀

與「瀨田の唐橋」、「山崎橋」一起被稱為三大古橋的宇治橋，興建於646年，現在看到長155公尺，寬25公尺的大橋則是於1996年重鋪而成。由於這座橋曾經出現在《源式物語》之中，所以現在橋畔還有《源式物語》的作家紫式部的雕像。而橋上有一相當特別的小廊，稱為「三之間」，據傳豐臣秀吉曾由此汲水煮茶。

橋畔的紫式部雕像如今也成為觀光客來訪必留下合影的景點之一。

（地圖標示）
↖往京都駅
宝善院
萬壽院
黃檗山萬福寺 ❻
黃檗駅
らくかふぇ
京阪宇治線
JR奈良線
三室戶駅
宇治川
宇治駅
伊藤
菓子
通圓茶屋
宇治橋
❷
宇治上林記念館
とどう庵
宇治第一ホテル
地雞家心
❶
平等院
對鳳庵
中村藤吉本店
JR奈良線
宇治駅

③ 宇治神社

☎0774-21-3041 ⊙京都府宇治市宇治山田1 ⑤境內自由 uji-jinja.com/

位在宇治川右岸的宇治神社，傳說原本是應神天皇的離宮，主要是祭祀菟道稚郎子命的神靈。而這位**菟道稚郎子命自幼聰穎，所以現在大家也都會來這裡祈求學問、考試合格。**宇治神社的本殿屋頂由檜木皮建成，是鎌倉時代初期的建築形式，而本殿中還有放置一尊建於平安時代的菟道稚郎子命的木造神像，十分珍貴。

兔子造型籤詩

宇治神社與兔子十分有緣，傳說中引著菟道稚郎子命前來此地的，便是可愛的小兔子！於是這裡的造型籤詩是以兔子回頭，手指前方的意象製造，正說明了這一段神話故事。

④ 宇治上神社

☎0774-21-4634 ⊙京都府宇治市宇治山田59 ⊙9:00~16:00 ⑤自由參拜

宇治上神社被高大樹林所環繞，境內十分肅穆樸靜，充滿濃濃的古風。神社位於宇治川東岸，與另一座世界遺產——平等院，正好隔川相對，因為**宇治上神社正是鎮守平等院的神社。**神社建築包括本殿、拜殿、春日神社等建築，其中，規模最大的本殿裡頭，並排著三間內殿，形式特殊，也是最早期的神社建築樣式。依據年輪鑑定，這間**本殿建築的年代可以追溯至西元1060年，也是現存最古老的神社建築。**

⑤ 三室戶寺

☎0774-21-2067 ⊙京都府宇治市菟道滋賀谷21 ⊙11~3月8:30~16:00，4~10月8:30~16:30 ⑭8/13~8/18，12/29~12/31 ⑤成人￥500、國中小學生￥300，紫陽花(繡球花)園開園期間成人￥1000，兒童￥500 ⊙www.mimurotoji.com ❗寶物館預計修繕至2024年3月

三室戶寺是奈良時代開創的觀音名寺，也是西國三十三所之一，參拜信徒因此絡繹不絕。館內收藏的佛像、佛畫也為數不少，以藤原時代的作品居多，並有日本最古老的清涼寺式釋迦如來立像。寺裡**擁有五千坪檜木林立的寬闊庭園，種植有近30種、約一萬株的紫陽花，在梅雨季時爭相綻放，**十分美麗。此外，五月時多達兩萬株的躑躅(杜鵑花)，七月的荷花及秋天的紅葉也相當著名。

大魚梆的口裡啣著一棵木製寶珠，則是象徵人間的煩惱。

⑥ 黃檗山萬福寺

☎0774-32-3900 ⊙京都府宇治市五ヶ庄三番割34 ⊙9:00~16:30 ⑤大人￥500，中小學生￥300 ⊙www.obakusan.or.jp

萬福寺由中國明朝高僧隱元禪師所創建，**以福建省黃檗山萬福寺為藍本，**一些在中國人眼中沒什麼好驚訝的佛寺景觀，如成排的古松、鼓著大肚子的布袋佛、圓形格子窗或是有著卍字圖騰的迴廊勾欄，在日本人眼中都成了異樣風情。而自隱元禪師開山以來，陸續還有十三代的住持也都是由中國的明朝渡海而來，**寺裡的齋飯素食「普茶料理」也十分具有中國情調。**萬福寺的迴廊上懸吊著一個巨大的魚梆，造型樸拙，是寺裡用來通報時時辰的工具，也用來提醒寺裡修行者，不可一日怠惰散漫。

① 對鳳庵

☎0774-23-3334(宇治市観光センター) ⚲京都府宇治市宇治塔川2 ◷10:00~16:00 ✕12/21~1/9 ⊙薄茶(抹茶+和菓子)¥1000,お点前体験(茶道體驗)¥2400 ⊕www.kyoto-uji-kankou.or.jp/taihoan.html ❶體驗需於三日前預約

宇治茶等於日本高級茶的代名詞,**宇治市政府為推廣日本茶成立了「對鳳庵」,讓一般人也有機會親近茶道**。對鳳庵是完全針對觀光客而設的茶道體驗教室,可說是老少咸宜,就算是外國人也不會感到太過拘束,不妨來這簡樸的日式小屋,與來自日本各流派的老師共享茶的芳美。

> 茶席的餐點十分精彩,每一樣都讓人想點來吃吃看。

② 中村藤吉本店

☎0774-22-7800 ⚲京都府宇治市宇治壹番10 ◷10:00~17:00(咖啡 L.O.16:30) ⊙生茶ゼリイ抹茶(生茶果凍抹茶)¥990 ⊕www.tokichi.jp

小編激推

創業於1859年的中村藤吉為宇治茶的老舖,光是店舖本身就能令人感受到濃濃古風。平等院店裡除了提供各式茗茶外,也有內用的茶席,茶製的甜品尤其有名。包括擺盤精緻的抹茶霜淇淋、口感香氣俱佳的抹茶蕨餅等都很受歡迎,不過明星商品當屬裝**在竹筒裡的生茶ゼリイ「抹茶」,竹筒裡盛裝著白玉糰子、抹茶果凍、抹茶冰淇淋和紅豆等**,不但視覺華麗,吃起來也很美味。

> 有喝過綠茶,但不知道綠茶怎麼製成,就來親手體驗磨茶吧!

③ 福壽園 宇治工房

☎0774-20-1100 ⚲京都府宇治市宇治山田10 ◷10:00~17:00,磨製抹茶體驗(40分)10:00~16:00 ✕週一 ⊙磨製抹茶體驗¥1650 ⊕www.ujikoubou.com

小編激推

> 自己拉動重重的臼,磨出來的茶特別香~

在宇治神社不遠處的福壽園,是擁有自己茶園的宇治茶老字號之一。**老字號茶舖福壽園在宇治開設了兼具文化體驗、茶寮、茶室與茶店的多重空間**。在體驗工房內,提供包括磨製抹茶、製作煎茶、還有從採摘開始製作日本茶的體驗。2樓的茶寮也提供各種茶品、甜點及以茶為主角的創意料理,店員還會親切告知點茶的客人如何泡出美味的日本茶。

JR奈良線 宇治駅
中村藤吉本店

宇治川
往京都駅

④ 通圓茶屋

☎ 0774-21-2243　🏠 京都府宇治市宇治東内1　🕐 9:30~17:30　🍵 上品抹茶與和菓子¥900　🌐 www.tsuentea.com

位在宇治橋的東邊，曾經在吉川英治的小説「宮本武藏」中登場的通圓茶屋，其實是創業於西元1160年，**將近900年歷史的老茶屋**，目前本店的建築物則是建設於1672年，幾經朝代更迭，多位將軍幕府也都有讓通圓茶屋奉茶的紀錄，歷史非常悠久。茶屋開設的茶房就在宇治川旁，可以眺望宇治橋與宇治川的美景，**使用剛磨好的抹茶入料做出的抹茶甜點是店內招牌**，搭配抹茶共享，來一場宇治散步途中的小美好。

> 季節限定的聖代，春天裝點成櫻花般粉嫩。

⑤ 伊藤久右衛門本店

☎ 0774-23-3955　🏠 京都府宇治市莵道荒槇19-3　🕐 10:00~19:00（茶房L.O.18:30）　🈺 1/1　🍵 宇治抹茶パフェ(宇治抹茶聖代)¥1090　🌐 www.itohkyuemon.co.jp

伊藤久右衛門位在離宇治市街稍遠的地方，不同於平等院店只能夠購買商品外帶，本店**設置了喫茶空間**，也販賣傳統植育方法栽培、烘製的宇治綠茶。除了一般分店的商品這裡都有之外，**還有一些本店限定的西式菓子**，比如宇治抹茶瑞士捲等也都很受歡迎。

⑥ 地雞家 心

☎ 0774-22-5584　🏠 京都府宇治市妙楽25　🕐 11:30~14:30(L.O.13:45)、17:00~22:30(L.O. 22:00)　🈺 週日　💲 KOKOROランチ(KOKORO午間特餐)¥1400　🌐 www.kokoro-uji.com

使用在地土雞為主角的地雞家心特製午餐，是眾多美食家介紹的超值美味。店內招牌kokoro中午特餐，除了大塊鬆軟酥脆的炸雞塊以外，還有野菜沙拉、烤雞肉糰子、涼拌雞絲、雞骨高湯、拌飯用的山藥泥等**滿滿一大份，價格卻非常親民**。把涼拌雞絲與蛋絲、海苔絲等配料盛放在白飯上，再澆淋上雞高湯大口扒飯，這是內行美食家推薦的獨特吃法，來到宇治，不妨趁著午餐時間前往地雞家心打打牙祭。

伏見稻荷·東福寺

ふしみいなり・とうふくじ Fushimiinari・Tofukuji

千本鳥居吸取靈氣 古寺紅葉與落櫻

ACCESS

電車
搭乘京阪電鐵京阪本線至「東福寺駅」「伏見稻荷駅」、或JR奈良線至「東福寺駅」「稻荷駅」下車再步行至各景點。

巴士
前往伏見稻荷大社：搭乘市巴士南5至「稻荷大社」站牌下車；若由京都車站出發於「C1」乘車處乘車。前往東福寺、泉涌寺：搭乘市巴士202、207、208至「東福寺」、至「泉涌寺道」站牌下車；若由京都車站出發於「D2」乘車處乘車。

86

---

① 伏見稻荷大社

☎075-641-7331 ⌂京都市伏見區深草薮之内町68 ◎自由參拜 ☂inari.jp

千本鳥居的壯麗景色絕對是不能錯過的景點！

小編激推

日文中，稻荷指的是管理、保佑五穀豐收、生意興隆的神祇，而伏見的稻荷大社更了不得，是全日本四萬多座稻荷社的總本社，香火之鼎盛可想而知。伏見稻荷大社內，到處看得到口中叼著稻穗或穀物的狐狸，高高在上，接受人們的膜拜與禮敬，每隻的表情都不同，值得細看。除了**本殿和奧社之外，穿過千本鳥居至後方的整座稻荷山也都屬伏見稻荷大社的範圍**，一路上滿是大大小小的神社、五花八門的大明神和不同年代留下的石碑或石祠，繞行全山約需2小時。

社境內約有一萬座的紅色鳥居，其中又以本殿通往奧殿的一段最為密集；這段充滿神秘感、綿延不盡的紅色通道，被稱為「千本鳥居」。

2 仁志むら亭

📞075-641-2482　🏠京都市伏見區稻荷山官有地四ツ辻　⌄
10:00~17:00，週六日例假日9:00~17:00　❌不定休(週五居多)

　造訪伏見稻荷大社時，穿過重重鳥居，繞行稻荷山的話，**攻上山頂時就會看到這創業於元治元年(1864)的茶屋**。為了來這裡健行的人們，店主在山頂提著日式甜點與涼水，讓人可以在這裡歇歇腿。夏天時喝點涼飲，冬季時點碗熱熱的善哉(紅豆麻糬湯)，小口小口喝下，身體也跟著暖和了起來。

🦊豆皮壽司與狐狸

　據說稻荷大明神的御前使者是狐狸，所以在伏見稻荷大社中隨處可見狐狸塑像供人膜拜。在日本傳統文化中，認為狐狸最喜歡吃的東西便是炸油豆皮，於是人們便將油炸豆皮當成供禮獻給神明。伏見稻荷附近的人們將油炸豆皮加以燉煮成甘甜好滋味，包上壽司米，做成三角型，便成了受歡迎的豆皮壽司了。

3 日野家

📞075-641-0347　🏠京都市伏見區深草開土町1　⌄9:00~18:00
💰いなり(豆皮壽司)¥880

　伏見稻荷的名物非豆皮壽司莫屬；京都人管豆皮壽司叫お稻荷さん，一般日本人稱為稻荷壽司，來到伏見稻荷可千萬不能錯過這地方美味。位在參道上的日野屋是間專賣當地料理的小店，創建於大正5年，**提供多樣化的美味餐點**，除了必吃的稻荷壽司之外、烏龍麵、蕎麥麵等也廣受好評。

🗨 狐狸面具形狀的煎餅，拍照打卡必備！

4 寶玉堂

📞075-641-1141　🏠京都市伏見區深草一ノ坪町27　⌄7:30~19:00
💰小狐狸煎餅5枚¥700

　寶玉堂是狐狸煎餅的創始店；口感酥脆充滿香氣的狐狸臉煎餅，造型十分可愛。若從京阪電車的伏見稻荷站要走至伏見稻荷大社的話，越過鐵道，就能馬上感受到一股烤煎餅的香味撲鼻而來。寶玉堂的**煎餅加入白味噌，口感不是那麼甜，還帶點微微的焦香味**，再加上這裡的煎餅是狐狸面具的形狀，算是很能代表伏見稻荷的在地伴手禮。

🈂荒木神社　

仁志むら亭
2

新池

🌀千本鳥居　

觀音堂

🈷雲

提到東福寺人人都會稱讚其紅葉，但庭園與伽藍也十分值得一看，算是京都南邊的必訪勝景。

小編激推

① 東福寺

☎ 075-561-0087 　🏠 京都市東山區本町15-778 　🕐 4~10月9:00~16:00，11~12月初8:30~16:00，12月初~3月末9:00~15:30 　🚫 方丈庭園12/31~1/1 　💲 本坊庭園成人¥500，國中小學生¥300；通天橋‧開山堂成人¥600，國中小學生¥300 　🌐 www.tofukuji.jp

耗費19年建成的東福寺，列名京都五山之一，原本兼學天台、真言和禪等宗派，多次經火燒後，現在則屬禪寺，為臨濟宗東福寺派的大本山。論京都紅葉，東福寺排名在清水寺之前，尤其是**通往開山堂的通天橋和洗玉澗，數千株的楓樹，火紅遮天**。東福寺方丈內苑東西南北各有巧妙不同的庭園配置，稱為八相庭，是重森三玲在1938年的作品，也是近代禪宗庭園的代表作。庭園秋日苔石之上楓紅似錦，春天則有粉紅杜鵑相互配搭，色彩繽紛而和諧。

北庭以正方的塊狀石組與同樣形狀的綠苔拼組而成。

② 毘沙門堂 勝林寺

☎ 075-561-4311 　🏠 京都市東山區本町15-795 　🕐 10:00~16:00，夜間拜觀、坐禪體驗等時間詳洽網站 　💲 一般拜觀成人¥800，高中、國中小學生¥500，坐禪體驗¥1000；抹茶＋干菓子¥600、抹茶＋生菓子¥800 　🌐 shourin-ji.org 　❓ 體驗需以電話、網站或email預約（抹茶與茶點最慢於前一日預約），8人以上可在一般體驗時間外另預約包場體驗

勝林寺是臨濟宗東福寺的塔頭之一，創建於1550年，寺院建築相當簡樸，周圍有美麗庭院環繞。供奉的主佛毘沙門天王像傳自平安時代，保佑財運、勝利與驅除惡運。在勝林寺，**每天都有坐禪和寫經寫佛體驗，另外還有坐禪結合瑜珈、早粥、煎茶道或夜間坐禪等特殊體驗**。固定舉辦的坐禪體驗，不論初學者、小學生都可以參加，針對外國觀光客則會附上英文說明，相當容易親近。

東福寺駅
①いづ松
毘沙門堂 勝林寺 ②
往京都駅

東福寺 ①
③
芬陀院

竹情荘

鳥羽街道

阿保親王塚

京阪本線
JR奈良線

伏見稲荷駅
伏見稲荷参道茶屋
懐石カフェ蛙吉
寶玉堂
①日野家
寺子屋本舗
袮ざめ家
稲荷駅
京料理玉家
伏見稲荷大社

竹情荘
あさば汁

往宇治

> 鶴龜之庭由青苔、白砂構成的庭園彷彿淡雅水墨畫，氣氛寧靜。

③ 芬陀院

☎075-541-1761 ⊙京都市東山區本町15-803 ⊙9:00~17:00，12~2月至16:00 ⊙拜觀高中生以上¥300，國中小學生¥200(附抹茶¥800)

芬陀院為東福寺的塔頭之一，**院內最為著名的，便是雪舟所建的庭園，因此又有「雪舟寺」之稱**。位在方丈的南庭與東庭，是畫聖雪舟所作的枯山水庭園，雖曾在元祿與寶曆年間因火災而荒廢，到了昭和14年(1939)由重森三玲復原，呈現我們今日所見樣貌。

④ 泉涌寺

☎075-561-1551 ⊙京都市東山區泉涌寺山內町27 ⊙9:00~16:30(12~2月至16:00) ⊙心照殿寶物館：每月第4個週一 ⊙拜觀大人¥500、兒童¥300，特別拜觀國中生以上¥300 ⊙www.mitera.org

泉涌寺由弘法大師空海一手創建，京都人習慣稱呼其為「御寺」(みでら)，但更讓人好奇的是**這兒是楊貴妃的觀音廟**，日本不但景仰絕世美人楊貴妃的美，還有人相信她沒有死在馬嵬坡，而是遠渡東瀛了呢。從大門望進通向佛殿，大門左手邊就是祭祀楊貴妃的觀音堂，面積雖不大，但楊貴妃是美的象徵，**女性拜觀者必定先來參拜祈求美貌**。而泉涌寺的佛殿是17世紀德川家康仿唐樣式再建，裡頭安置著釋迦、彌陀和彌勒三尊神明，象徵三世的安泰和幸福。鏡天井上則有日本名畫家狩野探幽所畫的龍，牆上則畫著白衣觀音像。

⑤ 雲龍院

☎075-533-7125 ⊙京都市東山區泉涌寺山內町36 ⊙9:00~17:00 ⊙拜觀¥400 ⊙www.unryuin.jp

位在泉涌寺境內南方高地的雲龍院，是泉涌寺的別院，由後光嚴天皇發願建造而成。從此以後，雲龍院便與日本皇室有著深厚關係，後小松天皇(一休和尚的父親)也在這裡皈依佛門。秋天時，從**悟りの窗看出去的紅葉與窗框形成一幅美麗的畫，美不勝收**。現在來到這裡還可以抄寫佛經，讓心靈沉澱。

嵐山・嵯峨野

あらしやま・さがの Arashiyama・Sagano

楓紅遍野櫻花點點 平安貴族迷戀的山光水色

相傳嵐山是日本平安時代王公貴族最愛遊覽的觀光地，嵯峨野則林立著許多寺院和從前貴族的離宮，春天來臨時，天龍寺境內與渡月橋和大堰川兩岸的櫻花爭相開放，櫻雪瀰漫間更有種空靈的美感；此地不僅是櫻花名所也是觀賞紅葉最佳地點，吸引許多文學名著以此為背景，春秋二季的觀光人潮更是將嵐山擠得水洩不通。

ACCESS
電車
搭乘JR西日本山陰本線（嵯峨野線）至「嵯峨嵐山駅」下車；京福電氣鐵道（嵐電）嵐山本線至「嵐山駅」、「嵐山嵯峨駅」下車；嵯峨野觀光鐵道トロッコ嵯峨野觀光鐵道至「嵐山駅」下車；阪急電鐵阪急嵐山線至「嵐山駅」下車。
巴士
京都駅搭乘市巴士至「嵐山」站牌下車。

1 嵯峨野小火車

造訪嵐山可以不吃美食，但千萬不能錯過走在溪谷旁的小火車。

☎075-861-7444 ⏾京都市右京區嵯峨天龍寺車道町 ⏾從トロッコ嵯峨駅出發10:02~16:02之間每小時一班，一天約7班，依季節另有加開班次 ⏾週三不定休，請洽網站 ⏾起站「トロッコ嵯峨」到終點站「亀岡」，單程12歲以上￥880、6~12歲￥440 ⏾www.sagano-kanko.co.jp

小編激推

造型復古的蒸汽小火車「嵯峨野號」沿著保津川，奔行於龜岡到嵐山間，全程約25分鐘。搭乘者可以**用絕佳的角度，欣賞保津峽的山水景色**；途中列車還會特別減速，讓乘客飽覽周圍風景。每到春櫻和秋楓時節，小火車上還可以欣賞沿途兩岸特別美麗的山景。

車來人往的跨河大橋可以嵐山地標，站在橋上欣賞河岸風景十分美麗。

2 渡月橋

小編激推

☎075-861-0012嵐山保勝會 ⏾京都市右京區嵯峨

渡月橋幾乎可說是嵐山的地標，由於昔日龜山天皇看見明月當空，一時興起命名，目前的風貌是1934年以鋼鐵重建的，構造與舊橋相同，以春天櫻花或秋日紅葉作為前景拍攝渡月橋，已經成為嵐山的景觀代表之一。

京都花燈路

⏾每年時間不一
⏾www.hanatouro.jp

原先舉行於每年3月的東山花燈路，與12月的嵐山花燈路，亮起的燈光將東山與嵐山一帶照亮，繁華似錦的夜色被慕名而來的人們擠得水洩不通。可惜自2022年起活動停止舉辦，不過轉而提供地方團體與民間機構租借花燈，繼續點亮這獨一無二的美景。

（地圖）
二尊院
民芸定家
落柿舍
井浦人形店
壽庵
常寂光寺
←往トロッコ亀岡駅、保津川手搖船乘船口
御髪神社
←往トロッコ亀岡駅
トロッコ嵐山駅
嵯峨野トロッコ列車（觀光小火車）
5 大河內山莊
←往保津川下り
桂川
琴ヶ瀬茶屋

嵐山的人氣結緣神社。

4 野宮神社

☎075-871-1972 ♞京都市右京區嵯峨野宮町1 ◷9:00~17:00 ♤自由參觀 ⬥
www.nonomiya.com

　以黑木鳥居聞名的野宮神社，據信是源氏物語中六條御息所之女要前往擔任齋宮時途中的住所。與伊勢神宮相同，都是供奉天照大神（按：此神被視為是日本皇室的先祖），但今日卻以**金榜題名與締結良緣著稱**，吸引眾多學生與年輕女性，可說是嵯峨野香火最盛的神社。

私人庭園欣賞山林美景，登高可一望京市街，是想遠離人群的好選擇。

5 大河內山莊

☎075-872-2233 ♞京都市右京區嵯峨小倉山田淵山町8 ◷9:00~17:00 ♤入園￥1000(附抹茶)，國中小學生￥500

小編激推

　大河內山莊是日本昭和初期知名的演員「大河內傳次郎」花了三十餘年所興建的私人宅邸。這座位於小倉山的山莊，沿著山腹建造的庭園四季皆有不同風情，但被京都**人公認最美的時節就是在秋天**。秋天時這裡紅葉遍谷，登高還能眺望比叡山與京都市區，風景十分秀麗。逛完庭園，還可以至茶屋享用正統抹茶，稍微休息後再前往下一個景點。

3 竹林の道

♞天龍寺北側的道到野宮神社周邊

　由野宮神社通往大河內山莊的路段，是條**美麗的竹林隧道**。夏日涼風習習，翠綠的竹蔭帶來輕快的涼意；冬天則有雪白新雪映襯著竹子鮮綠，別有一番意境。這片竹林也是特別有嵐山氣氛的風景之一。

地圖標示：
嵯峨小學校
嵯峨春秋庵
竹乃家
ピーピンズトム
奧嵯峨竹藝
JR山陰本線(嵯峨野線)
京都音樂盒博物館
鯛匠HANANA
Bruce 2nd
よーじや
鶴壽庵
老松嵐山店
竹路庵
ふらり嵐山
布遊舍
夢工房
まゆ村
嵐山ちりめん細工館
嵐山昇龍苑
駅の足湯
eX café 嵐山
京都美空ひばり座
%Arabica Kyoto
洛楽
竹乃店
嵐山まるん
琴きき茶屋
天然嵐山嵯峨野溫泉ホテル
嵐山の鵜飼
嵐山渡月橋
嵐山 錦
アルベコ・マキーメイ嵐山
渡月亭
嵐山彩四季の宿花筏
嵐山猴子公園
法輪寺
野宮神社
竹林隧道
天龍寺箭月
天龍寺
寶嚴院
嵯峨野湯豆腐
嵐山辨慶
茶寮八翠
トロッコ嵯峨駅
嵯峨嵐山駅
嵐山咖哩
嵐山豆腐葵
嵯峨野湯
Ruhe
嵐電嵯峨駅
Platz
嵐山駅
京福嵐山本線
民宿嵐山
花のいえ
阪急嵐山駅
往五太秦駅

❶ 天龍寺

☎075-881-1235 ⛩京都市右京區嵯峨天龍寺芒ノ馬場町68 ◷庭園8:30~17:00(售票至16:50)；諸堂(大方丈・書院・多寶殿)8:30~16:45(售票至16:30) ￥成人￥500、中小學生￥300；參觀大方丈、小方丈、多寶殿要多加￥300；參觀法堂￥500 ⦿www.tenryuji.com

嵐山香火最盛的一座寺廟，境內可看之處眾多，值得購票進入。

小編激推

　　天龍寺建於1339年，據說是因為一位和尚在夢中看見一條飛龍從附近的江中騰空飛起而取名，境內因此隨處可見龍的造型。天龍寺的法堂內供奉釋迦、文殊、普賢等尊相，最特別的是**天花板上有幅難得一見的雲龍圖**，是在1997年紀念夢窗疏石圓寂650周年時請來畫家加山又造所創作，十分輝煌且壯觀。包括總門、參道、白壁、本堂大殿、曹源池庭園、坐禪堂等建築，除了曹源池庭園屬早期建築外，其餘諸堂都是明治以後重建的。**曹源池庭園是夢窗疏石所作的一座池泉回遊式庭園**，裡頭以白砂、綠松，配上沙洲式的水灘，借景後方的遠山、溪谷，設計的構想據說來自鯉魚躍龍門。在京都五山裡天龍寺排名第一，是造訪嵐山必遊的著名景點之一。

❷ 清涼寺

☎075-861-0343 ⛩京都市右京区嵯峨釈迦堂藤の木町46 ◷9:00~16:00，4~5月、10~11月9:00~17:00 ￥境內免費，參拜本堂大人￥400、中高生￥300、小學生￥200，本堂靈寶館共通券成人￥700，國高中生￥500，小學生￥300

　　清涼寺包括仁王門、本堂、阿彌陀堂等，現在的釋迦堂是元祿14年（1701）重建的，裡面**收藏有佛具佛畫等宗教文物，其中最珍貴的是來自中國宋朝木造的釋迦如來立像本尊**，只有每月8日上午11點才會對外公開。有趣的是，當地人都稱呼這裡為「釋迦堂さん」，所以如果不小心迷路了，跟路人問路時對方聽不懂清涼寺，就換個説法吧！

二尊院

⚲京都市右京區嵯峨二尊院門前長神町27
🕘9:00~16:30 💲¥500

　二尊院位於小倉山東麓，境內植有常綠的松樹，充滿寧靜清幽的氣氛。院內的總門，是從伏見城的藥醫門移築而來，本堂供奉有釋迦如來和阿彌陀如來等兩尊佛像，這就是二尊院寺名之由來。此外，**二尊院的參道被稱為「紅葉的馬場」，不難想像這裡也是紅葉名所之一。**

⑤ 祇王寺

📞075-861-3574 ⚲京都市右京區嵯峨鳥居本小坂町32 🕘9:00~16:30 💲成人¥300、國高中小學生¥100 🔗www.giouji.or.jp

　相傳**祇王曾為「平家物語」中的大將軍平清盛所寵愛的舞妓**，不料平清盛迷上另一名舞妓佛御前，祇王和妹妹祇女慘遭流放。隔年春天，平清盛又厭倦了佛御前，召回祇王一舞；祇王的舞姿讓平清盛和諸臣感動得流淚，但深感人世無常的祇王，卻毅然和妹妹祇女、母親一起剃髮出家，隱居於祇王寺，後來佛御前也加入她們的行列。**庵內氣氛沉靜，祭祀著四人和平清盛的木像，都是鎌倉時代的作品。**

晚秋時分，庵前綠苔被落葉染紅，更有種淒美之感。

③ 常寂光寺

📞075-861-0435 ⚲京都市右京區嵯峨小倉山小倉町3 🕘9:00~17:00(售票至16:30) 💲¥500 🔗www.jojakko-ji.or.jp

　這座以紅葉聞名的古寺位於小倉山麓，四周是靜寂蓊鬱的綠林，當年開山僧人即是看上它的幽僻，才選作隱居修行之地。「常寂光」這個寺名也饒富禪意，出自佛典，是天台四土之一，意為佛教的理想境界。秋楓時節的常寂光寺，**以滿地楓紅而聞名**，與一般枝頭紅葉相比，多了種華麗清寂的奇妙感受。

⑥ 落柿舍

📞075-881-1953 ⚲京都市右京區嵯峨小倉山緋明神町20 🕘9:00~17:00，1~2月10:00~16:00 🈲12/31~1/1 💲¥300 🔗www.rakushisha.jp

　落柿舍最美的時刻當屬深秋，平時素樸的草庵，因紅葉點綴而遊人如織，院內40株柿木的果實在秋風中吹落一地，更添詩意。這裡因日本歷史上最著名的**俳句詩人松尾芭蕉曾於此駐留，而成為俳句愛好者的朝聖地。**舍內角落還擺了筆箋，讓遊人可以即興創作俳句，優秀作品會被收進落柿舍的文集裡。

① 大河內山莊

☎075-872-2233 ♔京都市右京區嵯峨小倉山田淵山町8 🕐9:00~17:00 💰高中大學生¥1000，國中小學生¥500(入園附抹茶)

大河內山莊是日本昭和初期的知名演員「大河內傳次郎」花了三十餘年所興建的私人宅邸。這座位於小倉山的山莊，沿著山腹建造的庭園四季皆有不同風情，但被**京都人公認最美的時節就是在秋天**。秋天時這裡紅葉遍谷，登高還能眺望比叡山與京都市區，風景十分秀麗。逛完庭園，還可以至茶屋享用正統抹茶，稍微休息後再前往下一個景點。

③ 嵐山ちりめん細工館

☎075-862-6332 ♔京都市右京區嵯峨天龍寺造路町19-2 🕐10:00~18:00 🈺不定休 💰金魚ミニ巾着(金魚迷你束口袋)¥418 🌐chirimenzaikukan-shop.mrucompany.co.jp/

顏色鮮豔、布料柔軟的「ちりめん」是充滿京都味道的日式織布，嵐山ちりめん細工館**運用ちりめん織布做成各式和雜貨和手工小飾品**，像是可愛的青蛙、蝸牛、晴天娃娃、牽牛花、金魚、繡球花，甚至壽司、京野菜等等，色彩繽紛，又充滿和風趣味。

④ eX café嵐山

☎075-882-6366 ♔京都市右京區嵯峨天龍寺造路町35-3 🕐10:00~18:00(L.O.17:30) 💰お団子セット(烤糰子套餐)¥1540

稍稍遠離嵐山車來人往的大街，在天龍寺入口對面小巷子裡，低調隱藏著一間咖啡廳，暖簾如同高級料亭般飄揚著，穿過大門入內，彷彿進到古民家般，極上的和風空間令人感到沉穩。來到eX café，千萬不能錯過的還有話題的**竹炭蛋糕捲，不只能在店內享用，還可以當作伴手禮買回家**。喜歡日式點心的人，也很推薦點份烤糰子，自己在小火爐上烤出自己喜歡的焦痕，特別美味！

竹乃家
奧嵯峨竹藝
JR山陰本線
野宮
竹林隧道
① 大河內山莊
天龍寺篩月
天龍寺
寶嚴院
嵯峨湯
嵐山辨
嵐山の鵜飼

外牆的黑牡丹、兩間和室「白獅子」與「赤獅子」，充滿個性的壁畫出自木村英耀Ki-Yan之手。

② 琴きき茶屋

☎075-861-0184 ♔京都市右京區嵯峨天龍寺芒ノ馬場町1 🕐10:00~17:00 🈺週三，週四 💰抹茶組合(櫻餅2個+抹茶)¥730 🌐www.kotokikichaya.co.jp

櫻花葉也可以一起吃下肚。

渡月橋畔的琴きき茶屋有著大大的紅色燈籠，十分醒目。琴きき茶屋在江戶時代時就在櫻花名所車折神社內開業，昭和時代則遷至嵐山，歷史悠久的招牌美味就是櫻餅(櫻葉麻糬)。**定番的抹茶組合包括兩個櫻餅**，一是將道明寺麻糬包住紅豆餡再以醃漬過的櫻花葉包起，另一個則是以紅豆餡裹住的麻糬，配上抹茶都很適合。

5 Platz

☎075-861-1721 ♠京都市右京區嵯峨天龍寺造路町5 ◔
10:00~19:00 ㈭週四不定休 ㊤www.kyoto-platz.jp

由於日本人習慣在榻榻米或木地板席地而坐，每個家庭都一定會有被稱為座布團的和風坐墊，而創業於明治20年(1887)的Platz就是以手工專門製造座布團，一走入店內，**各種尺寸的坐墊應有盡有**，另外也引進廚房用品等生活雜貨和和風家具。

6 嵯峨野湯

☎075-882-8985 ♠都市右京區嵯峨天龍寺今堀町4-3 ◔11:00~18:00(L.O.17:30) ⑤プレーンパンケーキ(鬆餅)¥950，お豆腐パスタ(豆腐義大利麵)¥1450 ㊤
www.sagano-yu.com

從前的嵯峨野澡堂，以熱水為人洗滌去皮膚上的灰塵，如今轉世為Café的嵯峨野湯，則開啟了人們的味蕾樂園。建於大正**12年的嵯峨野湯原為大眾浴池**，在擔任澡堂角色八十多年後，決定以不同形式來保存澡堂文化的店主，在昔日澡堂的中央擺上自巴黎蒐集而來的古董家具，再加上和洋交融的料理，於2004年將這裡**改建成富有歐式風味的咖啡館**。嚐起來清爽的燻鴨和義大利麵中，因為有青蔥與洋蔥的調味，點亮了法式燻鴨肉的香氣，令人回味再三；招牌甜點蘋果塔，或是具有京都風味的抹茶歐蕾，都可作為餐後的完美句點。

地圖標示

ビービンズトム
京都音樂盒博物館
鯛匠HANANA
Bruce 2nd
よーじや
鶴壽庵
老松嵐山店
竹路庵
ふらり嵐山
布遊舍
夢工房
まゆ村
嵐山ちりめん細工館
嵐山昇龍苑
京都美空ひばり座
%Arabica Kyoto
洛楽
竹乃店
嵐山まるん
琴きき茶屋
天然嵐山嵯峨野溫泉ホテル
嵐山渡月橋
嵐山錦

トロッコ嵯峨駅
嵯峨嵐山駅
嵐山咖哩
嵐山豆腐葵
嵯峨野湯 6
Ruhe
嵐電嵯峨駅
Platz 5
嵐山駅
3
7 駅の足湯
4 eX café嵐山
花のいえ

往五本松駅

7 駅の足湯

☎075-873-2121 ♠嵐電嵐山駅月台 ◔9:00~20:00(冬季至18:00)，售票至關門前30分鐘 ⑤¥200附毛巾 ❶出示嵐電1日券還能再折¥50

全日本相當少見的月台足湯在嵐山嵐山駅就可親身體驗，對神經痛、肌肉酸痛、慢性消化器官與恢復疲勞具有功效的嵐山溫泉被引入月台，旅客們可以脫下鞋襪在此泡個足湯，建議泡個10分鐘以上，讓腳泡得暖呼呼，促進血液循環，尤其在秋冬時節更是一種簡單的享受。

列車月台泡溫泉，是難得的享受～

商業繁榮 持續演出不打烊

梅田・大阪駅

うめだ・おおさかえき Umeda・Osaka Station

梅田是大阪的交通樞紐，JR大阪站、阪急梅田站、阪神梅田站都在此交會，還匯集了三條地下鐵；御堂筋線、四つ橋線、谷町線通往大阪市區各地。梅田也是熱鬧的商業區，有高層大樓、大型百貨公司，還可見到鬧區內突出於頂樓的紅色摩天輪。車站地下更有日本最早的車站地下街，每天逛街與搭車的人潮川流不息。

ACCESS
電車
搭乘JR西日本：大阪環狀線、關西空港線、阪和線、京都線、神戶線、湖西線等，於「大阪駅」下車。
搭乘大阪地下鐵御堂筋線至「梅田駅」、大阪地下鐵谷町線至「東梅田駅」、大阪地下鐵四つ橋線至「西梅田駅」、阪神本線至「阪神梅田駅」、阪急神戶線、宝塚線至「阪急梅田駅」下車。

① GRAND FRONT OSAKA

☎06-6372-6300 ♠大阪市北區大深町4-1(うめきた広場)、4-20(南館)、3-1(北館) ◎商店11:00~21:00，餐廳、UMEKITA DINING(南館7~9F) 11:00~23:00，UMEKITA CELLAR(うめきた広場B1F)10:00~22:00，UMEKITA FLOOR(北館6F) 11:00~翌2:00，週日、例假日11:00~23:00。有些店舖時間不同，詳洽官網 ⓦwww.grandfront-osaka.jp

　GRAND FRONT OSAKA位在大阪梅田的北邊重劃區，分為南館、北館與うめきた廣場三個部分。與西日本最大的運輸車站大阪駅相連，**網羅了來自各地的時尚、生活、美容、咖啡、美食相關店舖共200多**，其中不乏初次登陸關西的時尚品牌、流行服飾旗艦店等，以生活、興趣類的店舖比例較高，而店內也比一般百貨的空間更加廣闊，逛來也更舒服。除了一般的購物之外，GRAND FRONT OSAKA更設置了知識發祥中心The Lab.。人們相信知識就是力量，分為三個樓層的The Lab.藉由實際觸摸、解說來啟發每個人的創造力，藉由知識的力量來創造全新未來。整體空間環境大量運用綠色植栽與流水，除了一樓平面樓層，在頂樓也設有空中花園，創造出都會性的散步小徑。

北梅田區域最新話題，與其他百貨串聯成為大阪最強逛街區域。

小編激推

大坂おでん 焼とん 久

☎06-6374-8999 ♠南館7F ◎11:00~23:00 ⑤炊く肉豆富膳(午間肉豆腐套餐)¥1000

　位在南館7樓UMEDA DINING的「久」，外觀普通的居酒屋裝潢，內部有個開放式廚房讓人能一窺料理人的英姿。**這裡賣的是以德島阿波、鳴門等地物產製成的關東煮、烤豬肉串等料理**。中午時段前來用餐，還能吃到主廚特製的肉豆腐，滷得夠味的料理十分下飯，讓人胃口大開。

CAFE Lab.

☎06-6372-6441 ♠北館1F ◎8:00~23:00(L.O.22:30) ⑤拿鐵(M)¥450 ⓦkc-i.jp/facilities/thelab/cafelab/

　分為三樓層的The Lab.以實驗創造、咖啡空間與活動展場三個主題各自呈現。北館1樓的CAFE Lab.是一般人最容易接觸並進入的空間。**CAFE Lab.賣的不只是咖啡，以知識發祥地為己任，創造出一個充滿交流的空間。**開放的空間中設置書架放置最近書籍雜誌供人取閱，特地引進34台電子載具，讓人利用最新的知識科技閱讀，並感受電子書籍的魅力。

茅乃舍 GRAND FRONT OSAKA店

☎06-6485-7466 ♠うめきたB1F ◎10:00~20:00 ⓦwww.kayanoya.com

　可以說日本料理的靈魂就是湯頭。位在UMEKITA CELLAR的茅乃舍是源自福岡的醬油老舖，**將多年的釀造經驗活用於各式調味料上，調出了日本人最愛的味道。**由不同素材組成的高湯包最是人氣，只要丟入水中便能吟味各式湯頭，是日本主婦們搶購的目標。

② OSAKA STATION CITY

☎06-6458-0212 ⌂大阪市北區梅田3-1-1 JR大阪駅 ⊕
osakastationcity.com/

JR大阪駅在2004年開始進行大規模的再改裝計畫，於2011年5月4日開幕，取名為「OSAKA STATION CITY」，包括北棟、南棟、大阪駅構内三部分，北棟連接LUCUA osaka，南棟連接大丸梅田和ホテルグランヴィア大阪，是西日本最大規模，全日本第二大規模的商業設施。在大阪ステーションシティ裡，除了結合百貨商場外，也有許多特色建築，其中較著名的是設計師水戸岡鋭治以「水」、「綠」(綠化)、「時」(時間)、「エコ」(環保)、「情報」為核心，設計了8個各具特色的主題廣場，提供過往旅客舒適的休憩場所，還可以欣賞大阪的城市風光。

> 地點好，品項充足，價錢合理，是想買電器用品的最佳首選。

小編激推

③ YODOBASHI 梅田

☎06-4802-1010 ⌂大阪市北區大深町1-1 ⊙9:30~22:00、8F餐廳11:00~23:00 ⊕https://www.yodobashi.com/ec/store/0081/

YODOBASHI以相機起家，現在則是超大型的電器連鎖賣場，幾乎所有會用到電的產品，這裡都有了。而且YODOBASHI不只賣家電，在這棟大樓的另外半邊是COMME CA STORE，商品以男女裝流行服飾、生活雜貨、幼兒服飾為主，換季打折時的折扣更是吸引人，在高樓層還設有咖啡屋、甜點蛋糕館，讓逛累的人可以來這裡小憩一番。

① LUCUA osaka

☎06-6151-1111 ♨大阪市北區梅田3-1-3 ◐購物10:30~20:30，10F餐廳
11:00~23:00，B2Fバルチカ11:00~23:00 ◑不定休 ⊕www.lucua.jp/

**主打女性流行時尚的L UCUA osaka包含 LUCUA和 LUCUA 1100兩
間百貨**，LUCUA命名來自Lifestyle(生活風格)的「L」，Urban(都會的)的「U」，
Current(流行的)的「Cu」，Axis(軸線)的「A」，是針對上班族的女性提供高
度敏感流行的購物環境的意思，而LUCUA鮮豔的紅莓色的店LOGO，則是代表
著女人味的色彩。位於大阪ステーションシティ，與JR大阪駅連結，交通非常便利，提供
顧客多元化的選擇。

各式品牌齊全，推薦來這裡逛一圈必能大有所獲。

小編激推

どんぐり共和国 LUCUA大阪店

♨LUCUA 8F ◐10:30~20:30 ⊕https://benelic.com/donguri/

　日本吉卜力動畫工廠聞名世界各地，無人不知無
人不曉，題材多元豐富，故事情節天馬行空富想像
力，每個故事背後都有很深的寓意，看完讓人深深
反思。其魅力之大，各國都培養出一批死忠的粉絲，
吉卜力迷想收藏周邊商品來這報到，絕對能滿載而
歸。

中川政七商店

☎06-6151-1251 ♨LUCUA 1100 7F ⊕www.
nakagawa-masashichi.jp/

　來自奈良，**運用天然素材麻、棉、木，開發豐富的
原創商品**，著名的明星商品為奈良縣特產的「蚊帳
生地ふきんや」(抹布)，多層的薄麻布編織在一起，
因為是麻製品，發揮吸水力強又快乾
的特性，而且使用越久，布會越軟，
越用越好用！品牌中還有一系列以奈
良鹿為發想「鹿的家族」，每樣商品
上面都一隻手織的鹿，細膩的工法
織出各種不同的姿勢的鹿，非
常可愛！

MOOMIN SHOP

☎06-6151-1297 ♨LUCUA 8F ⊕benelic.com/moominshop/

　北歐芬蘭的小説家、藝術家Tove Marika Jansson(1914-2001)創造人見人愛的
嚕嚕米，一家子可愛的造型一直深受大小朋友喜愛，這間分店是**MOOMIN西
日本的初出店**，對喜歡MOOMIN的人來説是一大福音。

時尚明亮的閱讀空間，讓讀書變得更自在。

不僅有各式各樣的店鋪，商場的獨特建築風格也很值得一覽。

梅田 蔦屋書店

☎06-4799-1800 ♨LUCUA 1100 9F ◐10:30~21:00 ⊕real.
tsite.jp/umeda/

　很多人初識蔦屋書店都是從東京代官山的蔦屋書店入選為世界
20家最美的書店之一為開端，也是日本唯一入選的書店。蔦屋書
店32年前就以「生活態度為提案」為目標在大阪創業，當時還只是
間32坪的小書店，如今又重回大阪開業，**梅田蔦屋書店面積超過1000坪，總藏
書多達20萬本，360度的環繞式設計，依書籍主題來陳列，提供多達500個座
位供顧客坐下來好好閱讀**，店內給人的感覺如同自家般輕鬆自在又舒適，跟一
般傳統書店給人商業化完全大相逕庭，讓人不自覺跌入書海世界裡。

小編激推

❷ 阪神百貨梅田本店

☎06-6345-1201　◎大阪市北區梅田1-13-13　◎購物10:00~20:00，B2 阪神バル横丁11:00~22:00，B1F阪神食品館至21:00　◎不定休　🌐www.hanshin-dept.jp

　如果由阪神電鐵的地下街來到阪神百貨，很容易就會被吸引，因為每天早上一開門，**地下的美食總是吸引了長長的排隊人潮**，無論甜點、元老級的花枝燒，或是獨家的鮮魚賣場，走大眾化路線的阪神百貨梅田本店總是早已經成為大阪人生活的一部分。

① 蛸の徹 角田店

☎06-6314-0847 ○大阪市北區角田町1-10 ◐
11:30~23:00(L.O.22:30)，平日午餐11:30~15:00
◐たこ焼(章魚燒)¥720 ⓦtakonotetsu.com

大阪名物章魚燒，相信許多人都吃過，但自己動手做呢？**蛸の徹是一間提供顧客自己動手滾章魚燒的餐廳**，點好想吃的口味後，店員會幫忙在烤盤上塗上油，再放入配料與粉漿，接下來就是自己上場的時間了。待粉漿遇熱稍稍凝固後，開始將章魚燒滾成球狀，對第一次動手做章魚燒的台灣人來說，這可不是容易的事，有時店員看到客人忙不過來時，還會插手幫忙一下。烤好的章魚燒再依個人口味淋上醬料，獨一無二的章魚燒就完成囉！

> 能夠自己動手做章魚燒的有趣餐廳，三五好友一同來吃最適合。

小編激推

② 梅田スカイビル

> 高空展望台不管白天晚上都能看到美麗風景。

小編激推

☎06-6440-3899 ○大阪市北區大淀中1-1-88 ◐展望台9:30~22:30(入場至22:00) ⓢ展望台成人¥1500、4歲~小學生¥700 ⓦwww.skybldg.co.jp

以「都市與自然」、「過去與未來」為主題的新梅田天空大樓由東塔、西塔兩棟大樓組成，是一棟宛如凱旋門的ㄇ字型超高建築，規劃了森林流水的「中自然之森」，以及花團錦簇的「花野」；**可以上天空大樓頂樓的「空中庭園展望台」看整個大阪**，也可以在地下樓的復古小路「滝見小路」體會古早味。

> 39樓的展望台外側步道在夜晚閃著點點螢光，走在這裡就像漫步在銀河上，十分浪漫。

③ HEP FIVE

☎06-6313-0501 ○大阪市北區角田町5-15 ◐購物11:00~21:00，餐廳11:00~22:30，摩天輪11:00~22:45 ◐不定休 ⓢ摩天輪¥600(小學生以下免費) ⓦwww.hepfive.jp

遠遠可以看到頂樓大紅色摩天輪的HEP FIVE，包括HEP FIVE與HEP NAVIO兩棟相連的百貨，其中HEP FIVE的規劃比較年輕有個性。9層樓面擁有超過100家店舖，許多受歡迎的品牌如adidas、BEAMS、PARK等都看得到。**逛到7樓時，一定要去搭那難得的市區摩天輪**，一圈15分鐘的體驗，梅田風光盡收眼底。

④ 露天神社

☎06-6311-0895 ⏾大阪市北區曾根崎2-5-4 ⏺自由參拜 ⏱www.tuyutenjin.com/

建於1300年的露天神社，原本的舊社殿在1945年太平洋戰爭被燒毀，現在的社殿是1957年所重新建造的，拜殿前的石柱還有留有當時被美軍戰鬥機掃射的彈痕呢！**露天神社的美人祈願繪馬十分特別，繪馬上是沒有畫上五官的阿初，可以讓參拜者自由發揮畫上心中所嚮往的情人面貌。**而在每個月的第一個星期五神社內會舉辦「お初天神蚤の市」(御初天神跳蚤市場)，集合30~40家店舖擺攤，熱鬧非凡。

⑤ NU chayamachi

☎06-6373-7371 ⏾大阪市北區茶屋町10-12 ⏺購物11:00~21:00，餐廳11:00~23:00，Tower Records 11:00~23:00 ⏸不定休 ⏱nu-chayamachi.com

NU chayamachi是大阪的時尚的購物中心，「NU」由英文「North」(北邊)的「N」和「Umeda」(梅田)的「U」組合起來，指的便是北梅田，更意指新生後的梅田。聚集超過70家以上店舖，不僅有首次進駐關西的品牌，更有的首次在日本登場，從美食、購物到生活雜貨，價格較為高檔，向大阪人展現一種新的品味與態度。

⑥ 阪急三番街

☎06-6371-3303 ⏾大阪市北區芝田1-1-3 ⏺購物10:00~21:00，餐廳10:00~23:00 ⏸不定休 ⏱www.h-sanbangai.com

與阪急梅田駅直接的阪急三番街，是結合購物與美食的據點。但比起四周林立的各大百貨公司，阪急三番街是以B2樓的美食街來得較為出名。在B2樓聚集了來自全日本(大多以京阪神為主)超過100家以上的名店，成為梅田著名的美食地下街。而且整個三番街整潔明亮，定點還會有藝術造景，環境十分舒適。

瘋狂購物 美味天堂盡在此地

しんさいばし Shinsaibashi

心斎橋

心齋橋是條具有百年歷史的購物商店街，知名的百貨SOGO就是從這裡發跡的。從前，大阪商人利用長堀運河載著貨物到此交易，熱鬧景象維持至今。擁有遮陽頂蓋的心齋橋筋商店街中，百貨公司、餐廳、老舖、時尚流行等琳瑯滿目的商家林立，逛街的人潮絡繹不絕，到了假日更是擁擠。而隔壁的御堂筋林蔭濃密，街道寬廣舒適，更是大阪精品最集中的區域，讓人彷彿置身巴黎香榭大道。

ACCESS
電車
搭乘大阪地下鐵御堂筋線、長堀鶴見綠地線在「心斎橋駅」下車即達。
① 心齋橋與難波、道頓堀相鄰，可徒步串聯遊逛。

❶ 大丸百貨

☎06-6271-1231 ⌂大阪市中央區心斎橋筋1-7-1 ⏰北館10:00~20:30，北館10F餐廳11:00~21:00，南館約11:00~19:00，南館B1F花園(女性專區)10:00~20:30 ⊘1/1 ㊙www.daimaru.co.jp/shinsaibashi ❶出示護照至北館1樓服務台可換領取5%off的優惠券

　1726年開幕的大丸百貨心齋橋店，建築物本身就是一件古蹟藝術品，內部卻是現代明亮，靠近商店街東入口大門上，華麗的孔雀開屏壁飾及御堂筋側的石牆歐風外觀，顯示大丸百貨悠久歷史。**經過整修後在原址重新蓋了一棟新的百貨，而原本的北館則改建為氣息年輕的PARCO，吸引多項年輕品牌進駐，重新成為心齋橋的時尚門面。**

❷ WEGO 心齋橋店

☎06-4708-1655 ⌂大阪市中央區心斎橋筋2-5-5，2~5F ⏰10:00~22:00 ㊙www.wego.jp

　20~30世代最愛的WEGO，發跡於原宿，但光在心齋橋就有2家店面，若再包含鄰近的美國村，光在這裡就有3家店面，可見受歡迎的程度。重新改裝的心齋橋店就位在松本清藥妝店樓上，**總共4個樓層面積是目前WEGO最大店**，商品種類齊全，包含2個樓層的女裝、1個樓層是男裝，以及5樓的二手衣區。

地下鉄御堂筋線
地下鉄長堀鶴見緑地線
心斎橋駅
心斎橋駅
③
①
ⓘ ダイコク
④ ←往
ⓘ salon de MonCher
ⓘ La Porte
H&M ⓘ
⑤ ⓘ UNIQLO
PARCO ⓘ
③ ⓘ オーエスドラッグ
⑧
ⓘ 大丸北館
④
⑤
⑦
⑥
② ⓘ WEGO
ⓘ ⓘ 浪芳
焼肉一
ⓘ ONITSUKA TIGER
心斎橋商店街
❶ ⓘ 大丸
ⓘ Actus
ⓘ ROPÉ PICNIC
ⓘ LOWRYS FARM
ⓘ 明治
大丸南館
ⓘ 三麗鷗精品館
agnès b ⓘ
ⓘ PARK
URBAN RESEARCH Store ⓘ
ⓘ WEGO
ROSE BUD ⓘ
ⓘ CECIL McBEE
INGNI ⓘ
宇治香園
神座 ⓘ
ⓘ PABLO
ABC MART ⑥
3 COINS+plus ⓘ
松本清藥妝店
ⓘ 明日香
コクミン ⓘ
ⓘ Desigual
ⓘ G.girl
ⓘ GU
Garrett Pocorn Shops ⓘ
ⓘ DALLOYAU
SENSE OF PLACE by URBAN RESEARCH ⓘ
ⓘ natural couture
Smart Labo ⓘ
心斎橋商店街
味仙 ⓘ
Bershka ⓘ
ⓘ ZARA
ⓘ 博多
ⓘ Stradivarius
ⓘ ミツヤ
ⓘ WEGO
↓往なんば駅

⑰東急hands

鰻谷北通

鰻谷南通

大宝寺通

ば

本家川福本店🈂

清水通

⑪北むら

コンフォートホテル🄷

周防町通

八幡通

三ツ寺通

🄴鍋いっぱち

3. OS DRUG 心齋橋店

📞06-6251-2500 ⏴大阪市中央區心斎橋筋1-2-15 ⏴10:00~19:50 🆔www.osdrug.com

在心齋橋這一片藥妝激戰區裡，竟然有一間不起眼的小藥妝店仍經營著。這家位在心齋橋較南部的藥妝店，店門口大大的掛著クスリ(藥)，看來昏暗雜亂的小店裡卻擠買前來採買的主婦與學生，**由於都是當地人前來購買，價錢當然是十分實在。**

4 salon de MonCher 本店

📞06-6241-4499 ⏴大阪市中央區西心斎橋1-13-21 ⏴10:00~19:00(Café L.O.18:00) 💲大阪セット(大阪套餐：奶油蛋糕卷＋玉子燒三明治＋飲料)¥1628起，堂島ロール ハーフ(堂島奶油蛋糕卷半條)¥860 🆔www.mon-cher.com

MonCher最著名的人氣商品就是**堂島ロール(奶油蛋糕卷)**，精華的鮮奶油是使用北海道的新鮮鮮乳製成，綿密清爽、入口即化與台式奶油偏油又膩口是完全不同的口感。位於心齋橋的堂島有附設咖啡廳，咖啡廳布置走華麗宮廷風，享受宛如貴婦般的午茶時光，真是一大享受。

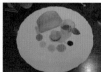

5 UNIQLO 心齋橋店

📞06-6484-6570 ⏴大阪市中央區心斎橋筋1-2-17 B1~4F ⏴11:00~21:00 🆔www.uniqlo.com/jp

已經進軍台灣的UNIQLO是日本的平價服飾品牌，心齋橋筋商店街內的分店**地理位置極佳，因此商品種類豐富、齊全，來此尋找準沒錯。**B1~4樓佔地約800坪的大型賣場中，話題十足的廣告商品就放在最醒目的地方，除了常見男女裝、童裝或是UT系列，還可以買到內衣家居服或是寢具、浴袍等，**假日時還會有期間限定特價商品，**是熱愛UNIQLO的朋友們非來不可的一間店。

6 ABC MART Grand Stage 大阪店

📞06-6213-6281 ⏴大阪市中央區心斎橋筋2-8-3 ⏴11:00~21:00 💲ABC MART 限定All Star帆布鞋¥4950起 🆔www.abc-mart.com

在日本主要商業區都可以看到的ABC MART是年輕人必逛的運動用品店，各大體育品牌都可以找到，不過由於日本物價比台灣高，**建議購買台灣尚未進口或是沒有的款式，**若是看上品牌合作的限定鞋款就別錯過，即使品牌專賣店也找不到喔！

❶ 北むら

☎06-6245-4129　⬆大阪市中央區東心斎橋1-16-27
🕐16:30~21:50(L.O.21:30)　🚫週日、例假日、年末年始、夏季(8月中)　💲精肉すき焼き(壽喜燒)¥11979　🔗
shimizu.or.jp/kitamura

百年歷史的壽喜燒名店，頂級牛肉沾點特製沾醬，讓人吃過後還一直念念不忘。

小編激推

　好吃的壽喜燒除了要有肉質佳的牛肉，最關鍵的是沾醬。**創業已經超過百年歷史的北むら提供最正統的關西風壽喜燒**，將菜與肉分開燉煮，鮮嫩的肉先加入砂糖煎得軟嫩，起鍋後裹上生雞蛋，一口吃下頂級牛肉，實在享受。接著用鍋內的肉汁加入昆布汁燉煮蔬菜與豆腐，透過鍋內的湯汁進而煎煮出最佳的口感。

日本肉料理與蔬菜美味的結合所形成的極致享受，盡在其中。

❷ 総本家浪花そば 心斎橋本店

☎050-5385-3452　⬆大阪市中央區心斎橋筋1-4-32　🕐11:00~22:30(L.O.22:00)，週日、例假日至22:00(L.O.21:30)　💲肉つけ(肉蕎麥沾麵)¥1155

用三種魚乾熬煮而成關西風精華湯頭，與一定比例才能做出滑順入口的手工蕎麥麵，十分費工！

小編激推

　浪花そば是以鰹魚、鯖魚和沙丁魚等三種魚乾熬煮出鮮味湯頭，不用昆布因此呈現透明美麗的琥珀色，味道正是關西風的精華甜味。**每天手工的蕎麥麵則以麵粉和蕎麥粉的7:3比例製作，麵條刻意切得較細，十分滑順入口**，一天大約要做上400人份才足夠使用。來到浪花そば，推薦可品嚐迷你懷石，可一次吃到生魚片、天婦羅、煮物等日本料理，主角的蕎麥麵則是依季節變換色彩，加入梅子、櫻花、柚子或芝麻，讓視覺、味覺都得到滿足。

在烏龍麵盛行的大阪，總本家浪花そば賣的卻是蕎麥麵。

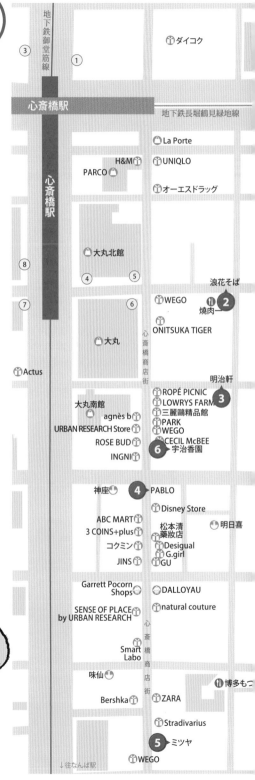

⑤ ミツヤ 心斎橋本店

☎06-6211-1028 ♠大阪市中央區心斎橋筋2-3-21 ⊙
11:00~22:00 ⓦwww.mitsuya.co.jp

　位在心齋橋上的ミツヤ是一間**便宜的大眾洋食店，店內大多是焗烤、義大利麵與甜點**。由於就位在熱鬧的心齋橋上，每到用餐時間總是座無虛席，非用餐時間也常有在這裡吃甜點聖代聊天的人們，因此總是很熱鬧。在其入口處有二排食品的樣本，就算看不懂日文，只要在門口先選好想吃的料理，進去後再點就可以了。

③ 明治軒

☎06-6271-6761 ♠大阪市中央區心斎橋筋1-5-32 ⊙11:00~15:00、17:00~20:30 (L.O. 20:00) ⓧ週三(遇例假日順延) ⓢオムライス(中份蛋包飯)¥800 ⓦmeijiken.com/meijiken.html

　昭和元年創業的明治軒，是大阪心齋橋有名的洋食店，從外觀到內部空間都充滿著濃濃的懷舊風情，據説明治軒的人氣起源於第二次世界大戰時。**招牌的蛋包飯滑嫩香柔，澆在上面的醬汁更是以醬油融合番茄醬為基底，用紅酒將上等牛腿肉和洋蔥等香料精心熬煮2天**；也可以另外加點串炸，同時享用兩種國民美食。

東急hands

鰻谷北通

鰻谷南通

大宝寺通

本家川福本店ⓗ

清水通

① 北むら

コンフォートホテルⓗ

周防町通

八幡通

④ PABLO心齋橋店

☎06-6211-0826 ♠大阪市中央區心斎橋筋2-3-15 ⊙11:00~21:00，六日例假日10:00~21:00 ⓧ不定休 ⓢ迷你起司塔¥350，飲料¥450起 ⓦwww.pablo3.com/

　心齋橋一帶知名排隊起士塔名店PABLO，軟綿濃郁的起士風味總是讓人無法抗拒，也曾短暫在台上市，但現在想吃只能飛日本，但若在街上看到它，即使想吃也好猶豫，因為拎著它邊逛街也很不便，但想一嚐美味現在方便多了，道頓崛這家複合式咖啡店，**可以在寬廣的2樓空間好好享用熱騰騰的美味起司塔，而且針對店內吃也貼心將尺寸做成單人份量，並調配最適合起司塔的咖啡風味。**

⑥ 宇治香園 心齋橋店

☎06-6271-0681 ♠大阪市中央區心斎橋筋1-5-19 ⊙11:00~17:30，喫茶14:00~17:00 (L.O.16:30) ⓧ週二、三(遇假日照常營業) ⓢ深むし煎茶-月(濃煎茶)70g¥1620 ⓦwww.ujikoen.co.jp

　宇治香園創業於慶應元年，因為就位在宇治茶產地而開始製茶。其一直以「製作讓心感到溫暖的茶」為宗旨，希望將茶的美好傳達給大眾。而店內除了賣茶之外，茶具等與茶相關的商品也能買得到。**位在心齋橋的店面也經營起茶屋，讓來這裡逛街的人們可以直接就品嚐到茶的美味。**

道頓堀

どうとんぼり Dotonbori

繁華熱鬧不夜城
河道沿岸好逛好買吃不停

道頓堀所指的是一條匯流入大海的人工運河，不僅有遊覽船帶著遊客們看看水道風景，重新規劃整理後的河岸也吸引情侶們來此漫步。最著名的戎橋一帶，高舉雙手衝刺的跑步選手「Glico」等看板與大招牌，已成為大阪最富地方色彩的夜景。道頓堀還是個美食天堂，章魚燒、拉麵、烏龍麵、大阪燒……聚集各種國民美味。從前，大阪商人利用長堀運河載著貨物到此交易，熱鬧景象維持至今。

ACCESS

電車

搭乘大阪地下鐵御堂筋線、千日前線、四つ橋線在「なんば駅」下車。近鐵難波線(奈良線)、阪神なんば線在「大阪難波駅」下車。南海本線、高野線、空港線在「南海なんば駅」下車即達。或是大阪地下鐵御堂筋線、長堀鶴見綠地線在「心齋橋駅」下車，經過心齋筋商店街即達。

❶ 道頓堀與難波、心齋橋相鄰，可徒步串聯遊逛。

❶ **戎橋**

☎06-6641-3362戎橋商店街振興組合 ✿大阪市中央區難波、道頓堀一帶

　位在道頓堀與心齋橋的入口的戎橋總是聚集滿滿的人潮，有店家拉生意的、有等人的，還有觀光客。由於從**戎橋向戎橋商店街的方向可以看到大阪名人固力果的超大看板，路過的旅客紛紛停下腳步合影留念**，因此這裡鎂光燈此起彼落，十分熱鬧。

❷ **夫婦善哉**

☎06-6211-6455 ✿大阪市中央區難波1-2-10法善寺MEOUTOビル ▾ 10:00~22:00 💲夫婦善哉¥815 🌐www.sato-restaurant-systems.co.jp/zen

　法善寺旁鼎鼎大名的紅豆湯店，**夫婦善哉的「善哉」是「紅豆麻糬」的別稱，夫婦善哉把一人份分為兩小碗，意喻夫妻感情要好**，旁邊附的兩片鹹昆布則可以清淡紅豆湯的甜味。夫婦善哉之所以出名，是因織田作之助的小說以這家店為重要場景，描寫大阪人的生活與風俗，書名就叫「夫婦善哉」。

❸ **法善寺**

☎06-6211-4152 ✿大阪市中央區難波1-2-16 ◉自由參拜 🌐houzenji.jp/

　道頓堀地區最重要的信仰中心「法善寺」已有將近400年的歷史，主要供奉「水掛不動尊」，也就是俗稱的不動明王，**香客們為了祈願，需舀水往佛像身上澆灑，經年累月下來，讓水掛不動尊長滿了青苔。**據說這尊水掛不動尊非常靈驗，如果許願後願望成真，要記得來還願喔！

5 とんぼりリバークルーズ

☎一本松海運06-6441-0532 ⓐ道頓堀ドン・キホーテ前 ⓑ每小時整點與30分出航一次，11:00~19:00 (14:00和14:30停駛)，週六日及例假日另增19:15、19:45、20:15班次 ⓒ不定休(詳見官網) ⓢ大人￥1000、小學生￥400 ⓦwww.ipponmatsu.co.jp

　　とんぼりリバークルーズ的起點在道頓堀唐吉訶德前，首先會開往浮庭橋，再回頭開往日本橋方向，**全程共20分，會經過9座橋樑，將道頓堀的水道風光盡收眼底**。而在20分鐘的船程內，可以享受大阪人娛樂感十足的道頓堀歡樂導覽解說。聽不懂日文的朋友也別擔心，搭上船乘著道頓堀的水破浪前進，光欣賞兩岸風光就值回票價。

4 法善寺橫丁

ⓐ大阪市中央區難波1 ⓑ自由參觀

　　道頓堀的**法善寺橫丁是一條很有味道的小巷子，可以看到充滿情調的招牌**，燈籠招牌與石坂路。由於古風濃濃，吸引了60家以上的餐飲店舖進駐，包括串炸、相撲鍋、燒肉、拉麵、大阪燒等，建議晚上來此用餐，順便體驗別具風情的大阪古文化。

> 夜晚的法善寺橫丁燈籠招牌照亮蜿蜒的石坂小徑，更增添一股懷古風情。

小編
激推

6 食倒太郎

ⓐ大阪市中央區道頓堀1-7-21中座くいだおれビル前

　　食倒太郎可是位大阪無人不知無人不曉的響叮噹人物。最早於昭和24年(1949)在道頓堀開了「大阪名物くいだおれ」的店，太郎是當店的看板明星，卻因建築物老舊與周遭環境改變的理由於2008年7月8日結束營業，隨著該店結束營業食倒太郎也一度銷聲匿跡。隔年7月，在眾人殷殷盼下，食倒太郎復活了！

① 唐吉訶德 道頓堀店

☎0570-026-511 🏠大阪市中央區宗右衛門町7-13 🕐24小時，EBISU Tower 11:00~翌日3:00 🌐www.donki.com

　唐吉訶德是日本知名的便宜商店，分店遍及各地，但在旅行途中如果有缺東缺西，或是半夜無聊睡不著，**來一趟24小時營業的唐吉訶德包你有挖不完的寶**。這裡佔地很大，樓層數也多，東西種類齊全，從食品、電器、藥妝品、伴手禮、小文具、雜貨等，一應俱全。

> 搭一次 ¥600！

EBISU Tower

　唐吉訶德道頓堀分店最大的特色就在上方矗立了一座創下許多紀錄的摩天輪，名為「EBISU Tower」。高度77.4公尺，是世界上第一個長橢圓型的摩天輪。在2008年因為安全為由而停止運轉，過了10年，在2018年重新開放！

② あっちち本舗 道頓堀店

☎06-7860-6888 🏠大阪市中央區宗右衛門町7-19 🕐週日~五、例假日10:00~翌2:00，週六、例假日前9:00~翌3:00 💲しょうゆマヨネーズ(醬油美乃滋章魚燒) 一人份¥500 🌐www.acchichi.com/

　不使用銅製鐵板而是使用需要好技術的鐵製鐵板，章魚燒外皮薄薄一層，內餡軟嫩濃稠的口感，章魚是每日在中央市場購買保證新鮮，絕不使用冷凍的章魚，並用東大阪工廠自製的醬汁，鰹魚的だし(調味料)和小麥粉絕配的調味，讓あっちち本舗章魚燒即使冷冷的吃依舊美味可口。

③ 金龍ラーメン 道頓堀店

☎06-6211-6202 🏠大阪市中央區道頓堀1-7-26 🕐24小時 💲金龍ラーメン(金龍拉麵) ¥600

　巨龍招牌與長長的排隊人龍，沒錯，這就是道頓堀最有名的金龍拉麵。金龍拉麵是以票券方式點餐，買完後交給店員，便可以到吧台取用免費的泡菜與白飯，而坐在半露天的榻榻米上吃碗加了以豬骨與雞骨所熬煮一整天的叉燒拉麵，**淡淡的豬骨湯頭加入醬油調味，再加入泡菜、辣韭菜，果然一絕**。半露天的室外座位雖然吵雜，但邊吃拉麵邊看著川流不息的人潮，也是體驗大阪在地風情的一種方式。

④ かに道楽 道頓堀本店

☎06-6211-8975 🏠大阪市中央區道頓堀1-6-18 🕐11:00~22:00 (L.O. 21:00) 💲かに会席(螃蟹套餐)¥5300起 🌐douraku.co.jp

　門口那隻張牙舞爪的大螃蟹讓かに道楽成為道頓堀地標，除了揮舞著大蟹爪的招牌還有傳出陣陣海鮮潮香的烤蟹腳吸引過往的路人走入享用一頓螃蟹大餐，**從新鮮清爽的生螃蟹、螃蟹涮涮鍋、螃蟹握壽司、烤螃蟹、天婦羅、螃蟹茶碗蒸等，提供不同品嚐螃蟹的方式**，讓人大呼過癮。

道頓堀川

↑往長堀橋駅

一蘭
唐吉訶德 **1** **2** あっちち本舖
とんぼりリバークルーズ乗船処

今井　　浮世小路
十八番　　　　千房
ぐりこ・や **3** 金龍ラーメン
倒太郎　神座 本家大たこ
　純喫茶アメリン　たこ昌
von　　　　　美津の
法善寺横丁 一蘭 道頓堀店
和乃子　　別館
喫鈍
夫婦善哉 法善寺 赤鬼
おかる **6** **5**
Creperie Alcyon 丸福咖啡 玉製家
堺筋
相合橋筋
地下鉄千日前線　　千日前通
(2) (6)
日本橋駅
Namba Walk(地下街)　近鉄難波線
近鉄日本橋駅
店 Bic Camera

---

5 丸福珈琲店 千日前本店

☎06-6211-3474 ⌂大阪市中央區千日前1-9-1
8:00~23:00 Ⓢホットケーキ(熱蛋糕)¥720、ブレンド
珈琲(咖啡)¥590 ⓤwww.marufukucoffeeten.com

在難波想要喝杯好咖啡，丸福咖啡是最好的選擇，曾經在田邊聖子寫的日本小說《薔薇の雨》中登場的丸福咖啡歷史悠久，空間保留昔日的風華，點杯獨家的香濃咖啡再搭配上老闆娘推薦的現烤鬆餅，奶油蜂蜜為鬆軟的餅皮添加風味，讓人度過愉快的下午茶時光。

> 80年歷史的老牌珈琲店，骨董裝潢的懷舊空間，讓人有置身於昭和時代的錯覺。

小編
激推

---

6 おかる

☎06-6211-0985 ⌂大阪市中央區千日前1-9-19
12:00~15:00(L.O.14:30)、17:00~22:00 週四、每月第三個週三 Ⓢ豚玉(豬肉雞蛋大阪燒)¥850、スペシャル(特製版大阪燒)¥1300

位在千日前上的おかる是間大阪燒的老店舖，從暖簾下走入店內，彷彿走入大正時代一樣充滿古味。有點狹小的店內總是高朋滿座，原因除了大阪燒好吃之外，就在於老闆的「美乃滋藝術」表演。當**大阪燒煎好後**，老闆會自動用美乃滋畫上可愛的圖案，讓這一份大阪燒變得不只是一餐，而是旅程中一次有趣的經驗。

> 會日文的人可試著要求想要的圖案，工作人員會盡力滿足哦~

> 前身為肉舖，因此可以運用新鮮美味的和牛發展出不同價位的餐食。

7 はり重 道頓堀本店

☎06-6211-7777 ⌂大阪市中央區道頓堀1-9-17
11:30~22:30(L.O. 21:15) 週二(遇假日、假日前照常營業)、12月無休 Ⓢすき焼き(壽喜燒)午餐時段¥5500、ビフカツサンド(炸牛肉排三明治)¥2530 ⓤwww.harijyu.co.jp

位於道頓堀與御堂筋路口的はり重地理位置絕佳，而這裡的料理絕對會讓人滿意，**一份簡單的豬排咖哩，香濃咖哩配上炸得酥脆的豬肉，不但份量十足且十分美味**。店內裝潢走的是老派洋食風格，上了年紀的侍者親切服務，許多喜愛老味道的饕客更是吃過便成常客。

なんば
難波
Namba

大阪南區心臟地帶
繁華商業區好買好逛

大阪南區的難波是關西許多交通動線的匯集中心，包括多條地下鐵與私鐵系統，如南海電鐵、JR、阪神電鐵等，也是前往關西機場、和歌山、奈良的交通樞紐。四通八達的聯外網路吸引了大型購物商場、百貨聚集，更可輕鬆徒步一路直達道頓堀和心齋橋，將整個大阪南區一次逛個夠。

ACCESS
電車
搭乘大阪地下鐵御堂筋線、千日前線、四つ橋線在「なんば駅」下車。近鐵難波線（奈良線）、阪神なんば線在「大阪難波駅」下車。南海本線、高野線、空港線在「南海なんば駅」下車即達。或是大阪地下鐵御堂筋線、長堀鶴見綠地線在「心齋橋駅」下車，經過心齋筋橋商店街即達。
🚶 難波與道頓堀、心齋橋相鄰，可徒步串聯遊逛。

廣大空中花園的百貨商場實在少見，來體驗和東京六本木HILLS同設計團隊所創造的建築之美。

小編激推

1 NAMBA PARKS

☎06-6644-7100 🏠大阪市浪速區難波中2-10-70 🛍購物11:00~21:00，餐廳11:00~23:00 📅不定休 🌐www.nambaparks.com ❗出示護照至2樓服務台可領取￥500的優惠券

難波公園是於2003年秋天落成的**複合性商業設施**，所在地曾是**大阪球場**，**以大阪未來都市的概念進行開發**，請到和東京六本木HILLS相同的設計團隊規劃，創出一處都市中的森林綠洲。NAMBA PARKS與南海電鐵的難波駅相連，交通十分便捷，是前往關西機場、和歌山的交通樞紐。

Parks Garden
🏠NAMBA PARKS 3~9F
🕙10:00~24:00

NAMBA PARKS的主要概念，就來自於難波花園，從3~9樓，每層樓都有的花園隨著建築呈現出階梯狀，看起來就是一個巨大的空中綠洲，甚至在其中創造出小溪的流水造景，一個充滿綠意的屋頂花園，形成都會中難得一見的小天地。

2 NAMBA CITY

☎06-6644-2960 🏠大阪市中央區難波5-1-60 🛍購物11:00~21:00，餐廳11:00~22:00 🌐www.nambacity.com

NAMBA CITY是**大阪難波的地下購物街，其共有1樓~B2樓三層樓**，營業範圍涵蓋美食、購物、娛樂、雜貨等，專門提供一個不用風吹日曬的購物環境。由於NAMBA CITY就位在南海電鐵難波駅的地下，所以交通便捷，要連接難波周邊的行程也十分方便。

④ なんばグランド花月

☎06-6641-0888 (10:00~18:00) 🏠大阪市中央區難波千日前11-6 🕐公演時間平日10:30、14:00、週六9:30、12:30、15:30、18:30、週日9:30、12:30、15:30 💲劇場公演門票1F￥4800、2F￥4300 🌐ngk.yoshimoto.co.jp/

大阪著名的喜劇劇場なんばグランド花月，由吉本興業所經營，**一場公演時間約2小時左右，公演的內容包括約80分鐘的漫才(雙口相聲)和落語(單口相聲)，以及約45分鐘的吉本新喜劇**。這裡以複合式經營，吃喝玩樂全包。1樓有知名店家進駐，像是吉本藝人最愛的烏龍麵老店「千とせ」、章魚燒「吉たこ」和吉本興業周邊商品專賣店「よしもとエンタメショップ」等，2樓則有個專賣大阪名物的伴手禮店「よしもとおみやげもん横丁」，B1還有個提供租借的表演場地「YES THEATER」，**不看表演的人，也可以到這裡品嚐美食或買伴手禮**。

よしもとエンタメショップ

☎06-6643-2202 🏠なんばグランド花月ビル1F 🕐11:00~18:00

這是**吉本藝人的周邊商品專賣店，充滿大阪人的幽默創意**，有許多搞笑商品和帶點玩笑惡搞的商品，不禁讓人會心一笑。其中最著名的就是吉本興業販售的「面白い恋人」(有趣的戀人)，因與北海道名物「白い恋人」(白色戀人)的包裝相似度極高，被白い恋人公司提告，官司纏身中，卻反而因此銷售業績爆增。此外店內還有販售Q版藝人的周邊長毛巾、襪子、布巾、器皿等，喜歡吉本搞笑藝人的朋友，來這裡準沒錯！

③ Namba NANNAN

🏠依各店而異 🏠大阪市中央區難波5丁目 🕐購物10:00~21:00、餐廳10:00~22:00 🏠依各店而異 🌐nannan.osaka-chikagai.jp

從NANNAN Town更名的Namba NANNAN是**大阪第一個地下街**，就位在南海難波與地下鐵車站之間，於2006年完成整修，由於位處交通要道，進駐許多大阪知名店舖，尤其是美食，漢堡、熱狗、拉麵店等，讓時間緊促的人們能夠快速填飽肚子。

到会津屋嚐元祖章魚燒，麵糊中添加醬油高湯的好滋味。

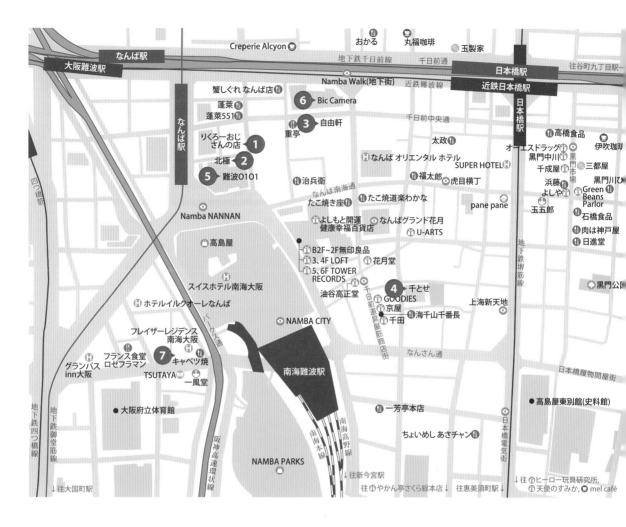

1 りくろーおじさんの店

☎0120-57-2132 ♠大阪市中央區難波3-2-28 1~2F ♥9：00 ~20：00，2F陸カフェROOM(咖啡廳)11:30 ~17:30(L.O.16:30) ⑤焼きたてチーズケーキ(起司蛋糕)¥965 ⑥www.rikuro.co.jp/

　難波駅附近的這家老爺爺蛋糕店無論何時前往總會看到排隊人潮，可愛的微笑爺爺招牌站在門口迎接客人，還烙印在蛋糕上，**表層烤成均勻的金黃焦香色彩，內餡則是嫩嫩的奶黃**，吃一口就能嚐到完全地鬆軟綿密，濃濃起士香更在舌尖上散發開來，還加入了浸泡過蘭姆酒的葡萄乾，冷熱皆宜，難怪大受歡迎。

> 一甲子的不變的好味道，就是北極冰棒一直受廣大歡迎的秘訣。

小編激推

2 北極

☎06-6641-3731 ♠大阪市中央區難波3-8-22 ♥週一~四11:00~20:00，週五至21:00；週日10:00~20:00，六至21:00 ⑤冰棒¥170起 ⑥www.hokkyoku.jp

　創於昭和20年的北極位在戎橋商店街內，如今已度過69年，雖然仍是小小的店舖，但不變的口味讓北極屹立不搖，總是有川流不息的排隊人潮。**北極賣的是大家都喜愛的冰棒**，人氣第一的口味是煉乳冰棒，選用北海道十勝產紅豆製的紅豆冰棒則是店家自信推薦的好味道。

③ 自由軒 難波本店

☎06-6631-5564　🏠大阪市中央區難波3-1-34　🕐11:00~21:00　🈺週一　💲名物咖哩(招牌咖哩飯)￥800　🌐www.jiyuken.co.jp

創於明治43年的自由軒，目前進入第四代經營，曾在織田作之助小説夫婦善哉中登場，有別於將咖哩醬料淋在白飯上，**自由軒直接將咖哩與飯混合，將生雞蛋打散和著飯一起吃，不但可使口感更為滑順，還可降低咖哩的辛辣度。**

④ 千とせ 本店

☎06-6633-6861　🏠大阪市中央區難波千日前8-1　🕐10:00~14:30(售完為止)　🈺週二　💲肉吸(碎肉湯)￥800，肉うどん(碎肉烏龍麵)￥800　🌐www.chitose-nikusui.com/chitose/

位於千日前道具街附近的**千とせ是家擁有50年以上歷史的烏龍麵老店**，如今經營已進入第三代老闆。千とせ的附近有個吉本新喜劇的劇場「なんばグランド花月」，雖然發源自大阪的吉本新喜劇人氣度相當高，但是演員們在走紅之前酬勞並不多，便宜的烏龍麵店千とせ就相當受到喜愛，如今，千とせ最受歡迎的菜色肉吸也是吉本演員的創意料理。

名物「肉吸」的產生

約25年前，有位宿醉的演員前來，因為食慾不佳，吃不下麵條，只希望喝碗清爽的麵湯，所以有了這人氣菜色，搭配一碗盛上生雞蛋的白飯，也能吃飽飽，在口耳相傳之間，變成了吉本演員們的最愛餐廳。

⑤ 難波0101

☎06-6634-0101　🏠大阪市中央區難波3-8-9　🕐11:00~20:00　🌐www.0101.co.jp

0101百貨除了以一貫年輕族群喜愛的170餘個品牌吸引大阪人造訪，更結合東寶電影院，**為難波地區創造出娛樂性十足的百貨商場**，最新進駐的包括日系女生喜歡的粉領族話題品牌，還有專為自行車一族推出的生活系列，無論男女都可成為時尚人士。

⑥ BIC CAMERA NAMBA

☎06-6634-1111　🏠大阪市中央區千日前2-10-1　🕐10:00~21:00　🌐www.biccamera.co.jp

大型電器連鎖店BIC CAMERA，**七層樓的賣場裡，舉凡電器、小家電、相機、手機、鐘錶、電腦、平板、3C商品配件、零組件等應有盡有**，另也提供轉送原廠維修的服務。

> 滿滿餡料的庶民美食キャベツ焼，真的是便宜又大碗，怎麼能不來吃吃看。

小編激推

⑦ キャベツ焼 難波店

🏠大阪市浪速區難波中1-18-18　🕐10:00~20:00　💲キャベツ焼(高麗菜焼)￥200　🌐www.kyabetuyaki.com

キャベツ焼除了**加入大量高麗菜外，還加了天かす(天婦羅麵衣)、雞蛋、紅薑、紅蝦等，最後塗上醬汁和灑上海苔就大功告成了**，滿滿餡料、飽足感十足，真的非常便宜又划算，難怪會成為電視節目與報章雜誌報導的常客。

1 難波八坂神社

☎06-6641-1149 🏠大阪市浪速區元町2-9-19 ✓
自由參拜 🌐nambayasaka.jp/

從東鳥居走進難波八坂神社，就被眼前的大獅口震懾，這張大口的獅子其實是**難波八坂神社的獅子舞台**。由於受到戰火波及，神社曾經殘破，但經由地方人士共同復興，昭和49年重建完成，才有我們現在看到的難波八坂神社。

喜歡日本泡麵的旅人，不用再東奔西跑找你想買的泡麵了，來這間店日本各地的人氣泡麵就全都入手啦！

2 やかん亭さくら総本店

☎06-6644-9001 🏠大阪市浪速區日本橋5-17-20 ✓
11:00~18:00 🚫週四、不定休 💲くまモン熊本とんこつラーメン(熊本豚骨拉麵)¥250 🌐yakantei.com/

やかん亭さくら総本店位在日本橋商店會小巷弄裡，非常隱密，一不小心就會錯過了，**昭和20年代改裝而成的店面，充滿濃濃的懷舊氛圍，店內販賣多達200種的人氣泡麵，來自日本各地**，北至北海道南到沖繩，也有販售海外的泡麵，到這裡一次就能買足日本各地的特色泡麵，對觀光客來說真的很方便。

小編激推

難波八坂神社的由來

難波八坂神社主要供奉素盞嗚尊、奇稻田姬命、八柱御子命。傳說在仁德天皇時期，難波這一帶曾流行惡疾，當時有人在松樹上發現，現今八坂神社的位址是牛頭天王的靈地的字樣，為求保平安，於是人們就建造了這座神社，而獅子舞台的功用就是希望能夠將病魔嚇走。

---

3 U-ARTS

☎06-6631-5600 🏠大阪市中央區難波千日前3-10 🕙10:00~18:00
🚫新年 🌐www.u-arts.jp/

U-ARTS店招牌就是一隻黑貓，前腳趴著後腳直挺挺地站立，地上的小立板也畫上一隻貓，可見店主一定是個愛貓人士，果不其然一進門迎接你的就是許多可愛的貓雜貨、明信片和文具用品。**四層樓複合式的多元化的經營**，1樓販售琳瑯滿目的文具和美術用品，2樓為訂製和裝訂畫框的專區，3樓有個小展場，不定期邀請作家出展，4樓教室則提供租借，當繪畫教室或會議室使用。

拚死也要吃河豚，美味關鍵就是新鮮！

4 太政 千日前本店

☎06-6633-4129 🏠大阪市中央區千日前2-7-18 🕙秋冬12:00~22:00(L.O.21:20)，春夏12:00~21:30(L.O.20:45) 🚫年末年始，3月下旬~9月下旬週一休 💲てっちり(河豚鍋)¥6600 🌐www.futomasa.com/index.html

河豚是大阪人的最愛，太政河豚料理創業至今超過45年，材料是每天從北九州和下關的漁港空運而來的活河豚，**老舖有獨自特製的黑醋，搭配河豚火鍋、河豚生魚片最能襯托特殊的口感和美味。**

なんば駅
Creperi
大阪難波駅
蟹しぐれ なん
蓬萊🍴
蓬萊551🍴
りくろーおじさんの店
北極
難波0101
Namba NANNAN
高島屋
スイスホテル南海大
ホテルイルクオーレなんば
フレイザーレジデンス南海大阪
フランス食堂ロゼフラマン
グランパスinn大阪
キャベツ焼
TSUTAYA
一風堂
●大阪府立体育館
地下鉄四つ橋線
地下鉄御堂筋線
阪神高速環状線

←往 1 難波八坂神社
↓往大国町駅

多種選擇的大阪燒與蔥燒，個個美味可口，也是上班族下班小酌聚集的店，滿室的歡笑聲氣氛熱鬧非凡。

5 福太郎 本店

☎06-6634-2951 ⬆大阪市中央區千日前2-3-17 ✆
17：00～翌0：30(L.O.23：30)，週六日及例假日12：00～24：00(L.O.23：00) ⊗除新年外，酒吧和別館不定休 ⬆豚玉燒(豬肉雞蛋大阪燒)￥980、燒そば(炒麵)￥920、豚ねぎ燒(豬肉蔥燒)￥1080 ✆2951.jp/

小編激推

除了美味的大阪燒，福太郎輕鬆歡樂的氛圍也是一大賣點，當店人氣第一是蔥燒類的豚ねぎ燒き(豬肉蔥燒)，麵糊灑上大量的蔥，最後放上鹿兒島產的最高級豬肉；大阪燒類排名第一則是豚玉燒(豬肉蛋大阪燒)由麵糊、高麗菜、紅薑、豬肉和蛋材製作，上桌香氣四溢，令人食指大動，滑嫩偏軟的口感與他店不同，**高麗菜非一般使用生的，是有事先調味煮過，與麵糊融為一體隱藏了存在感，但也替麵糊帶出蔬菜的香甜味。**

6 千日前道具屋筋商店街

⬆大阪市中央區難波千日前 ⊗許多店在第3個週日休 ✆
www.doguyasuji.or.jp

位在難波的千日前道具屋筋商店街是販賣各式廚房用品的地方，可以在這裡挑到可愛的小箸台、憨態可掬的招財貓，或是精巧的漆器食具，當然也有五花八門的日式料理專用鍋碗瓢盆，還有開店用的布幔、器具等。還有可愛的吉祥物まい道くん在等著你光臨喔！

7 黑門市場

⬆大阪市中央區日本橋 ✆www.kuromon.com

市場是最能體驗在地人日常的地方，市場文化因區域性也有所差異，來市場一趟等於是走了一遭大阪的廚房，嚐盡各式美食。黑門市場是從江戶時代即開始經營的傳統市場，有「大阪的廚房」(浪速台所)之稱。**總長580公尺的黑門市場，不論是日式醃漬菜、生鮮食材、水果，甚至是外帶熟食，都可以在這裡找到道地口味！就連日本著名的「河豚料理」，都可以在黑門市場一飽口福。**

黑門市場的起源

古書《摂陽奇観》記載，文政5~6年(1822~1823)左右，日本橋圓明寺附近的黑色廟門口每天早上聚集眾多商人販賣魚貨，這是黑門市場(舊稱圓明寺市場)的起源，明治45年(1912)大空襲的火災將寺廟整個燒毀，直至戰後才又慢慢重建恢復市場繁榮興盛的樣貌。

[地圖]
yon
おかる　丸福咖啡　玉製家
地下鐵千日前線　千日前通
Namba Walk(地下街)　近鐵難波線
日本橋駅　往谷町九丁目駅→
近鐵日本橋駅
Bic Camera
千日前中央通　日本橋駅
自由軒　太政 4　オーエスドラッグ　高橋食品 7　伊吹咖啡
重亭　黑門中川
なんば オリエンタル ホテル　千成屋　三都屋
SUPER HOTEL H　浜藤　黑門川ひろ
治兵衛　5 福太郎　虎目橫丁　よしや　Green Beans Parlor
なんば南海通　たこ焼道楽わかな　玉五郎　石橋食品
たこ焼き座　pane pane　肉は神戸屋
よしもと開運健康幸福百貨店　なんばグランド花月　日進堂
B2F~2F無印良品　3 U-ARTS
3、4F LOFT　花月堂
5、6F TOWER RECORDS　6
油谷高正堂　千とせ　黑門公園
NAMBA CITY　GOODIES
京屋　上海新天地
千田　海千山千番長
なんさん通
南海難波駅　日本橋履物問屋街
高島屋東別館(史料館)
3A PARKS　一芳亭本店
日本橋電氣街
ちょいめしあさチャン
2　やかん亭さくら総本店　往ヒーロー玩具研究所，
↓往新今宮駅　往惠美須町駅→　天使のすみか，mel café

おおさかじょう 大阪城 Osaka Castle

輝煌將軍家地標 遺留一地廣閣

ACCESS
電車
搭乘大阪地下鐵谷町線、京阪本線至「天滿橋駅」下車。大阪地下鐵長堀鶴見綠地線、中央線、JR大阪環狀線至「森ノ宮駅」下車。大阪地下鐵長堀鶴見綠地線至「大阪ビジネスパーク駅」下車。JR大阪環狀線至「大阪城公園駅」下車。

❗ 大阪城佔地十分廣，周邊各路線與車站眾多，最好依照接續行程來安排進出車站。

> 大阪城無疑是大阪最著名的地標，也是每個遊客前往大阪的必遊之處。除了最醒目的天守閣之外，大阪市立博物館就位於大阪城內，還有幾處古蹟文物也不容錯過，如大手門、千貫櫓、火藥庫「焰硝藏」、豐國神社等，而西之丸庭園、梅林更是賞花季節人潮聚集的景點。

> 沒來大阪城就不算有來過大阪，親身體驗豐臣秀吉一手打造的城池來趟歷史文化的知性巡禮。

小編激推

1 大阪城

☎ 06-6941-3044 ○大阪市中央區大阪城1-1 ○9:00~17:00(入場至16:30)，櫻花季、黃金週、暑假閉館時間將延後(詳見官網) ○12/28~1/1 ○天守閣高中以上￥600、國中以下免費 ○www.osakacastle.net

大阪城無疑是大阪最著名的地標，金碧輝煌的大阪城為豐臣秀吉的居城，可惜原先的天守閣早毀於豐臣秀賴與德川家康的戰火中，江戶時期重建後的城堡建築又毀於明治時期。二次大戰後再修復後則成為歷史博物館，館內展示豐臣秀吉歷史文獻。

天守閣

按照原貌重建後亮麗豪華的天守閣還裝設了電梯，即使行動不便的人也可輕鬆登上5樓，若要登上天守閣位在8樓的頂樓還要再爬個3層，由高往下可俯瞰大阪市全景，視野相當遼闊。

西の丸庭園

○3~10月9:00~17:00，11~2月9:00~16:30 ○週一(遇假日順延)、12/28~1/4 ○￥200，國中以下和65歲以上免費

原本是豐臣秀吉正室北政所居所舊址的西之丸庭園，在昭和40年(1965)時開放給一般民眾參觀，這裡以超大的草坪與春天時盛開的櫻花出名，是大阪的賞櫻名所之一。

金明水井戶

1969年發現的這一口井居然是與1626年天守閣同時完成，1665年天守閣受到雷擊而火災，到了1868年又歷經戊辰戰爭兩度大火焚毀，這口井卻奇蹟似地沒有受到任何波及，到了江戶時代更被稱為黃金水。

大手門

此為大阪城的正門，在古代稱之為追手門，為高麗門樣式創立於1628年，在1848年修復過一次，到了1956年更通通拆解完整修復，已經被列為重要文化財。

時空膠囊

大阪城裡的時空膠囊是由松下電器與讀賣新聞於1970年大阪萬國博覽會時共同埋設，分為上下兩層，裡面有當時的電器、種子等2000多種物品，約定上層每隔100年打開一次，而下層則準備在5000年後開放。

② MIRAIZA大阪城

☎06-6755-4320 ⌂大阪市中央區大阪城1-1（位於大阪城前方）⏱賣店9:00~17:30，頂樓餐廳3~10月開放（各店營業時間不一）🔗www.miraiza.jp/ ⚠三樓餐廳現臨時休業中

一樓特別闢有「特別史跡 大坂城跡」空間，介紹大阪城跡的歷史。

與大阪城天守閣隔著廣場互望的這棟氣派中古歐洲古城式建築，建於1931年，最早是陸軍第四師團司令部辦公大樓，後來變成大阪市立博物館，重新整修後，**2017年底變身成集合店鋪、咖啡與優雅餐廳的複合式設施**，絕佳的地理位置，尤其天守閣就近在眼前，是逛完大阪城最佳休憩處。共地上三層空間，一樓有賣店、小吃、咖啡及展示空間，2~3樓及頂樓，則是優雅的高級餐廳。

「野点傘」戶外休息區，是個歇腿兼拍照打卡的趣味區域。

大阪城周邊熱門美食集結新據點。

小編激推

③ JO-TERRACE OSAKA

☎06-6314-6444 ⌂大阪市中央區大阪城3-1 ⏱8:00~22:00（各店營業時間不一）🔗www.jo-terrace.jp/

從JR大阪城公園駅一出站一路沿2樓天橋串聯到JO-TERRACE OSAKA，**多達23家商店與餐廳、綠意圍繞的新區域，在2017年開幕**，以餐廳、咖啡為主，讓許多來大阪城遊逛的人，多了停留久一點的理由。遠離市中心的擁擠感，這裡引進大阪、關西各式排隊美食餐廳分店，像是鬆餅店gram、千房大阪燒、good spoon餐廳等，選擇相當多樣，是個美食大本營。

① ご舟かもめ

📞050-3736-6333 　🏠大阪市中央區天滿橋京町1-1 八軒家浜船着場 　🕐依行程不同，朝食遊船於8:20、10:20發船 　💲ごはんクルーズ(朝食遊船)大人¥4700，6~12歲¥2700 　🌐www.ofune-camome.net 　❗需在出遊日前3日正午前完成預約，亦可當日詢問有無空位，前一天氣象預報降雨機率70%以上即不出航

　遊船主題發想自日常的遊憩活動，**晨間朝食、水上咖啡館、酒吧夜航及建築巡遊是年間定番，並有季節限定的特別企畫**，諸如賞櫻春遊、秋之紅葉行舟、船上茶會、舟中小憩時光、擁被爐烤麻糬的冬遊船，多彩多姿的有趣行事，令人會心一笑的創意想像，展現了中野船長對於水上生活的熱愛。

② 造幣局

📞06-6351-5361 　🏠大阪市北區天滿1-1-79 　🕐櫻花季節才開放，約為四月裡的某一週，視花開狀況而定。每年時間不一定，出發前請上網確認 　💲櫻花季開放時免費參觀 　🌐www.mint.go.jp

　每年4月中下旬時，造幣局從南門到北門間，長達560公尺的櫻花步道開滿117種櫻花，是在明治初年由藤堂藩倉庫移植而來，並在1883年開放讓一般市民參觀。每年櫻花滿開的一個禮拜期間，這條關西第一櫻花步道即會開放。而在造幣局旁也會同時擺起路邊攤，在櫻花漫飛下逛逛攤販，吃著大阪庶民小吃，充分體驗日本專屬的風情。

③ 豐國神社

☎06-6941-0229 ⚲大阪市中央區大阪城2-1 ◷自由參觀 ⓤwww.osaka-hokokujinja.org/

大阪城是豐臣秀吉的居城，而這裡正是祭祀他的神社。豐臣秀吉、織田信長以及德川家康是日本戰國時代公認的三個霸主，出身極為低微，最後卻官拜太閤、一統天下。除了神社本身，境內羅列了許多巨石的日式庭園「秀石庭」也值得一看。

④ 難波宮跡公園

☎06-6943-6836 ⚲大阪市中央區法圓坂1 ◷自由參觀 ⓤwww.occpa.or.jp

　大阪城南邊有一片空地，在高樓之間顯得特別開闊空曠，這是七、八世紀之間，**天武朝與聖武朝的宮殿遺跡，目前看得到的只剩基座部分**，並有一個個柱子的痕跡，走上階梯，在平台上想像一下1400年前的君臨天下，發思古之幽情。

⑤ 大阪歷史博物館

☎06-6946-5728 ⚲大阪市中央區大手前4-1-32 ◷9:30~17:00(入場至16:30)，特展期間週五至20:00(入場至19:30) ⓧ週二(遇假日順延一天)、12/28~1/4 ⓢ大人￥600、高中大學生￥400、國中生以下免費 ⓤwww.mus-his.city.osaka.jp

　2001年完工的大阪歷史博物館就建築在難波宮遺跡上，從地下室就可**參觀飛鳥時代鄰近宮殿的倉庫和水利設施遺跡**，其他各樓層還展示有歷經日本古代數次重要戰役的大阪城之歷史與文化事蹟。

⑥ 藤田美術館

☎06-6351-0582 ⚲大阪市都島區網島町10-32 ◷10:00~18:00 ⓧ年末年始 ⓢ￥1000，19歲以下免費 ⓤfujita-museum.or.jp

　1954年開館的藤田美術館，是以明治時代的大阪仕紳藤田傳三郎以及其子嗣們收集的美術品創建，喜歡美術品的藤田家，特別對茶道用具有獨到眼光，其美術品不僅是自己收藏，還將美術資料公開給研究者來使用。原本的建築於2017年休館，之後改造原本藤田家的倉庫主體，並於2022年春天重新開幕。**新設立的藤田美術館榮獲了不少建築或是燈光設計獎項**，只有進入美術館欣賞藝術品需要門票，**附設的茶屋跟戶外庭園空間都免費讓遊客入場休憩**，這是藤田家留給這個城市的文化遺產，展現了仕紳們的品格。

日本最長商店街 古風懷舊庶民滋味

天神橋筋商店街

てんじんばしすじしょうてんがい tenjinbashisuji Shopping Street

天神橋筋商店街原本是大阪天滿宮的參拜道，逐漸繁榮起來，從一丁目(天一)到七丁目(天七)總長2.6公里為日本最長商店街，從早到晚都十分熱鬧。內有商家老舖、和服店、熟食外帶店、大眾食堂、小餐館等，不但便宜、口味又道地，可親身體驗大阪人日常生活。

ACCESS
電車
搭乘大阪地下鐵堺筋線至「南森町駅」、「扇町駅」、「天神橋筋六丁目駅」等站下車。JR大阪環狀線至「天滿駅」、JR東西線至「大阪天滿宮駅」下車。

天神橋筋商店街的設計巧思

天神橋筋商店街頗有設計巧思，在商店街二丁目入口處上方有4個御迎人形在歡迎你，從二丁目到三丁目之間的商店街，上方有空飛ぶ鳥居(飛翔的鳥居)，而鳥居顏色從鮮紅色接著變成水藍色鳥居，最後是草綠色鳥居，整排的鳥居非常壯觀，四丁目的入口上方則是一隻粉色的瓢蟲，身上有四個點點來代表四丁目商店街道，簡單明瞭又有趣。除此之外，三丁目到四丁目之間的馬路路口，舊時曾天滿堀川上的夫婦橋，現在已經變成道路，只剩紀念石碑，供懷幽思古。

現作現炸的美味，便宜的價位就可享受得到。

① 中村屋

☎06-6351-2949 ♠大阪市北區天神橋2-3-21 ◕9:00~18:30 ⊘週日、例假日 ⑤コロッケ(可樂餅)¥80

小編激推

位於二丁目超人氣的可樂餅店「中村屋」，**現炸可樂餅炸得金黃酥脆的麵衣，濕潤軟嫩的內館，好吃得沒話說**，絕對是值得耐心排隊等候的美食。中村屋除了人氣NO.1的明星商品可樂餅外，也有炸豬排、雞塊、燒賣、餃子、炸火腿等商品，提供顧客多元化的選擇。

現點現炸，起鍋熱騰騰的可樂餅，香氣四溢，光聞就口水直流啦！

天神橋六丁目駅

◎大阪今昔生活館
⑪HOUSE KANEKI
④ まるしげ
juen

大阪環狀線

天滿駅

扇町公園

扇町駅
⑤ 玉出

地下鐵堺筋線

⑪たまいち土居陶器

⑪Can★Do

⑪LAWSON 100

南森町駅
JR東西線
大阪天滿宮駅

① 中村屋
② ⑪天滿天神MAIDO屋

大阪天滿宮 ⑥

とりゐ味噌

③
⑪大賀天神橋藥局

2 天滿天神MAIDO屋

☎06-6882-3361 🏠大阪市北區天神橋2-1-23 🌐
11:00~18:30 🌐maidoya.jp

　位在大阪天滿宮附近的天滿天神MAIDO屋是大阪伴手禮的專賣店，門口建築為房屋造型上方掛滿燈籠，走進店裡，簡約風的木製裝潢，整體感覺非常清爽。店內**不單只是賣特色食品，還有許多在地的工藝品，和一般觀光區的伴手禮賣店氛圍大不相同。**

3 とりゐ味噌

☎06-6351-5653 🏠大阪市北區天神橋
1-13-20 🕘9:30~18:00 🌙週六日及例
假日 💲味噌500g ¥702起 🌐www.toriimiso.com/

　江戶時期創業的味噌專門店とりゐ味噌，因店舖前面就是大阪天滿宮的鳥居，店名就取為「とりゐ」就是鳥居的意思，店舖登錄的商標圖案也是一座鳥居。店舖後區是味噌的製造工廠，**販售味噌分為4大類，お味噌汁用味噌、赤だし味噌、白味噌、おかず味噌，多達20以上種的品項，依不同需求應有盡有。**歷任店主皆秉持「真心」和「感謝」的精神宗旨，依照傳統古法製作味噌，一代又一代的傳承下去，才能如此永續經營。

> 歷經歲月痕跡的門面以及店內所保留下的戰前木製招牌，悠久老字號的味噌店不簡單！

4 まるしげ 天六店

☎06-6881-3969 🏠大阪市北區天神橋6-5-5 🕘9:00~20:00 🌙
1/1~1/3 💲呼吸チョコ(呼吸巧克力)
¥756 🌐www.marushige.co.jp

　本店最著名的就是呼吸チョコ，其中北新地的ココア(可可亞)口味，榮獲過第23回全國菓子大博覽會榮譽金賞獎，其他還有祇園的抹茶口味、神戶北野的珈琲口味、きな粉(黃豆粉)口味等，依季節也會有期間限定口味，來嚐嚐金賞肯定的巧克力有何魅力。

> 體驗庶民生活的日常，激安超市有趣又好玩。

> 小編激推

5 玉出 天神橋店

☎06-6355-3335 🏠大阪市北區天神橋4-8-9 🕘24小時 🌐www.supertamade.co.jp/

　玉出超市據點集中於大阪地區，有「日本一の安売王(日本最便宜)」激安超市之稱，玉出常常推出¥1特賣商品，開賣前店外早已大排長龍，婆婆媽媽各個摩拳擦掌訂定好戰略計畫，開賣後又是一團混戰，絕對要眼明手快才能搶到想要的激安商品。除此之外，玉出超市的裝潢非常有特色又有趣。

> 大大醒目的霓虹燈招牌，閃爍燈光的招牌，很難不吸引消費者的目光。

6 大阪天滿宮

☎06-6353-0025 🏠大阪市北區天神橋2-1-8 🕘
6:00~18:00(依季節而異) 🌐osakatemmangu.or.jp

　大阪天滿宮與京都的北野天滿宮、福岡縣的太宰府天滿宮被稱為日本三大天滿宮，**大阪市民暱稱天滿宮為「天神さん」，祭祀學問之神菅原道真**，每到考季前夕，人潮絡繹不絕，各地考生會到此參拜，祈求考試順利合格。天滿宮裡都有臥牛像，因為牛是祭神的使者，據說摸牛頭可以增長智慧和增加財運，記得去摸摸牛頭喔！

> 除了是日本三大天滿宮之一外，夏季舉辦的天神祭更是日本三大祭之一，熱鬧非凡絕對值得來共襄盛舉。

> 小編激推

天王寺
てんのうじ Tennouji

日本第一高樓 繁華新興商業地帶

從難波再往南走，就是熱鬧的新世界、天王寺一帶。天王寺名稱來自於四天王寺，由於是南區重要的交通樞紐，進駐許多百貨而繁榮起來，其中最受注目的便是高樓阿倍野HARUKAS。從這裡還可體驗大阪唯一的路面電車「阪堺電車」。

ACCESS
電車
搭乘大阪地下鐵御堂筋線、谷町線、JR大阪環狀線、大和路線、關西空港線在「天王寺駅」下車。搭乘近鐵南大阪線在「大阪阿部野橋駅」下車。搭乘堺上町線在「天王寺駅前」下車。

① 四天王寺

☎06-6771-0066 ⌂大阪市天王寺區四天王寺1-11-18 ⊙中心伽藍、本坊庭園4～9月8:30～16:30，10～3月8:30～16:00(本坊庭園最後入場時間為關門前30分鐘)，六時堂8:30～18:00 ⑤中心伽藍：大人￥300、高中大學生￥200、國中小學生免費。本坊庭園：大人￥300、小學～大學生￥200。寶物館：大人￥500、高中大學生￥300、國中小學生免費 ⊕www.shitennoji.or.jp

中心伽藍建築恢弘，宗教文化讓人大開眼界。

遊客大推

創建於推古天皇元年的四天王寺迄今已有超過1400年以上的歷史，由日本佛教始祖聖德太子所建，如今已被指定為國家重要文化財，寺院境內最值得一看的是中心伽藍，包括仁王門、五重塔、金堂等是二次大戰後依飛鳥時代的建築式樣重新修復而成。

② ABENO Q'S MALL

☎06-6556-7000 ⌂大阪市阿倍野區阿倍野筋1-6-1 ⊙購物10:00～21:00，3F美食區10:00～22:00，4F餐廳11:00～23:00，Ito Yokado B1F10:00～22:00 ⊕qs-mall.jp

大阪真是個讓人吃喝玩樂到虛脫的好地方，瞬息萬變的都市景象隨時都有新的購物中心產生！位於天王寺、阿倍野地區的購物中心Q'S MALL，**潔白前衛具設計感的裝潢，打著人們與街道完美結合的涵義，就是要讓人好好享受購物時光**。首次進駐關西的「SHIBUYA109 ABENO」，讓少女們眼睛都發亮了，就連彩色的「代言熊」玩偶「ABENO ABENO」都相當可愛呢。

③ 天王寺MIO 本館

☎06-6770-1000 ⌂大阪市天王寺區悲田院町10-39 ⊙購物11:00～21:00，10Fミオレス10餐廳至22:00，11Fミオレス11餐廳至23:00 ⊛不定休 ⊕www.tennoji-mio.co.jp

與JR天王寺車站相連的MIO是大型的車站購物中心，MIO來自義大利語，指得是「我的」，從各店色彩繽紛的展示看得出個性化的訴求，流行服飾、書籍、CD、運動用品與生活雜貨，共有超過200家以上的店鋪讓人買個夠，1～9樓以不同主題區分，琳瑯滿目的商品讓人每一樣都想買。

登上日本第一高樓最頂點,感受300M高一望無際的美景。

小編激推

④ 阿倍野HARUKAS

各設施不同,詳洽官網　大阪市阿倍野區阿倍野筋1-1-43　各設施不同,詳洽官網　www.abenoharukas-300.jp/

雖說東京晴空塔標高634M,劃新了日本的天際線,但其終究不是大樓,**日本最高的大樓當屬阿倍野HARUKAS**。HARUKAS在日本古語中為「變得晴朗」之意,不只指天氣,更是指心境、未來與大阪的榮景。**高300M的大樓裡有日本營業面積最大的百貨公司「近鐵百貨」、展望台「HARUKAS300」、都市型美術館「阿倍野HARUKAS美術館」、國際連鎖「大阪萬豪都酒店」與美食餐廳、辦公室等**,多樣性的機能讓這裡成為新興休閒購物景點,讓這沉寂一時的天王寺・阿倍野區域重新點燃百貨購物戰火,成為大阪南北區之外的商業繁盛地。

HARUKAS300展望台

06-6621-0300　阿倍野HARUKAS 58F~60F　9:00~22:00,當日券售票8:50~21:30　當日券:成人¥1500、國高中生¥1200、小學生¥700、兒童(4歲以上)¥500。一日券(可無限次進出):成人¥1950、國高中生¥1650、小學生¥950、兒童(4歲以上)¥750。www.abenoharukas-300.jp/observatory/　購買當日請至阿倍野HARUKAS 16樓的票券販賣處。取得入場券後需於15分鐘內進場,逾期作廢

購票後從16樓搭乘直達展望台的電梯,只要50秒便可到達60樓。**四面透明的玻璃營造360度無死角視覺體驗,從300M的制高點向外望去,京阪神一帶的風景映入眼底**,天氣晴朗的時候,甚至可以遠眺明石海峽大橋、六甲山、京都、生駒山、關西國際機場等。在59樓是回程出口設有展望台賣店,可愛的吉祥物商品都在這裡。

阿倍野HARUKAS近鐵本店

06-6624-1111　阿倍野HARUKAS B1F~14F　B2~3.5F10:00~20:30,4F~11F10:00~20:00,12F~14F餐廳11:00~23:00　abenoharukas.d-kintetsu.co.jp

老牌百貨近鐵百貨分店遍佈西日本,而本店便位在阿倍野。本店佔地廣大,可分為塔館(タワー館)與翼館(ウイング館),塔館位在阿倍野HARUKAS中,**從B1~14層樓大面積選入豐富的品牌服飾**,而12~14樓的美食餐廳更是選擇多樣。主打年輕族群的翼館選入品牌較活潑,4樓也提供大小尺吋女性服飾;除了女性客群,在7樓也有專門針對年輕男性選入的流行品牌,貼心地服務不同客群。

鬢司庵

四天王寺 **1**

一心寺

地下鐵谷町線

茶臼山-大阪陣跡

統国寺

天王寺公園
市立美術館

慶澤園

植物温室

びっくりドンキー **6** **7**

天王寺駅

JR関西本線(大和路線)往天王寺駅

地下鉄御堂筋線往天王寺駅

ルシアス

天王寺MIO

北口

公園口

JR天王寺駅 **3**

西口

5 **6**

13

天王寺駅前

大阪市立大医学部

9

天王寺駅 **4**

阿倍野HARUKAS
HARUKAS展望台
近鉄百貨本店

10

近鉄南大阪線
大阪阿部野橋駅

Q'S MALL **2**

ViaあべのWalk

grill maruyoshi

上阪堺町線電車

TSUTAYA

Hoop

やまちゃん

and

近鉄百貨
南館

往阿倍野駅

新世界 しんせかい Shinsekai

大阪庶民集散地　熱鬧商店街好吃好買

新世界雖然頂著「新」的名號，擁有的卻是一種昔日的氣氛。20世紀初期，受到大阪博覽會吸引人潮與電車線開通的鼓舞，模仿巴黎都市計畫設計街道，建造通天閣，成為當時最大的歡樂地區，進入昭和年代之後，卻猶如時間腳步靜止，就這樣停留在往昔，如今的新世界成為庶民美食街，保留著最有懷舊感的咖啡館、串炸、站著品嚐的立食小吃和將棋店。

ACCESS
電車
搭乘大阪地下鐵堺筋線、阪堺電車阪堺線到「惠美須町駅」。大阪地下鐵御堂筋線到「動物園前駅」。JR大阪環狀線到「新今宮駅」下車。

只需往天際線眺望，高聳的阿倍野大樓是辨識方向的明顯地標。

① 天王寺公園

🏠 大阪市天王寺區茶臼山町 5-55　🕐 7:00~22:00
www.tennoji-park.jp/

這座歷史超過百年的公園，就夾在充滿昭和氛圍的新世界與光鮮高樓崢嶸的百貨群阿倍野之間，宛如城市裡的綠珍珠般的存在，**不僅是市民放鬆休憩處，裡面還包含有動物園、美術館、日式庭園與茶臼山歷史遺跡**。2015年重新整建後的公園更增加許多新設施，像是特色咖啡餐廳、旅館、農特產店與兒童及寵物遊戲區等，天氣舒適的時候，更多人會攜家帶眷來這裡野餐享受悠閒時光。

充滿庶民風味的遊樂場所，是南大阪的精神地標。

遊客大推

② 通天閣

☎ 06-6641-9555　🏠 大阪市浪速區惠美須東 1-18-6
8:30~21:30(入場至21:05)，天望パラダイス8:00~21:00　💰 高中生以上￥900，5歲~國中生￥400；展望台「天望パラダイス」需另外購票，高中生以上￥300，5歲~國中生￥200　www.tsutenkaku.co.jp

2016年滿60歲的通天閣，初建於明治45年，後因火災毀損，現在所見的則是1956年代再建的第二代通天閣，集結B1、2樓購物區以及4~5樓展望台、頂樓戶外展望台「天望パラダイス」，3樓也有餐廳及百年前新世界街區模型再現。而**為了迎接60歲，也完成了各式整修，讓通天閣老式風情再現**。塔頂燈光顏色一樣維持天氣預報功能，白色是晴天、橘色陰天、藍色雨天，**全塔另新增美麗霓虹燈光，且一個月就變化一個主色調**。當然最受歡迎的好運福神ビリケン，也變得金光閃耀呢。

> **注意排隊時間很長，須預留時間**
>
> 想參觀通天閣，可不像一般展望台上下直達，首先必須從B1買票搭乘電梯抵達2樓，再從2樓轉搭另一部電梯上5樓展望台。下樓則是從5樓走到4樓展望台，再搭電梯到3樓看完模型街區，再走樓梯至2樓轉搭電梯至B1，才能出去。尤其假日人多時，光等電梯就可能耗掉30分鐘以上，想參觀務必多留點時間。

③ CoConChi

☎06-6634-0606 ⌂大阪市浪速區惠美須東
2-7-2 ⏰10:00~18:00，週五~日9:00~20:00
❌不定休 🌐yotteya.jp/content/shinsekai

　2017年春天開幕的古今知(CoConChi)，就位於通天閣前方，採和風摩登的設計外觀，在充滿昭時期老店氛圍和與各式餐飲店招牌花枝招展的新世界一帶，顯得相當獨特。由吉本興業的關係企業所開設，集結了在地特色土產、大阪具代表的豐富伴手禮雜貨、各式搞笑藝人商品、糕點餅乾外，還有店中店的外帶飲料店與甜點老店，連大阪人在地都愛的調味料等物產食材也都能買到，寬闊的賣店空間，逛起來格外舒服。

④ 鏘鏘橫丁

☎依店舖而異 ⌂大阪市浪速區惠美須東3丁目 ⏰依店舖而異 ❌依店舖而異

　細窄的鏘鏘橫丁是昔日最熱鬧的區域，名稱來自昔日迴盪在街道上的三味線、太鼓、小鼓的琴聲和鼓聲，還曾經出現在林芙美子的小說中，如今仍保留著最有懷舊感的咖啡館、串炸、站著品嚐的立食小吃和將棋店。

⑤ 通天閣南本通

⌂大阪市浪速區惠美須東界隈 ⏰中午~深夜(各店營業時間不一) ❌各店休日時間不一 🌐shinsekai.net/

　新世界一帶是個昭和氛圍濃厚卻又熱鬧繽紛十足的街區，以通天閣為中心發射出去的兩條街道，一條是從惠美須町駅出站後直接串連通天閣的通天閣本通商店街，穿過素雅商店街從通天閣旁右轉通天閣南本通，簡直又是另一個世界，各式大到嚇人的店家招牌，簡直像是競賽般，而且幾乎整條街道清一色都是餐廳，且以串炸店為主，幾乎串炸名店都在這裡，不論白天夜晚，都充滿觀光客，熱鬧的不得了。

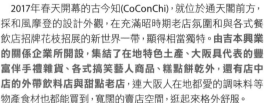

⑥ ビリケン神社

⌂大阪市浪速區惠美須東3-6-1 ⏰10:00~22:00

　ビリケン(BILLIKEN)是1908年一位美國女藝術家依夢境中所見之神所創作的形象，很快地就開始流傳到世界其他地方。以往新世界的通天閣旁有個收費遊園地，1912年便在樂園裡也安置了ビリケン堂，並大受歡迎，儼然成了新世界代表人物。後來樂園關閉、ビリケン神像也跟著消失。直到1980年代於通天閣之上重新安置、2012年迎接新世界100週年，於原址附近重新設置神社，讓更多人隨時都能祈願幸福。

①だるま 新世界総本店

☎06-6645-7056　🏠大阪市浪速區惠美須東 2-3-9

🕐11:00~22:30 (L.O.22:00)，12/31至20:00　休年中
無休　💰串炸¥180起　🌐kushikatu-daruma.com

創業於昭和4年，已有近百年歷史的だ
るま是大阪串炸老店，至今仍受當地居
民愛戴，不時高朋滿座，用餐時刻沒有在
外頭等上20分鐘絕對吃不到。除了串炸，だる
ま的土手燒略帶辛辣味，適合搭配啤酒。特製的泡菜雖然
單吃就很夠味，但和沾了醬的豬肉串炸一同入口，更是美味。

> 串炸品項豐
> 富，食材新鮮
> 且待客親切。

小編激推

---

②近江屋本店

☎06-6641-7412　🏠大阪市浪速區惠美須東 2-3-18　🕐
12:00~21:00，週日例假日11:00~21:00　休週四　💰串かつ(串炸)¥
90起

　創業於昭和24年的近江屋本店在新世界擁有兩家分店，最
出名的就是與眾不同的本家串カツ，有別於其他店舖的串炸，
**以牛肉裏上一層層加了高湯的調味麵糊，剛炸起的串炸猶如
鼓起的氣球**，外皮薄又酥脆，內部麵糊軟Q咬勁十足，配上肉
塊溢出鮮味肉汁，讓人驚呼美味。

---

③てんぐ

☎06-6641-3577　🏠大阪市
浪速區惠美須東3-4-12　🕐
10:30~21:00(L.O.)　休週一
💰串かつ(串炸)¥100起

　集結多家串炸店的新世
界鏘鏘橫丁中，最具有人
氣的店舖絕對非天狗莫
屬。牛、蝦、洋蔥、蘆筍都
是老闆推薦菜色，**最自豪
的則是座位前方的醬汁，
自由使用沾取，切成一口
片狀的高麗菜則是無限
量供應**。以味噌燉煮燒烤
的牛筋肉「土手燒」也是
常客必點的美味。

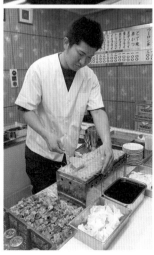

4 串かつじゃんじゃん 新世界本店

☎06-6630-0001 　🏠大阪市浪速區惠美須東2-6-1 ▾
11:00~20:00(L.O.19:00) 💰串かつ(串炸)¥120起 🌐kushikatu-janjan.com

　串かつじゃんじゃん每串單價都從¥120起跳，讓人可以輕鬆享用。**調和數種油，並裹上磨得略細的麵包粉下鍋油炸，展現清爽的口感**，是じゃんじゃん的美味秘密。在50種以上的豐富菜單中，店長推薦可以來份綜合拼盤，可輕鬆吃到美味。

表皮微脆的厚鬆餅，吃起來扎實又帶甜香，製作一份需等20分鐘。

5 喫茶ドレミ

☎06-6643-6076 　🏠大阪市浪速區惠美須東1-18-8 ▾
8:00~23:00(L.O.22:30) 🈺不定休 💰鬆餅¥700

　與通天閣一起在1912年就開始營運的通天閣本通商店街，沿著這條昭和氛圍濃厚的商店街直走，一樣飄散著滿滿昭和氣氛的老咖啡店喫茶ドレミ，就位在這條商店街底端、通天閣旁。一推開門，滿頭白髮的老闆，讓人宛如時光倒回到昭和初期，**飄散濃濃懷舊氛圍的店內，提供咖啡、聖代、三明治也有鬆餅與咖哩飯等，尤其是創業以來從未改變味道的鬆餅，更是許多人來這必點的甜點品項**。

老舖傳承製法，份量十足的炸牛肉排三明治，精準的抓住食物的精髓，成為鎮店名物當之無愧。

小編
激推

6 グリル梵 本店

☎06-6632-3765 　🏠大阪市速區惠美須東1-17-17 ▾
12:00~14:00、17:00~21:30 🈺每月6、16、26日 💰ヒレカツサンド(炸牛肉排三明治)¥2100

　1961年創業的老舖洋食店，目前是二代目店主二井利治機經營，招牌名物為炸牛肉排三明治，先送上蔬菜湯暖暖胃，接著是主角炸牛肉排三明治搭配醃漬過的蔬菜使用有歷史歲月的器皿盛裝著，跟老建築氛圍相得益彰，**微烤過的吐司夾著厚實的炸牛肉排，外酥脆，內充滿飽滿的肉汁，加上祖傳獨門秘傳的醬料，鹹甜的滋味口齒留香**，飽餐一頓後，送上一杯草本茶大滿足。

大阪港區
おおさかベイエリア Osaka Bay Area

映著波光 隨藍色的純真駕著雲霄飛車衝入天際

大阪是一個濱海城市，從古時便因港灣而繁榮起來，雖然不像是隔鄰神戶的港都名氣大，但隨著大阪港區的許多設施建築完成，也成為大阪民眾假日觀海賞景的休閒好去處，事實上大阪灣範圍廣泛，包括大阪環球影城、灣區的天保山周邊、南港、北港等地，甚至涵蓋了關西機場，不僅有購物中心、主題公園可以玩上一整天，搭乘大阪唯一的單軌電車可順路遊覽，也可以坐上各種橫渡港灣的交通船、遊覽船，欣賞大阪港區美麗的海港好風光。

ACCESS
電車
搭乘大阪地下鐵中央線至「大阪港駅」、「コスモスクエア駅」。到環球影城可搭乘JRゆめ線(夢想花開線)至「ユニバーサルシティ駅」下車。

想了解海底世界的奧秘，來此準沒錯，海遊館讓你飽覽太平洋的神祕的海底世界。

小編激推

① 海遊館
☎06-6576-5501 ⊙大阪市港區海岸通1-1-10 ⊙10:00~20:00(依季節而改變，詳見官網)，最後入館至閉館前1小時 ⊗每年有4天休館，詳見官網 ⊙高中生、16歲以上¥2400、國中小學生¥1200、兒童(4歲以上)¥600、60歲以上¥2200 ⊛www.kaiyukan.com

外型相當碩大亮麗的天保山海遊館於1990年開幕，堪稱世界最大的室內水族館，裡面悠遊著太平洋以及環太平洋各個海域的迴遊海洋生物，包括瀨戶內海、日本海溝、大堡礁等10個不同型態的海底風貌，運用許多大型水槽展現了環繞太平洋區域的自然生態環境。

海遊館外型就設計成一個塔形的大水族箱。

---

② 觀光船聖瑪麗亞號
☎06-6942-5511 ⊙大阪市港區海岸通 ⊙12:00~16:00(依季節而改變；每整點一班) ⊗不定休(詳見官網) ⊙白天航程(45分鐘)大人¥1600、小孩¥800 ⊛suijo-bus.osaka/intro/santamaria/

環繞大阪灣一圈的復古造型觀光船聖瑪麗亞號由海遊館出發，一路飽覽大阪灣風光。除了海天一色的美景，聖塔瑪麗亞號本身也很有看頭，依據美國哥倫布船艦兩倍大的規模來興建，底層還有個迷你的海事博物館，展出哥倫布相關資料。

在這裡展示著哥倫布相關資料以及大航海時代的物品。

（地圖）
淀川
北港帆船港
舞洲直升機場
正蓮寺川
環球城市商店
日本環球影城
此花大橋
櫻島駅
天保山 Market Place
海遊館
①②③
はや
観光船サンタマリア (觀光船聖瑪麗亞)
大阪港駅
OTS線
大阪港
コスモスクエア駅
南港宇宙碼頭
國際渡輪碼頭
大阪府咲洲庁舍展望台
ATC 亞洲太平洋貿易中心

③ 天保山Market Place

☎06-6576-5501　⊙大阪市港區海岸通1-1-10　◎購物、美食區
11:00~18:00，餐廳11:00~19:00　◎不定休(詳見官網)　◉www.
kaiyukan.com/thv/marketplace/

位於海遊館與摩天輪之間的購物中心，有美食餐廳與各式紀念品
小店，由於位於海濱娛樂區，整個商場的氣氛休閒而輕鬆，商場北側
是欣賞大阪灣夕陽餘暉美景的好地方。此外，每到假日，廣場還會有
許多街頭藝人表演，更增添熱鬧氣氛。

LEGOLAND

☎06-6573-6010　⊙天保山Market Place 3F
◎10:00~16:00　◉¥2800，2歲以下免費，網路
預售票¥2200　◉www.legolanddis
coverycenter.jp/osaka/　❶大人需要與小孩同
行才能入場，目前不開放購買當日券，來場需事
先買預售票

LEGOLAND分為2區，一區為樂高的賣
店，另一區則為樂高遊樂園，園區內除了多
個互動性遊樂設施外，還有4D劇院，最有特
色的就是ミニランド區，使用100萬個以上的
樂高拼出迷你版大阪街景與知名景點，其相
似度令人驚呼連連。身為樂高迷當然少不了逛
樂高的專賣店，其中Pick A Brick區，可自由選
擇喜歡的樂高。

樂高積木帶你
發揮天馬行空
的想像力。

天保山大觀覽車

☎06-6576-6222　⊙天保山Market Place外　◎
10:00~19:00(售票至18:45)　◎同海遊館休館日　⑤
3歲以上¥800　◉www.senyo.co.jp/tempozan/

海遊館旁巨型
的摩天輪映入眼
簾，直徑100公尺，
112.5公尺高，晴
天時還可遠眺神戶
一帶甚至更遠的明
石海峽大橋與關西
機場。到了夜晚，從
摩天輪內觀賞夜景
可是一絕，摩天輪
上投映的燈光還會
隨著明日天氣變換
顏色。

なにわ食いしんぼ横丁

☎依各店而異　⊙天保山Market Place 2F　◎11:00~20:00　◎依各店而異
◉www.kaiyukan.com/thv/marketplace/kuishinbo/

為了演繹1970年舉辦萬國博覽會的繁榮大阪，なにわ食いしんぼ横丁
以昭和年代的「元氣大阪」為主題，打造出一個下町氣氛的空間，並請來
最能代表大阪美食的許多老舖餐廳，包括自由軒的特色咖哩飯、北極星
的蛋包飯，讓熱愛平民美味的遊客們一次就能夠品嘗到所有的好料。

❶ 大阪府咲洲廳舍

☎06-6941-0351　⌂大阪市住之江區南港北1-14-16　●COSMO TOWER餐廳 約11:00~21:00(依店舖而異)

大阪府咲洲廳舍高達 256公尺，不僅有大阪府的辦公室，還有西日本最高的55樓展望台、郵局、銀行等，另外還有設有許多餐廳，提供來此參與或觀展的人一個休息用餐的地方。

大阪府咲洲廳舍展望台

☎06-6615-6055　⌂大阪府咲洲廳舍 52~55F　⏰11:00~22:00(入場至21:30)　⊗週一　💰高中生以上¥800、中小學生¥500　🌐sakishima-observatory.com/

位於大阪府咲洲廳舍頂層的展望台最吸引人，從展望台可360度欣賞大阪灣最壯麗的美景，近景能夠俯瞰散發五彩霓虹的天保山大摩天輪，遠眺關西機場、淡路島或明石海峽大橋，展望台還貼心地規劃許多情人雅座，每天從傍晚就陸續吸引許多情人來此談情賞夜景。

> 不管白天或晚上，美麗海灣風景十分迷人。

❷ ATC

☎06-6615-5230　⌂大阪市住之江區南港北2-1-10　●購物11:00~20:00，餐廳11:00~22:00　⊗依店舖而異　🌐www.atc-co.com

面積超過33萬5千平方公尺的ATC，集中了Outlet、購物中心、保齡球館、電玩遊戲中心、家具雜貨的展示區、各種風味美食餐廳，還會不定期舉辦活動，在現場也有小型音樂會。其中佔了ATC貿易中心共2層樓的MARE則是專賣服飾、雜貨等進口精品的賣場，由於款式流行且價錢合理，十分受到年輕上班族群的青睞。

THE SINGULARI HOTEL & SKYSPA AT UNIVERSAL STUDIOS JAPAN™

電影王國美夢成真。

③ 日本環球影城®

小編激推

📞06-6465-3000　🏠大阪市此花區桜島2-1-33　🕐依日期有所不同，請上網站查詢正確營業時間。　💴1天周遊券：成人(12歲以上)￥8600、兒童(4~11歲)￥5600、敬老票(65歲以上)￥7700；2天周遊券：成人￥16300、兒童￥10600　🌐www.usj.co.jp/

2001年開幕的日本環球影城，不同於一般樂園，**從好萊塢誕生的電影主題相當明確與獨特**，不僅傳承美國加州與佛羅里達州兩座影城的精神，更加入許多日本獨創、限定的內容，例如芝麻街、瑪ılı歐、史奴比、Betty Boop和Hello Kitty等。從遊樂設施到園區的街景仿造電影場景，命名為紐約區、舊金山區及好萊塢區，遊客們可一睹電影裡的道具與布景，無論大人小孩，都能夠親身感受最歡樂的電影世界。

哈利波特禁忌之旅™
Harry Potter and the Forbidden Journey™
📍哈利波特魔法世界

就像被施了魔法，搭上禁忌之列車後，來到葛來分多與史來哲林的魁地奇比賽現場，在哈利的幫忙下，左衝右閃投入在比賽中，而後甚至高速俯衝而下抓金探子，緊接著在三巫大賽中短暫地與龍正面對決，不小心闖入禁忌森林，歷經了一場小小的阿辣哥(巨型蜘蛛)驚魂。

水世界TM
Water World
📍水世界

水世界是著重刺激性的表演節目，工作人員會隨時以水桶向觀眾潑水，讓大家感受水世界的清涼。在緊張的配樂中，主角們與邪惡勢力相對抗，在刺激的水上摩托車追逐戰、煙火爆破技術、吊鋼絲的特技表演，還有突然飛躍而出水上飛機中，重現整部電影畫面。

大白鯊®
JAWS
📍親善村

登上有著美女船長的船隻緩緩駛進入河中，突然，一隻逼真無比的大白鯊直衝船身而來，眼看所有人都將被吞入口中，在大家驚聲尖叫下，大白鯊突然消失，在重複的驚恐中，可以感覺到腎上腺素急速上昇，刺激的虛擬場景讓人體驗逆境重生的喜悅。

侏儸紀公園・乘船遊®
Jurassic Park -The Ride
📍侏儸紀公園

這可是環球影城中最有人氣的遊樂設施之一，坐上雲霄飛車般的設施後，會看到公園中研究恐龍的中心、溫馴的草食性恐龍，沒多久就會進入充滿叢林探險與水上激流飛車的驚奇與刺激，遊樂過程中很容易弄濕衣服，不妨事先購買雨衣。

飛天翼龍
The Flying Dinosaur
📍侏儸紀公園

想像一下，當你走在一望無際的草原上時，一隻巨大的翼龍從天而降，從背部抓住你，忽地騰空升起，忽地將你左拋右甩，一個360度大迴轉，更是人嚇到心臟都要跳到嘴巴外了！喜歡刺激的人絕對不能錯過的最新遊樂設施！

㉕

ばんぱくきねんこうえん Expo '70 Commemorative Park

万博記念公園

前身為1970年日本所舉辦的萬國博覽會(簡稱大阪萬博、EXPO '70)舊址，會場佔地330公頃，由日本建築師丹下健三設計，當時萬博的主題是「人類的進步和協調」，參展者向世界各國展現文化、科技、產業發展對日常生活影響力的國際交流平台，此次也是日本首次主辦世界博覽會，總計有77個國家、4個國際組織參加，進場人數多達6421萬8770人次。

🏢 万博公園総合案内所 06-6877-7387
🏠 大阪府吹田市千里万博公園1-1
🕐 9:30~17:00(入園至16:30) 🚫 12/28~1/1、週三(遇假日順延，4/1~黃金週和10/1~11/30無休) 💲自然文化園・日本庭園(共通券)大人¥260、國中小學生¥80
🌐 https://www.expo70-park.jp/

○ 大阪モ
🎭 森の舞台
🌳 自然文化園 つばきの森
⊙ 遠見の丘
中國自動車道
大阪モノレール
吹田市立山

ACCESS
電車
搭乘大阪モノレール(大阪單軌電車)在「万博記念公園駅」、「公園東口駅」下車。

大阪著名地標之一，春天賞櫻，秋天賞楓的名所。

小編激推

① 自然文化園
🕐 9:30~17:00(入園至16:30) 🚫 12/28~1/1、週三(遇假日順延，4/1~黃金週和10/1~11/30無休) 💲自然文化園・日本庭園(共通券)大人¥260、國中小學生¥80

自然文化園以岡本太郎所設計建造的博覽會地標——太陽的塔為中心，西側是蓊蓊鬱鬱的森林步道，東側則是寬敞開闊的綠草坪，四季交替各有風情，春季櫻吹雪，夏季五彩繽紛的鬱金香花海，秋季楓紅葉落，冬季靄靄白雪的銀白世界。除了可欣賞自然景觀，吸收豐富芬多精外，園內還有需另外收費的文化設施，國立民族學博物館、大阪日本民藝館、EXPO'70パビリオン等可供遊客入館參觀。

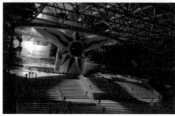

岡本太郎

岡本太郎 (1911-1996) 受到畢卡索影響，創造出抽象意象的畫作和立體藝術品，代表作『傷ましき腕』(油彩、1936年，因戰火中燒毀，1949年再重新製作)、『明日の神話』(油彩、1968年)、太陽の塔(鋼筋混凝土藝術品、1970年)。有興趣的朋友，可以造訪位於神奈川縣川崎市的岡本太郎美術館和東京都港區南青山的岡本太郎記念館參觀喔！

EXPO'70パビリオン
📞 06-6877-4737 🕐 10:00~17:00(入館至16:30) 🚫 12/28~1/1、週三(遇假日順延，4/1~黃金週和10/1~11/30無休) 💲高中以上¥210、國中生以下免費 🌐 www.expo70-park.jp/facility/watchlearn/other-07/

EXPO'70パビリオン是當年萬國博覽會的鋼鐵館舊址改建而成的展覽館，兩層樓的展區，1樓分兩區，分別是舊鋼鐵館展示的作品區和放映室「多目的室」，放映室只於週六、日和國定假日開放，2樓為圓形迴廊的常設展展覽室，14小區的主題，以熱情如火的正紅色為基底背景貫穿全展場，彷彿走入時光隧道，重回現場體驗當時風光熱鬧的盛會。

☎06-6170-5590 ♨大阪府吹田市千里万博公園2-1 ♦依各設施而異 ⓤwww.expocity-mf.com/

日本最大兼具寓教於樂的複合式設施EXPOCITY於2015年11月開幕，是由日本三井不動產公司所投資，集結百貨LaLaport EXPOCITY，以及多座大型娛樂設施，包含海遊館出品的NIFREL、戶外小型遊樂場ANIPO、大型購物中心LaLaport EXPOCITY等，區內還有日本最大摩天輪OSAKA WHEEL，與太陽之塔遙遙相望，美景盡收眼底。

NIFREL

☎0570-022060 ♦10:00~20:00(入場至19:00) ⑤大人(高中生/16歲以上)¥2000、小孩(國中小學生)¥1000、幼兒(3歲以上)¥600 ⓤwww.nifrel.jp/index.html

海遊館製作出品的NIFREL，超越水族館、動物園、美術館舊有刻板印象的設計，誕生出全新型態結合藝術的生物館，**透過空間、照明、影像、音樂傳達的空間展示區，與生物接觸產生的共鳴**，喚醒深層的感動與驚奇，好比欣賞了一場五感的感官饗宴。

LaLaport EXPOCITY

☎06-6170-5590 ♦購物、咖啡廳、餐廳10:00~20:00(週末例假日至21:00)，1~2F EXPO KITCHEN11:00~21:00(週末例假日至22:00) ⓤmitsui-shopping-park.com/lalaport/expocity/

3層樓進駐三百多家店舖的購物中心LaLaport EXPOCITY，獨到之處，關西初出店有47家店舖，品牌以新型態店舖經營方式設櫃，擁有獨立的美食街EXPO KITCHEN集結18間餐廳，提供各式料理任君選擇。

ANIPO

♦10:00~20:00(售票至19:50) ⑤空中飛翔腳踏車、魔法水槍、空中城堡跳跳床¥400，小火車¥300 ⓤwww.hoei-sangyo.co.jp/

ANIPO是戶外小型遊樂園，提供小小朋友歡笑的園地，每個設施皆須先至購票機購票才能入場，遊樂設施共有4項：空中飛翔腳踏車、魔法水槍、小火車、空中城堡跳跳床，全部設施都走迷你版路線，小巧又不失樂趣。

② 日本庭園

♦9:30~17:00(入園至16:30) ♦12/28~1/1、週三(遇假日順延，4/1~黃金週和10/1~11/30無休) ⑤自然文化園・日本庭園(共通券)大人¥260、國中小學生¥80

日本庭園區將日本造園技術發揮得淋漓盡致，沿著西向東流的潺潺流水，可以欣賞到古代到中世紀到近代和現代的4個造園樣式的變遷，也象徵人類不斷在進步中。悠閒漫步在閒靜雅緻的步道，遠離塵囂，獨享片刻與大自然的對話時光，這宛如世外桃源的祕境，再再令人不捨離開。

三宮

さんのみや Sannomiya

和風洋情 共譜出美好風景

> 三宮是神戶最熱鬧的街區，JR、阪神、阪急、市營地下鐵等重要電車路線都在這交會，前往人工島PORT ISLAND的港區捷運線(PORT LINER)也從三宮出發。這裡有熱鬧的商店街，一路直通元町區域，除了逛街血拼，也吸引各國美食餐飲聚集，再向北就是充滿異國風情的異人館街道，成為吸引年輕人聚集、約會閒晃的聚點。

> 三宮最熱鬧的商業區域，不管晴雨都好逛～

❶ 三宮中心商店街

> 超好逛的商店街，一路通向元町連成一氣，一次買遍手上清單！

📍依店舖而異 🚇神戶市中央區三宮町1~3丁目 🕐依店舖而異
🌐www.kobe-sc.jp

小編激推

走出三宮車站就會看到的三宮中心商店街是神戶地區最熱鬧的商店街，從三宮可以一路往西逛到元町地區，再沿著元町商店街往西走便能直直通到神戶車站。由於商店街頂頭有遮雨棚，即使艷陽天或下大雨依然能購買個盡興，舉凡服飾、配件、文具、書籍或各種服務，只要想得到的店家都能夠在此找到，平行的2丁目也同樣有許多專門店，如人氣商店Uniqlo、Zara都很好逛。

ACCESS

電車
搭乘JR神戶線於「三ノ宮駅」下車。搭乘阪急神戶線、阪神本線於「三宮駅」下車。
●三宮的主要遊逛區域都是步行就可抵達，從三宮駅往北沿著北野坂徒步約15~20分可達北野異人館，往南徒步約12分可達舊居留地。往西徒步約10分可達元町，從元町再向南行約10分便可抵達神戶港濱。

❷ Santica

☎078-391-3965 🚇神戶市中央區三宮町1-10-1 🕐10:00~20:00(餐廳至21:00) 🏖每月第3個週三 🌐www.santica.com ❗Tax-free Shop(非全館)

Santica是**神戶三宮地區最大的地下街**，共分為**10個區域**，擁有服飾、餐廳甜點等讓通勤族以方便獲取需求的店家，每個區域各有不同主題。其中7番街是甜點街；10番街為美食街，集合了多家餐廳、蛋糕店，讓利用Santica的人能夠快速享受美味。

③ M-int神戶

☎078-265-3700 ♠神戶市中央區雲井通7-1-1 ▶購物11:00~21:00，餐廳11:00~23:00 ⊗不定休 Ⓤ www.mint-kobe.jp ❶Tax-free Shop(非全館)

　2006年10月開幕的神戶M-int就位於最便利的三宮車站前，為一個**流行感十足的複合式大樓**，除了購物、美食之外，部分樓層也進駐辦公室，由於地點絕佳，且刻意挑選進駐的店家無論服飾、雜貨、美妝、唱片等，走向具有年輕時尚感，成為神戶年輕人喜愛聚集的逛街地。

⑤ DONQ 三宮本店

☎078-391-5481 ♠神戶市中央區三宮町2-10-19 ♥ 1F麵包8:00~20:00，2F咖啡廳9:00~20:00(L.O.19:30)，3F咖啡廳11:00~20:00(L.O.19:30) ❺淡路の玉蔥パン(淡路洋蔥麵包)¥206 Ⓤ www.donq.co.jp

　早已進軍台灣多時的DONQ的創始總店就位於神戶的三宮，這第一家店舖至今仍深受當地人們喜愛，不斷**利用各種新鮮食材創新研發多種獨家麵包**，目前人氣度最高的是將受歡迎的法國麵包剖開夾入甜蜜楓糖漿，一推出就立刻成為老店人氣第一的美味，是許多女性的最愛。

④ 生田神社

☎078-321-3851 ♠神戶市中央區下山手通1-2-1 ♥7:00~17:00 ❺境內自由 Ⓤ www.ikutajinja.or.jp

> 著名緣結神社，想求好姻緣一定要來參拜。

遊客大推

　神戶地名其實源自生田神社，古代這個地方稱管理生田神社的人叫做神戶，久而久之，這一方土地就統稱為「神戶」了。生田神社有著鮮豔的朱紅色樓門和主殿，祭**祀是主司緣分的稚日女神**，由於有許多名人在這裡結婚，因此這裡也成為了最佳的**結緣神社**，每天有許多人來參拜，祈求締結良緣。

⑥ Red Rock 三宮東店

☎078-261-8539 ♠神戶市中央區旭通5-3-12 竹下ビル 2F ♥ 11:30~15:00(L.O.14:00)，17:00~23:00(L.O.22:00) ❺ステーキ丼(牛排丼)¥1150 Ⓤ redrock-kobebeef.com

　發源自三宮的人氣紅店Red Rock，受歡迎的秘密便在於新鮮的肉品！**採用高檔部位的美國牛肉調理至3分熟便上桌**，鮮美的牛肉與大份量讓人十分滿足。由於本店用餐時人潮眾多，建議可以到三宮東店，避開人潮。要注意的是，若是害怕吃太生的人，可以在點餐時提出要求，店家會將肉調理至全熟(Well down)。

① SAN CENTER PLAZA

☎078-332-2768 🏠神戶市中央區三宮町1-9-1 🕐依店舖而異 🌐3nomiya.net

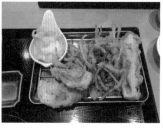

就位於三宮中心商店街的SAN CENTER PLAZA 是一個**複合式購物中心**，其又可分為SAN PLAZA、CENTER PLAZA、PLAZA WEST三大區，購物用餐一網打盡。與一般購物中心不同的是，其中PLAZA WEST可以說是神戶的動漫中心，從2~5樓進駐許多動漫相關商店，有點像是東京中野的動漫特區，又**被暱稱為神戶的御宅街**。**B1樓還有美食街與公立市場**，在此還可以買到醬菜並品嚐美食，是個符合各族群階層的購物商城。而看起來毫不起眼的地下樓層，更是集結了當地知名庶民餐廳，用餐時間跟著人龍排隊準不會有錯！

まきの

☎078-335-1427 🏠CENTER PLAZA B1F 🕐11:00~20:30(L.O.20:00)，週六日例假日10:30~20:30(L.O.20:00) 💰天ぷら定食(天婦羅定食)¥1210 🌐www.toridoll.com/shop/makino/

無論何時經過，白色的暖簾前總是排著人龍，尤其是用餐時間人潮更是絡繹不絕。這裡可是天婦羅的著名店，有別於一次全上的炸物定食，**まきの的堅持將現炸的美味呈現客人桌上，點餐後才將季節食材下鍋油炸，讓人能夠品嚐到最鮮脆的炸物**。這裡的白飯與味噌湯與醬菜採吃到飽的方式，大食量的人絕對不怕吃不飽。

美味關鍵

點份玉子天(炸雞蛋)，放到白飯上再將玉子天用筷子戳破，半熟蛋液的流下來讓白飯更加濕潤，撒點山椒粉，濃厚中帶點清香，鮮嫩中又帶點酥脆，美妙的滋味可千萬不要錯過！

長田本庄軒

☎078-391-3314 🏠CENTER PLAZA B1F 🕐11:00~21:30(L.O.20:00)，週六日及例假日10:30~20:30(L.O.20:00) 💰ぼっかけ焼きそば(滷肉炒麵)¥690 🌐www.toridoll.com/shop/nagata

是什麼樣的魅力，會讓連穿著打扮入時的年輕年也甘願大排長龍只等著吃上一口呢？近年來在神戶年輕年間口耳相傳的炒麵名店，在三宮CENTER PLAZA也吃得到了。長田本庄軒的炒麵**使用中粗雞蛋麵條，在鐵板上大火快炒，淋上醬汁滋滋作響，再淋上由牛筋與蒟蒻燉煮入味的ぼっかけ**，坐在鐵板前邊看老闆俐落炒麵的身手邊吃著熱呼呼的炒麵，更能感受日本庶民風情。

かつ丼吉兵衛

☎078-392-4559 🏠CENTER PLAZA西館B1 🕐10:30~19:00 ❌不定休 💰玉子とじかつ丼(蛋液豬排丼)¥850，ソースかつ丼(醬汁豬排丼)¥850 🌐www.yoshibei.co.jp

發源自神戶的豬排名店，招牌有兩種，一種是在**炸得香酥的豬排飯上淋上半熟蛋花的蛋液豬排丼**，另外則是**淋上香濃豬排醬的醬汁豬排丼**，兩款各自有擁護者，但不管哪一種，都是能讓人再三回味的庶民好味道。用餐時間總是大排長龍，但翻桌率很高，不用等太久；若是利用下午非用餐的時段造訪較有空位。另外，點餐再加50日幣便有一碗紅味噌湯，不死鹹的甘美滋味也值得一試。

map labels:
NHK・西村咖啡中山手本店・あげは・中山手通・a Coppola Storta・彩ダイニング・生田神社・③ 拉麵太郎・PLAISIR・東門街・GREEN HOUSE Silva・北野坂・阪急神戸線・a la compagne・唐吉訶德・② 東急手創館・JR神戸線・PINT CATERING・樽珈屋・MONATANA・金魚・石田屋・tea room MAHISA・ma couleur・HANAZONO・欧風料理もん・三ノ宮駅・三宮駅・Red Rock東店・odemark・unico・鳴門鯛燒本舗・ステーキ石田・小金太・三宮駅・④ PIAZZA KOBE・Berry・三宮駅・M-int神戸・OPA・Banana Bacs・MICKEY・Santica・三宮駅・PLAZA WEST・SAN CENTER PLAZA・① 神戸0101・SOGO・A Non Design・DONQ・神戸BAL・三宮商店街・淳久堂書店・三井住友・SOGO新館・三宮本通・Konigs Krone・TOOTH TOOTH・Clefy・地下鉄海岸線・Loft・神戸國際會館・居留地・大丸前駅・Konigs Krone・三宮神社・花時計・① 三宮・花時計前駅・②・cafe it・神戸大丸・朝日大樓・京町筋・Grill十字屋・④ 神戸市役所・磯上公園・Cafféra・舊居留地38番館・高砂大樓・mont bell・東遊園地・フラワーロード・明石町筋・Banana Republic・TOOTH TOOTH maison 15th・CENTRAL・nackymade・貿易中心駅・ROUGH RARE・舊居留地15番館・神戸市立博物館・浪花町筋・江戸町筋・伊藤町筋・東町筋・商船三井大樓・L.L.Bean・國道2號線・SALON

③ 拉麵太郎 三宮本店

☎078-331-1075 ♠神戸市中央區中山手通
1-10-10 🕙11:00〜22:00 Ⓢトマトラーメン(
蕃茄拉麵)￥1100,餃子￥280 🌐www.
chinaroad-japan.com/

　若要推薦一碗神戶最好吃拉麵的話,小編
我絕對要把拉麵太郎的蕃茄拉麵用雙手高
高舉起。這碗拉麵**以蕃茄湯頭為基底,加入
中等粗細的拉麵,再放上2片叉燒**,就是這
麼簡單,但卻是極度美味。吃的時候再**加上
幾滴Tabasco辣醬**,好味道果真令人口齒留
香。另外,這裡還有免費的泡菜任你吃,雖然
口味偏甜,對喜歡辣勁的人也許不太適合,由
於是免費提供,大家也都吃得很開心。

② PLAISIR

☎078-571-0141 ♠神戸市中央區下山手通2-11-5ホテル ザ
・ビー神戸1F 🕙11:30〜15:00(L.O.14:00),17:00〜22:30(L.
O.21:00) Ⓧ週一 Ⓢ神戸ビーフサーロインのコース(午間神戸
沙朗牛排套餐)100g￥8250 🌐www.kobe-plaisir.jp

　一走進PLAISIR店內,就被其白壁木造的尚裝潢吸引。
強調店內使用的**牛肉皆為兵庫境內農場直送**,肉質新
鮮自然不在話下。結合當季鮮蔬一同炙煎而成的鐵板
燒料理,一直都是PLAISIR的自慢料理。只見主廚在鐵板
前舞動鐵鏟,藉由鐵板將神戶牛肉鮮美的肉汁都鎖起
來,瞬間就變化出一道道美味的料理。另外,配合每種
不同的肉質,店家還會推薦適合的酒類一起品嚐。

④ Piazza Kobe

☎依店家而異 ♠神戸市中央區北長
狹通 🕙依店家而異 🌐piazza-
kobe.com

　從JR三之宮站往西延伸,**沿著
電車路線的高架橋下到JR元町
站,有條約400公尺長的狹長商
店街**,就是高架下商店街,稱作
Piazza Kobe,是義大利語「有屋簷
的走廊」的意思。在這裡擠著上百
家小店,有年輕人最炫的流行服
飾、包包、鞋子、復古玩具、個性
飾品等。不只有逛的,這裡也有復
古食堂、咖啡廳、蛋糕店等,是購
物休息的好地方。

元町

もとまち Motomachi

熱鬧商店街 唐人街話共榮風情

元町擁有精華薈萃的元町商店街穿過，可說是應有盡有，流行度雖然不如三宮商店街，但要找到滿滿的在地風情來這裡準沒錯。除了元町商店街，在商店街的南邊還有個庶民風情的南京町。每到了農曆新年，在這裡也會看到盛大的新年祭典，像是舞龍舞獅、古人遊行等，十分有趣。

ACCESS

電車

搭乘JR神戶線、山陽電鐵本線至「元町駅」下車。搭乘神戶市地下鐵東西線至「旧居留地‧大丸前駅」、「みなと‧元町駅」下車。

❶三宮的主要遊逛區域都是步行就可抵達，從三宮駅往北沿著北野坂徒步約15~20分可達北野異人館，往南徒步約12分可達舊居留地，往西徒步約10分可達元町，從元町再向南行約10分便可抵達神戶港濱。

1 元町商店街

☎078-391-0831(元町商店街連合会) ⛩神戶市中央區元町通1丁目~6丁目 ◐依各店而異 ㊡依各店而異 🌐www.kobe-motomachi.or.jp

從鯉川筋至神戶高速鐵道東西線的西元町駅間，**東西向綿延長達2公里的商店街**正是深受當地人喜愛的元町商店街，從百貨公司、名牌服飾、餐廳、書局、糕餅老舖、甜點店、生活雜貨、土特產紀念品店、藥妝店等應有盡有，商店街上方還有拱頂罩著，不論外頭刮風下雨，都不會壞了逛街興致。如果有時間，沿著元町商店街一路向西南走去，便能連接神戶駅，來到HARBOR LAND。

2 森谷商店 元町本店

☎078-391-4129 ⛩神戶市中央區元町通1-7-2 ◐10:00~20:00，可樂餅販賣10:30~19:30 ㊎ミンチカツ(炸肉餅)￥150 🌐moriya-kobe.co.jp

創業於明治6年(1873)的森谷商店是神戶最自豪的**神戶牛肉老店**，美味無比的神戶牛肉雖然無法帶回國，但加入了正宗神戶牛肉製作的可樂餅或炸肉餅照樣讓這不起眼的肉成為觀光客們的最愛，經常大排長龍的店門前當場新鮮現炸美味，即使燙手仍然建議立刻品嚐。

3 伊藤グリル

不易流行的洋食老舖，炭烤牛肉美味無限。

小編激推

☎078-331-2818 ⛩神戶市中央區元町通1-6-6 ◐11:30~14:00(L.O.)，17:30~20:30(L.O.) ㊡週二三 ㊎牛排午餐￥6600起 🌐www.itogrill.com

這是一家**洋溢著老味道的牛排館**，創立於1923年，一股講究而不鋪張、堅持原味但不退流行的氣質，讓你知道是一家有著經驗老道料理人所開設的好店。第一代店主以曾在遠洋郵輪服務的好手藝起家，第二代開始了**炭烤的手法**，而傳到了曾遠赴法國進修的第三代，則設計**精彩的酒單搭配美食**，提供更優質的用餐服務。

建議可以選在中午來品嚐它的午間套餐，只要￥3300起跳。

⑤ 神戸風月堂 元町本店

☎078-321-5598 ⚑神戸市中央區元町通3-3-10 ◷商品販售區10:00~18:00，Salon de The 11:00~18:00(L.O.17:30) ⊗商品販售區1/1，Salon de The 週一、1/1 ⑤傳統口味法蘭酥禮盒￥1080起 ⊕www.kobe-fugetsudo.co.jp/

有著典雅名字的風月堂創業於明治30年(1897)，最具代表性的名品是**法蘭酥**，圓形煎餅中間夾著一層奶油，有草莓、巧克力、香草三種傳統口味，近年來另外開發紅茶、抹茶、咖啡、水果等口味，**薄脆又口齒留香**，是來訪神戶時必逛的名店之一。

④ 観音屋 元町本店

☎078-391-1710 ⚑神戸市中央區元町通3-9-23 ◷11:00~22:00 ⑤チーズケーキ(起司蛋糕)￥350 ⊕www.kannonya.co.jp

融化的起司蛋糕吃起來是什麼味道？観音屋的起司蛋糕跟一般印象中的西式起司蛋糕很不一樣，**圓圓的海綿蛋糕上鋪著厚厚的起司**，吃的時候竟然是熱的，上頭的起司融化掉，鹹鹹甜甜十分美味。如果沒空坐在店內品嚐，這裡也有外帶專區，帶回家後只要用微波爐加熱一下，馬上就能享受到這熱呼呼的美味。

familiar以一隻可愛的白熊為商標，站在門口吸引顧客。

⑥ familiar神戸元町本店

☎078-321-2468 ⚑神戸市中央區西町33-2 ◷11:00~19:00 ⊗週三不定休(詳見官網) ⊕www.familiar.co.jp

由於元町是許多神戶貴婦們逛街區域，鎖定品味父母的童裝familiar當然也要在此佔有一席之地，**由四個女生從母親角度出發所創立的童裝品牌**，故事曾被NHK翻拍成晨間劇「童裝小姐(べっぴんさん)」。1樓為嬰幼兒區域，2樓則為130公分以上的兒童服，除了琳瑯滿目的商品之外，還有頗受小朋友青睞的3樓遊戲區。

❶ 六月樓

自2015年開幕以來，一躍成為神戶的文創新據點。

🏠 神戶市中央區北長狹通3-11-8 ⊙
12:30~18:00 🌐 www.tit-rollo.com

ロクガツビル（六月樓）改建自一幢七〇年代的小樓，「六月」一詞，在店主人谷氏夫婦喜愛的神戶作家稻垣足穗的小說中經常提及，兩人認為「**六月的感覺很神戶**」，故以六月為小樓命名。這是一座集合商舖，共設兩店——分別為1樓的「BROOCH」與「HOSHIZORA」。BROOCH主要販售集結日本國內作家製作的服飾配件，HOSHIZORA（星空）則是以手作品為中心的選物店。

遊客大推

六月樓隱身在神戶的文創街區Tor West。

❷ Fabulous OLD BOOK

☎ 078-327-7883 🏠 神戶市中央區下山手通4-1-19西阪ビル4F ⊙ 13:00~19:00 ⊗ 週三 🌐 fobook.ko-co.jp/

鯉川筋上，這間隱藏在四樓的Fabulous OLD BOO書店主要販賣1940~70年代，被稱為繪本黃金時代，從美國發行的繪本，**約有5000本繪本**是老闆夫妻踏遍全美國的土地，**從各地收集而來**，可算是一個繪本的大寶庫，更是只此一家的繪本舊書店。

❸ Lima coffee

☎ 078-335-6308 🏠 神戶市中央區榮町通3-2-6 1F ⊙ 9:00~18:00 ⊗ 週三 🌐 limacoffee.jp

小小的一間選豆店，放置著烘豆機，只有一個櫃台供老闆熟練地磨豆、煮豆，最後將深褐色湯汁注入紙杯中，在滿室溢香中交給一張張渴望飲下咖啡的嘴。這裡**沒有室內座位，只供外帶**，販售的咖啡豆也約有5種類，不定期會與烘焙店ARUKITORI結合，在店內販售人氣起司蛋糕，喜歡的人別忘了追蹤Lima coffee的FB專頁，以免錯過。

❹ cat caffe Nyanny

☎ 078-391-5420 🏠 神戶市中央區元町通2-6-11 德永ビル3F ⊙ 10:00~20:00(L.O.19:30) ⊗ 每月第3個週二 ⊙ 入場費(不含飲料)平日¥1000/1小時，週六日及例假日¥1200/1小時，(含非酒類飲料) 平日¥1300/1小時，週六日及例假日¥1400/1小時，延長時間¥500/30分 🌐 nyanny.com

Nyanny是一間隱身在元町德永大樓**3樓**的貓咖啡，每天都有**十多隻可愛的小貓**在這裡待命，希望能陪每個客人度過快樂的時光。每隻貓都有不同名字、不同個性，但共通的就是貪吃。如果跟店家買飼料，原本不理人的貓咪就會全部靠過來要吃的，讓人成為大明星般受到歡迎。想體驗**日本特別的貓咖啡文化**，就來到元町讓可愛的小貓咪治癒疲憊的心靈吧！

喵喵～快來找我玩～

5 瓢たん 元町本店

📞 078-391-0364 　🏠 神戶市中央區元町通1-11-15
🕐 11:30~22:30(L.O.22:00) 　⊗不定休 　💰餃子一人份¥390 　❶用餐人潮
多時老闆會拒絕再加點，點餐時記得把一次要吃的份量點齊

　瓢たん在神戶地區擁有很大的名氣，幾乎是無人不知的**餃子名店**。狹窄的店門只容得下不到10人，吧台內煎餃子的是有數十載經驗的老奶奶。接過老奶奶送來的餃子，沾上**由味噌醬汁與大蒜醬油調和的獨門醬汁**，熱熱的一口咬下，酥脆的表皮在口中化開，肉汁留上舌尖，這樣的美味與便宜的價錢，難怪小小的店面總是不時擠滿人潮。

6 南京町

🏠神戶市中央區元町通~榮町通一帶 　🌐www.nankinmachi.or.jp

　南京町就是**神戶的中華街**，就像是香港的縮影般，以紅金兩色為基調的建築物，加**上醒目的牌樓長安門**，還有寫滿中國字的菜單，讓來自華語地區的觀光客格外熟悉。來到南京町，不用去跟日本人一道去排長龍等著吃廣東料理，光是路邊擠得滿滿的港式小吃攤就夠熱鬧了！

旧居留地
きゅうきょりゅうち Kyukyoryuchi

洋人居住舊地 變身時尚歐風街道

神戶大丸百貨周邊擁有一系列充滿新文藝復興風格的歐風建築，是100多年前神戶開港時所建的街道，由於是過去的外國人居住地區，留下來許多舊建築物和紀念碑，因此被稱為舊居留地，形成此區處處可見的歷史特色，如今只見更多的精品名牌店、露天咖啡座紛紛進駐，街道也更加寬敞整潔舒適，優雅而清爽，是關西地區最具歐洲情調的街道。在這歐風濃濃的懷舊街道眺望神戶的港町暮色，讓人彷彿來到歐洲，更能貼近有別於日本其他地區的洋風情緒。

ACCESS
電車
搭乘JR神戶線於「三ノ宮駅」、「元町駅」下車。搭乘阪急神戶線、阪神本線在「三宮駅」下車。搭乘神戶市地下鐵東西線至「旧居留地·大丸前駅」、「三宮·花時計前駅」下車。
⬇三宮的主要遊逛區域都是步行就可抵達，從三宮駅往北沿著北野坂徒步約15~20分可達北野異人館，往南徒步約12分可達舊居留地，往西徒步約10分可達元町，從元町再向南行約10分便可抵達神戶港濱。

在綠地裡有許多裝置藝術，走走逛逛十分悠閒～

① 東遊園地
🏠神戶市中央區加納町6-4-1 ⏰自由參觀 🌐eastpark.jp/

　從三宮駅往南經過神戶市公所就會看到一大塊**綠意盎然的公園綠帶**，這裡便是以神戶光之祭典LUMINARIE聞名的東遊園地。在日文中「遊園地」所指的是遊樂園，設計者希望讓人們像是進入到遊樂園一樣享受公園因而命名，**開闊腹地內有水景、廣場**，是附近上班族戶外午餐的最佳場所。

KOBE LUMINARIE
📞078-303-1010神戶觀光協會 🏠神戶市旧居留地及東遊園地 🗓日期：12/8~17，每年略有變動 ⏰18:00~21:30、週五18:00~22:00、週六17:00~22:00、週日及例假日17:00~21:30 🌐www.kobe-luminarie.jp

　發生於1995年1月17日清晨的阪神大地震，改變了神戶許多市區的樣貌、卻也帶來了新生，誕生於1995年底的LUMINARIE是其中最受矚目的項目之一。LUMINARIE一語來自義大利文，原意是「燈飾」，在黑夜中，將近15萬盞燈火同時打亮，在隆冬裡幻化出莊嚴之光、藝術采輝，寓含了為震災犧牲者鎮魂、也昭示著賜予倖存者對生命的感動與勇氣，更希望能為受損嚴重的神戶市街，帶來重生與復興的契機。

② 旧居留地38番館
📞078-333-2329 🏠神戶市中央區明石町38 ⏰購物10:00~20:00，餐飲11:00~20:00 🎌1/1

　門上插著黑白格子旗，外觀有相當濃厚的懷舊氣氛的38番館同屬於大丸百貨，也是**舊居留地的代表性地標**。這裡的1樓是附設咖啡館HERMES，2樓是較高級的流行服飾品牌COMME des GARÇONS、3樓是AMERICAN RAG CIE，4樓是神戶知名菓子舖TOOTH TOOTH。

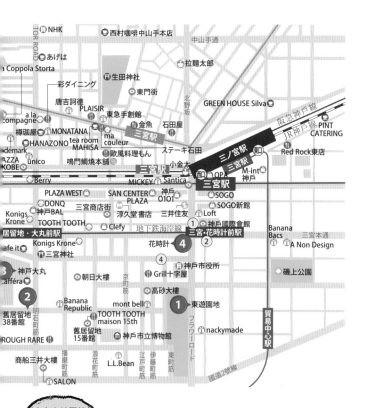

④ 花時計

📍神戸市中央區加納町6-5-1　🕐自由參觀　🔗
www.city.kobe.lg.jp/a53501/kanko/
leisure/landmark/hanadokei/index.html

　位於神戶市公所北方的花時計是三宮地區的重要地標，更有車站以此命名，以**新鮮花卉與植物共同組成的時鐘直徑為6公尺，高2.25公尺**，為1957年就完成的**日本第一座花鐘**，每年會有8~10次更換季節性的花朵植栽，讓遊客們能夠感受神戶的清新。

> 大丸在神戶並非只是一間百貨公司，更是神戶的地標。

> 大丸本館的建築物本身就是一件古蹟藝術品。

Cafféra

📞078-392-7227　🏠神戶大丸本館1F　🕐9:45~20:00　💲カプチーノ(卡布奇諾)¥800　🔗www.ufs.co.jp/brand/cfr

　位在神戶大丸店1樓的Cafféra（咖啡館年代）是一間謹守**義大利傳統的米蘭風咖啡館**。店名是咖啡館（café）和年代（era）融合而成。咖啡調理師宮前美雪曾獲2007年世界咖啡調理師大賽第四名，每日充滿慕名而來的咖啡愛好者。而位在**拱廊下露天咖啡座是人氣度最高的地方**，鋪上桌巾的小圓桌充滿歐式風情，隨時都坐滿了想要悠閒品嘗咖啡及欣賞迷人街道景觀的人。

③ 神戶大丸

📞078-331-8121　🏠神戶市中央區明石町40　🕐本館B2~1F
10:00~20:00、2~10F 11:00~20:00，38番館購物
11:00~20:00，本館9~10F餐廳11:00~21:00　❌1/1　🔗

遊客大推

www.daimaru.co.jp/kobe　❗出示護照至1樓服務台可換領取5%off的優惠券

　村野藤吾設計的大丸百貨神戶店完成於昭和2年(1927)，**流線的外型說明這是一棟現代主義建築**。對於神戶人來說，這不僅是一座大型百貨公司的神戶分店，更是神戶的地標。阪神大地震後受到嚴重損害，卻在短時間內修復，讓神戶人充滿信心和希望。大丸佔地很廣，**本館周邊的洋館建築所進駐的精品名牌**也都屬於大丸百貨，現在成為神戶人最愛的時尚購物指標。

①Grill十字屋

☎078-331-5455 ⌂神戶市中央區江戶町96
⏱11:00~20:00(L.O.19:30) ⊗週日 ⑤ハイシライ
ス(牛肉燴飯)￥950 ⑩www.grill-jujiya.
com

　隱身於神戶市政府後方的Grill十字屋是一
家洋食老舖,創業於昭和8年(1933),從門口就
能夠感受一股懷念的復古風格。果不其然,
推開深色木質門扉,一走入店內,挑高的空間
格局與一張張懷舊感十足的家具,甚至是桌
面上簡單的不鏽鋼調味罐,都讓人有種時間
彷彿靜止在昭和年代的錯覺。Grill十字屋的**招
牌餐點正是洋食料理中最受歡迎的牛肉燴
飯**(ハイシライス),有別於其他餐廳的濃重暗
色,十字屋的牛肉燴飯稟持了創業以來的秘
方及調理法,呈現燉煮的紅燒色澤,**大量的
洋蔥增添了甜味**與口感,有著叫人懷念的日
本洋食好滋味,醬汁更是讓人回味再三。

> 利用馬賽克
> 拼貼而成的
> 磁磚招牌頗
> 有歐風感。

> 在西洋老房舍中
> 享用優雅時刻,意
> 大利麵簡單美味,
> TOOTH TOOTH經
> 典蛋糕不容錯過。

②TOOTH TOOTH maison 15th

☎078-332-1515 ⌂神戶市中央區浪花町15 ⏱11:00~22:00
⊗不定休 ⑤TEA SET￥4290 ⑩https://toothtooth.com/
restaurant/maison-15th

**小編
激推**

　　　　建於1881年的15番館,以木骨結構和水泥磚牆造成,是**明治時
　　　　代的美國領事館,當時1樓是辦公室、2樓是居住空間。這是目前
神戶市區內最古老的異人館,已經變成國家指定的重要文化財,
阪神大地震後重建,幾年前改裝成咖啡館,由**神戶當紅的菓子店
TOOTH TOOTH進駐**,提供美味餐點與蛋糕。舊居留地在建設之初即規劃好
完整的下水道系統,現在15番館外有一小段從前的紅磚下水道供人參觀。

③ Aquarium x Art átoa

☎078-771-9393　🏠神戶市中央區新港町7-2　🕙10:00~20:00(入館至前一小時)定期維護日、不定休(詳見官網)　💰國中生以上¥2700、國小生¥1600，3 以上¥900，未滿3歲免費　🌐atoa-kobe.jp　❗採事先預約指定入場制

神戶網美水族館景點。

遊客大推

神戶開幕了一家名叫átoa的水族館，名字的由來是Aquarium to Art的簡寫。從名字就能發現這是一家強調將藝術和水族館結合的新型態水族館。裡面非常的漂亮，幾乎不會覺得是一個水族館，而且裡面**不只有魚類，還有無脊椎動物、兩生爬蟲類、鳥類、哺乳類等生物**，很適合帶小孩前往。順帶一提這裡的裝置藝術非常的用心，如果有來此一定要去體驗一下！

④ ROUGH RARE

☎078-333-0808　🏠神戶市中央區明石町18-2 大協ビル2~4F　🕙午餐 11:00~15:00(L.O.)、晚餐 17:00~21:00(L.O.20:00)、咖啡 11:00~20:00 (L.O.)　🍮自家製 きプリン(手工布丁)¥550　🌐www.roughrare.com

想體驗**神戶年輕人的夜間Lounge生活**，ROUGH RARE絕對是首選，還不到晚上7點，店內就擠滿了打扮有型的年輕人們，8點一到，DJ準時送上音樂，讓整個空間氣氛動了起來，**餐飲主要提供洋食**，包括漢堡肉、蛋包飯、咖哩、義大利麵等。

⑤ 高砂大樓

☎078-331-1725　🏠神戶市中央區江戶町100　🕙依店舖而異　🅟依店舖而異　🌐www.100ban.jp

曾經在金城武主演的電影【死神的精準度】中登場的高砂大樓是由企業家李義招於第二次世界大戰時所建造，完工於1949年，**充滿了復古風情的大樓內如今進駐許多個人店舖與手作工房**，帽子、復古二手衣、個性服飾等，一樓還有間爵士吧。

⑥ 神戶市立博物館

☎078-391-0035　🏠神戶市中央區京町24　🕙9:30~17:30(入館17:00)，特別展期間週五、六至19:30　🅟週一(遇假日順延一天)、新年、不定休(詳見官網)　💰一般¥300、大學高中生¥150、國中小學生免費(特展時收費另計)　🌐www.city.kobe.lg.jp/culture/culture/institution/museum/main.html

由舊時橫濱正金銀行的建築物改建而成，**長期展出的有神戶自古以來的轉變、日本與外國的交流、東南亞美術、基督教美術、日本、歐洲的古地圖等**，逛一圈就會更了解神戶的歷史脈絡。另外不定期會有企劃展或是世界巡迴大展等，也是許多神戶市民充電放鬆的人氣博物館。

⑦ SALON

☎078-393-1187　🏠神戶市中央區海岸通5番地商船三井ビル203A号室　🕙11:00~18:00，週六日及例假日10:00~17:00　🅟週二、三　💰比利時香皂¥2100　🌐salon-and-associates.com/

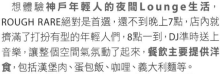

已有17年歷史的SALON**專賣香皂、沐浴芳療用品、首飾與皮件等各種世界良品**。這是比利時唯一精品香皂品牌Savonneries Bruxelloises的日本代理商，運用從巧克力獲取靈感所製造的香皂完全天然，衍生出各種沐浴用品是比利時皇室，更是歐洲上流人士們的最愛。

栄町
さかえまち Sakaemachi

舊大樓雜貨小舖 神戶文青最愛

鄰近海岸的榮町往北是元町，往東為舊居留地，南邊正是神戶港口，這裡昔日為神戶港的繁盛區域，許多貿易公司紛紛進駐，小小的公寓內就擠入幾十家辦公室，如今，雖然榮町仍然保有這些存在著繁盛景象痕跡的公寓，濃濃的懷舊感又帶點流行復古時尚，昔日的辦公室紛紛成了雜貨、服裝、藝廊等個性小舖，每一間都有著迷人的故事風景，穿梭在其中尋找個性小物、服飾因而成為神戶品味人士的最愛，充分展現了與港町融合的神戶STYLE。

mont plus人氣最高的甜點是ヴァランシア(Valencia)將杏仁與柳橙慕思包入蛋白霜中，驚奇的口感讓人一吃難忘。

ACCESS
電車
搭乘JR神戶線、山陽電鐵本線至「元町駅」下車。搭乘神戶市地鐵東西線至「舊居留地・大丸前駅」、「みなと元町駅」下車。

❶ 三宮的主要遊逛區域都是步行就可抵達，從三宮駅往北沿著北野坂徒步約15~20分可達北野異人館，往南徒步約12分可達舊居留地，往西徒步約10分可達元町，從元町再向南行約10分便可抵達神戶港濱。

被女孩們擠爆的大人氣甜點店，如珠寶般散發光澤的甜點每個都想吃看看。

小編激推

① mont plus 本店
☎078-321-1048 ⬤神戶市中央區海岸通3-1-17 ⏰10:00~18:00(L.O.16:00) 🈺週二(遇假日順延一天)，不定休 🈶ヴィクトリア(柑橘白巧克力慕思)¥529、ヴァランシア(杏仁柳橙)¥529 🌐www.montplus.com

推開厚重玻璃門，幾張桌椅擺在蛋糕櫃前就成了茶室，門口仍有排隊人潮等候入席，mont plus的美味甜點魅力吸引人即使排隊也要吃到。這裡的甜點每一個都很**精緻美麗**，光挑選就有可能猶豫好一陣子。如果不想排隊可以**外帶蛋糕至港邊**一邊欣賞風景一邊品嚐，也十分愜意。

② 宮本大樓
⬤神戶市中央區海岸通4-1-11

外觀有著大大I❤KOBE的宮本大樓，是**榮町地區的指標性建築**。雖然宮本大樓並不是歷史悠久的懷舊建築，但由於外牆上I❤KOBE的圖樣太過醒目，目前也是到榮町都一定要來朝聖一番的人氣景點。

厚重的洋風建築，展現神戶港的過往風華。

③ 海岸大樓
⬤神戶市中央區海岸通3-1-5

這裡**最初是貿易公司兼松商店本店所在地**，完工時1樓是兼松商店辦公室，2樓以上由其他事物所租賃使用。目前1樓店舖的室內空間還是可以約略看到兼松商店所在時期的樣貌。從海岸通上的建築正面走進大樓裡，**通向2樓和3樓的長階梯不轉彎地一路直上，天井裝設著大型彩色玻璃**，天氣晴好時，投射的光線讓室內空間籠罩在繽紛氣氛裡，晚上的戶外照明也讓海岸大樓像是一場華麗夢境般，令人沉浸在其建築之美中。

④ POLETOKO
☎078-393-1877 ⬤神戶市中央區榮町通1-1-10 ⏰11:00~19:00 🈺週三 🈶
www.poletoko.com

POLETOKO是間專賣動物**木雕玩偶**(ぽれぽれ動物)的小店，一個個圓潤、表情可愛的動物雕刻，由職人一個一個手作，將木頭表面磨至光滑，**不刻意漆上彩色紋樣**，而是利用木頭的質地與紋路，加上一點黑色，活靈活現地將最可愛的一面表現出來。超級療癒動作表情，有數不完的動物總類，是喜歡ぽれぽれ動物的人一定要來朝聖的小店！

6 lotta

📞078-599-5355 🏠神戶市中央區榮町通3-1-11乙仲アパートメン1F ⏰11:00~18:00 🈺週三、不定休
www.web-lotta.com/?mode=f1

原本在網路起家，**專賣由北歐、東歐購入的名家杯盤雜貨**，lotta悄悄在神戶榮町紮根，透明的玻璃窗引入滿室溫暖日光，灑在精美的杯盤上，讓人不禁想像起使用的光景。除此之外，店主人**也選入日本的職人作品**，像是丹波燒、大鹿田燒等，雖然價格不斐，但秉持只賣「能用一輩子的好物」的精神，lotta選的作品皆具有水準，適合對生活品味有堅持的人前來選購。

5 榮町大樓

🏠神戶市中央區海岸通3-1-5

建於1940年代中期的榮町大樓是鋼筋混凝土建築，外觀完全沒有多餘的裝飾，這樣無機質、個性並不特別強烈的感覺反倒讓不少店家來到此地；最初這裡的設計是船業相關的事務所使用，大樓裡也隔成數個房間，共用洗手間和廚房。**目前已不再有任何事務所，全部都是服飾店、家居用品店、咖啡館、藝廊和生活雜貨店**，據說在其中開業最久的扇田齒科則是比較例外的「單位」。

毫不起眼的外觀中竟隱藏多家好店，鼓起勇氣推開那每一扇門，意想不到的收穫就在眼前。

小編激推

7 海鷗大樓

🏠神戶市中央區海岸通3-1-5

重新翻修後的海鷗大樓，主要希望藉由建物的重整喚起市街、人們的記憶重新喚醒，於是經由整修，招來多家雜貨小舖入駐，重新活化這一區域。建於1983年的海鷗大樓不算老舊，**重新設計的室內空間簡單，且外觀加入藍色的海洋意象**，給人清新的活力感。

㉚ 神戸港區

こうべこうエリア Kobe Port

浪漫水都 波光倒影出絕美風華

從地圖上可以很容易看出，神戶屬於東西向地形的長型都市，山與海之間相當接近，為了爭取更多土地，不斷填海增地，而最受神戶人喜愛的就屬Harbor land，也就是神戶港區。從購物商場、美食餐廳、遊樂園、飯店、博物館、地標塔等玩樂遊憩設施一應俱全，碧海藍天的優雅風景中只見船隻點點，港邊的建築物也配合海洋意象，充分展現海港城市的開放感與自由氣息。

登上神戶地標景點遠眺整個神戶市區。

遊客大推

① 神戶港塔

☎ 078-391-6751　◎神戶市中央區波止場町5-5　◷ 3~11月9:00~21:00(入場至20:30)，12~2月9:00~19:00(入場至18:30)　⑤成人￥700、國中小學生￥300，與神戶海洋博物館共通券成人￥1000、國中小學生￥400　◉ www.kobe-port-tower.com/　❶預計進行整修工事到2023年，現暫時不開放

　108公尺高的紅色神戶港塔在神戶港灣成為最耀眼的地標，**上下寬闊、中央細窄的外觀造型靈感來自於日本傳統的「鼓」**，展現優雅和風美學。展望台共分為五層樓，從望遠鏡中可眺望神戶全景，3樓還有360度旋轉賞景的咖啡廳，可以邊休息邊欣賞神戶港口的美景。

ACCESS

電車

搭乘JR神戶線到「神戶駅」下車，或是搭乘神戶市地下鐵海岸線到「ハーバーランド駅」、神戶高速鐵道東西線到「高速神戶駅」下車。

BE KOBE是美利堅公園的最新打卡地標！

② 美利堅公園

◎神戶市中央區波止場町　◷自由參觀

　メリケンパーク名稱指的是美利堅，也就是美國，公園裡有兩座主要建築物，分別是神戶海洋博物館和神戶塔。東側特別闢了一塊角落，**成立一座紀念阪神大地震的紀念公園**，展示災害與復興的資料，並保存當時受災的遺跡，讓人記取教訓。

③ 神戶海洋博物館

☎ 078-327-8983　◎神戶市中央區波止場町2-2　◷10:00~18:00(入館至17:30)　⑯週一(遇假日順延一天)、12/29~1/3　⑤與神戶港塔共通券成人￥900、國中小學生￥400　◉ www.kobe-maritime-museum.com/

　海洋博物館白色網狀外觀，在藍天白雲下有如帆船般，一到了夜晚，藉由投射燈映照出淡藍色光芒的照明，變成另一種絢麗的色彩景觀。1987年開館，**介紹神戶港的歷史、港口的建造技術並收藏了船隻模型**，以及播放神戶港震災的相關展示。

148

4 麵包超人博物館

☎078-341-8855 ○神戶市中央區東川崎町1-6-2 ○博物館10:00~18:00(入館至17:00)，購物中心10:00~18:00 ⑤博物館￥2000~2500(視日期而定)，購物中心免費入場 ○www.kobe-anpanman.jp

2013年4月開幕的麵包超人博物館就位在Umie MOSAIC一旁，分為博物館與購物中心兩區域。在整個園區內可以看到**以麵包超人家族為主題的遊樂區域**，除了許多人偶塑像，還有帶動唱的兒童區、動手體驗的工作教室等，不只玩樂，更兼顧了兒童教育。購物商場內的店舖內的商品也結合各個人物角色，絕對能讓喜歡麵包超人的朋友驚喜連連。

> 神戶港邊的兒童歡樂城，大人小孩都沉浸在色彩繽紛的氣氛之中。

小編激推

©アンパンマンこどもミュージアム＆モール

©アンパンマンこどもミュージアム＆モール

5 星巴客 美利堅公園店

☎078-335-0557 ○神戶市中央區波止場町2-4 ◐7:30~22:00 ⓧ不定休 ⑤Nitro Cold Brew (氮氣咖啡)tall￥660

位在神戶港的美利堅公園，一直是當地人與觀光客遊憩的好去處。作為神戶開港150年記念事業的一環，星巴客美利堅公園店在**2017年4月開幕，規模為關西最大**，總面積360平方公尺，也是第一處設立在公園內的星巴客。**建築本體以船為意象**，登上二樓彷彿像搭在郵輪上，能眺望城市街景與開闊海港，更能欣賞港濱璀璨夜景，開幕至今始終人氣不墜。

①CONCERTO

☎078-360-5600 　神戶市中央區東川崎町1-6-1 　午餐航班12:00~14:00、午茶航班14:30~16:00、夜晚航班 4~9月19:30~21:15、10~3月19:15~21:00 　依航班、餐點而異(詳見官網)費用包含餐費與船資。 　thekobecruise.com/concerto/ 　須在乘船前30分鐘完成報到

　神戶港灣遊覽船「CONCERTO」，每日從午到晚帶旅客巡遊神戶港。**船內提供西餐與鐵板料理可供選擇。**午茶食段登船也不用怕肚子餓，有蛋糕、港點輕食可以選擇；最推薦在夜晚登船享用餐點，耀眼的岸邊燈火自眼前流轉，旁邊還有音樂悠揚流洩，氣氛十分浪漫。

②煉瓦倉庫

☎依各店而異 　神戶市中央區東川崎町1-5-5 　依各店而異

　一長排紅磚屋，保留百年前的外觀，十幾年前還像廢墟一樣，現在則成為每晚人聲沸騰的各式餐廳與啤酒屋，一群好友在頗復古的舊倉庫裡乾啤酒，特別溫暖熱鬧。除了美食外，神戶文具老舖NAGASAWA也在這裡開設分店，而廣場旁的橋到了晚上會點燈裝飾，是夏夜吹海風的好地方。

NAGASAWA神戶煉瓦倉庫店

☎078-371-8130 　煉瓦倉庫南棟 　11:00~19:00 　14K金筆頭鋼筆￥28600 　kobe-nagasawa.co.jp/ 　在三宮中央商店街、さんちか、明石、梅田茶屋町內也都有分店，但限定商品則不見得會有

　發源於神戶的NAGASAWA文具始於明治15年(1882)，百餘年歷史版圖擴及關西區域，多種鋼筆是文具迷必朝聖之地。**而在煉瓦倉庫店則有多樣神戶限定商品**，共有69原創色的Kobe INK物語，以神戶特色主題命名，深受鋼筆迷喜愛。

限定鋼筆的筆頭刻有神戶限定的風見雞圖案，值得珍藏。

③DUO Kobe

☎078-391-4024(神戶地下街株式会社) 　神戶市中央區東川崎町1-2-3 　購物10:00~20:00(餐廳L.O.21:00) 　不定休(詳見官網) 　www.duokobe.com

　一走出JR神戶車站看到的商店街就是DUO Kobe，不僅**有服飾、雜貨、餐廳等各種商店**，還有通勤一族最需要的書店、便利商店與各種服務設施，JR車站出口的廣場不定期舉辦各種特賣活動，另一端則作為藝廊，成了港區的藝文訊息中心。

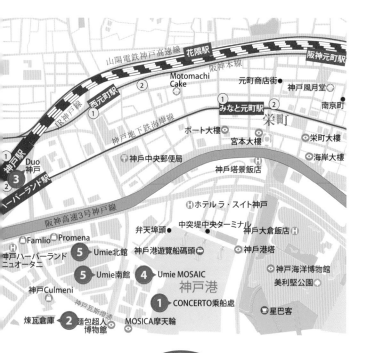

4 Umie MOSAIC

神戸港濱最大百貨商場，不管逛街購物或想品嚐美食，種類選擇很多。

小編激推

☎078-382-7100 ⚲神戶市中央區東川崎町1-6-1 ●購物10：00～20：00，餐廳11：00～22：00 ⓦumie.jp/

MOSAIC是神戶港區中的必訪之地，後期被併入Umie體系下，但店家不受影響一樣精采。**漆色亮麗的木造建築與海港景色非常搭配**，面海側有寬廣的露台，晚上可觀賞美麗的神戶港夜景，夏天則是**欣賞海上煙火秀的最佳角度**。牆壁上有著鄉間風情的花草彩繪，接近百家的各式商店，琳瑯滿目。

Kobe Brand MOSAIC店

☎078-360-1810 ⚲Umie MOSAIC 2F ●10：00~20：00 Ⓢ神戶布丁(神戶布丁)4入￥1080 ⓦwww.kobebrand.co.jp

Kobe Brand是**神戶最大的土特產專賣店**，舉凡神戶出品的各種特色美味如神戶布丁、神戶派等和洋果子到名酒、葡萄酒，或是中華料理、神戶牛肉等應有盡有，店家還特別列出最受歡迎的排行榜，跟著買準沒錯。

5 Umie

☎078-382-7100 ⚲神戶市中央區東川崎町1-7-4 ●10：00～20：00 ⓦumie.jp/ ❶提供Free Wi-Fi、Tax-free Shop(非全館)

2013年開幕的Umie，**挑高的長形中庭，是條有陽光的寬敞散步道**，種植著綠意盎然的花草，搭配中央圍著樹木的圓形木椅，最適合逛累的人買杯咖啡或是冰淇淋在此休息。從中庭可以再把整座賣場分為南館與北館，而從Umie穿過空中步道，就是MOSAIC購物中心，現在也一同併入Umie的經營體系之下。

對於第一次到神戶的外地人來說，坐落於北野那一棟棟不同於日本建築的歐式房舍「異人館」，便是神戶的面貌，也是到神戶絕對要造訪的景點。「異人」指的是外國人之意，而充滿西洋外國風情的房舍，就稱為「異人館」。明治時代神戶開港後，歐洲人在北野山坡的領事館或居住的家，多建造成接近故鄉風格的洋館，保留至今開放供大眾參觀。

風見鶏の館屋頂上的風向雞幾乎已成了北野異人館的標誌。

山陽新幹線

ACCESS
電車
搭乘JR神戶線於「三ノ宮駅」下車。搭乘阪急神戶線、阪神本線在「三宮駅」下車。或是搭乘山陽新幹線於「新神戶駅」下車。
●三宮的主要遊逛區域都是步行就可抵達，從三宮駅往北沿著北野坂徒步約15~20分可達北野異人館，往南徒步約12分可達舊居留地，往西徒步約10分可達元町，從元町再向南行約10分便可抵達神戶港濱。

① 風見鶏の館

☎078-242-3223　🏠神戶市中央區北野町3-13-3　🕘9:00~18:00(入館至17:45)　🚫2、6月第1個週二(遇假日順延一天)　💲￥500，高中生以下免費；2館券(風見鶏の館・萌黃の館)￥650　🌐www.kobe-kazamidori.com　⚠將於2023年10月~2025年進行抗震改建休館

這棟紅磚建築是1909年德國的貿易商湯瑪斯建造的家，除了**尖尖屋頂上的風見雞**之外，2樓一個有著龍椅與八角窗的書房，都是很值得注意的設計，而客廳、臥室、餐廳或兒童房，都有著**濃濃19世紀的風味**。值得一提的是，當年住在兒童房的湯瑪斯先生的女兒，在風見鶏の館開放參觀後還曾由德國前來一遊，她當時的留影紀念照片展示在兒童房內，喜歡西洋古典的人可以進館參觀。

Petite Hote

中華民國
神戶華僑總會 🏮

② 萌黃の館

☎078-222-3310　🏠神戶市中央區北野町3-10-11　🕘9:00~18:00(入館至17:45)　🚫2月第3個週三、四　💲￥400，高中以下免費

位於風見鶏の館旁的萌黃の館，是一棟淺綠色的房子，1903年建造時是當時美國總領事的官邸，1944年之後成為當時神戶電鐵社長小林秀雄的自宅。這棟屋子本來其實是白色的，一直到1987年修復時將外牆漆為淡雅的蘋果綠才改稱「萌黃の館」。屋內可以看到**雕琢精緻的壁爐**以及**牆壁上紋飾**，總是**輕灑著陽光綠意的二樓陽台**，有著特別設計的多格型窗花，不但視野極佳，在遊人不多的時刻，還有一份獨特的靜謐，讓人更能領受老屋魅力。

Berghem

生田神社 🏮

此外還有荷蘭姑娘變身體驗，只要￥1000就可以穿戴全套荷蘭民族衣裳，足蹬荷蘭木屐在院子裡拍照！

③ 英国館

☎078-241-2338　🏠神戶市中央區北野町2-3-16　🕘冬季(10~3月)9:00~17:00，夏季(4~9月)9:00~18:00　💲大人￥750、小學生￥100　🌐kobe-ijinkan.net/england/

1907年由英國設計師建造的英國館，最初還曾作為醫院，館內擺設**維多利亞時代的家具和裝飾**，昔日英國人的生活可以從中略知一二。英國館還有免費的英格蘭騎警服裝免費租借的服務，別忘了穿著帥氣的斗蓬，在庭園一隅的倫敦復古計程車前照張紀念照喔！

④ 香之家・荷蘭館

☎078-261-3330　🏠神戶市中央區北野町2-15-10　🕘9:00~18:00，1~2月至17:00　💲大人￥700、國高中生￥500、小學生￥300　🌐www.orandakan.shop-site.jp

還沒踏進香之家荷蘭館，就看到院子裡還擺放著大大小小的荷蘭木屐，模樣十分俏皮。香之家荷蘭館的**前身是荷蘭的領事邸**，館內還留有一台**有200年歷史的腳踏風琴**，以及古典的餐桌、掛燈、床舖家飾。館內除了販賣工藝品外，還有個人專屬香水調製體驗。

⑥ 山手八番館

☎078-222-0490 ⚑神戶市中央區北野町2-20-7 ◷冬季(10~3月)9:30~17:00，夏季(4~9月)9:30~18:00 ⑤大人￥550、小學生￥100 ⓦ kobe-ijinkan.net/yamate/

　從外觀看和北野其他異人館相當不同，位於魚鱗之家旁的山手八番館採用**都鐸樣式設計**，空間可見的彩繪玻璃與塔狀為最大特徵。館內展示了近**代雕刻之父羅丹、Bourdell等人的作品**，還有非洲的部落藝術品，此外尚可欣賞巴洛克時代的畫家、義大利版畫，可稱上是歐洲藝術寶庫。

➤ 撒旦之椅

　山手八番館內有一張神奇的椅子，據說坐上去許的願望都會實現，人們喚那把椅子為「撒旦之椅」。在一般西洋宗教認知裡，與撒旦交易必需出賣靈魂，但其實這裡的撒旦只是SATURN的音譯，指的是希臘羅馬神話中的農耕之神，藉由其豐收的能力來讓人心想事成。

⑤ 魚鱗之家‧魚鱗美術館

☎0120-888-581 ⚑神戶市中央區北野町2-20-4 ◷冬季(10~3月)9:30~17:00，夏季(4~9月)9:30~18:00 ⑤大人￥1050、小學生￥200 ⓦ kobe-ijinkan.net/uroko/

　閃耀著淺綠色光澤的鱗狀外壁，夏天時翠綠的藤蔓如一張綠網纏繞其上，門前的中庭裡還蹲坐著一隻像貌貌極富藝術感的山豬，這就是為人津津樂道的魚鱗之家。魚鱗之家是舊居留地的外國人租屋，在明治後期才搬移到北野的高台上，除了特殊的外觀，館內**保存著精緻華美感的西洋古董家具**，以及名家瓷器。魚鱗之家旁還有一間小小的美術館，裡頭**收藏了許多名畫**，歡迎參觀魚鱗之家的民眾也一起來品鑑這些畫作。

⑦ 北野天満神社

☎078-221-2139 ⚑神戶市中央區北野町3-12 ◷7:30~17:00 ⓦwww.kobe-kitano.net

　異人館這一塊區域之所以會被稱為「北野」，就是因為這位在風見鶏的館右邊的北野天満神社。北野天満神社祭祀學問之神菅原道真，**對於合格、必勝祈願十分靈驗**。登上高高的階梯，莊嚴的神社氛圍與異人館的西洋風情大不相同，而從神社旁的高台向下望去可以遠眺神戶港口景色，更可以看到風見鶏的館的屋頂，是在地人才知道的觀景名所。

① FREUNDLIEB

☎078-231-6051 ♠神戶市中央區生田町4-6-15 ⏰10:00~18:00，(L.O.17:30) 🚫週三(遇假日順延一天) 💲日替ランチ(午間套餐：三明治+湯+冰淇淋+飲料)¥1540 🌐freundlieb.jp
❗不管平日或價日，2樓咖啡廳總是滿滿人潮，平日有開放訂位，若不想排隊可先致電預約

在教堂內享受美好甜點時光，也能外帶現烤麵包至公園小野餐。

小編激推

FREUNDLIEB在神戶可是無人不知無人不曉的名店，1樓的烘焙坊賣的甜點餅乾也是神戶人外出訪友的最佳伴手禮。位在舊教堂裡的店面維持典雅風格，充滿當地人信仰記憶的教堂中，天天供應美味的麵包、三明治，以及手工餅乾。2樓寬闊教堂尖頂下擺上幾張桌椅便成了最佳咖啡空間，美麗的室內景緻與美味餐點吸引許多人前來聊天用餐，一坐就是一個下午。

② 北野工房街

☎078-200-3607 ♠神戶市中央區中山手通3-17-1 ⏰10:00~18:00 🚫不定休、12/27~1/2 💲依店家體驗而異 🌐kitanokoubou.jp/

位於Tor Road上的北野工房街，利用過去的小學校舍教室做為體驗空間與店鋪，可以購買或親自學習體驗，造和紙、押花、做麵包、珍珠飾品等，也有各行各業的專家在此現場表演手藝，1樓則集結許多家頗具代表性的商舖，販賣神戶特產。

③ 星巴克 神戶北野異人館店

☎078-230-6302 ♠神戶市中央區北野町3-1-31 ⏰8:00~22:00 🚫不定休 🌐www.starbucks.co.jp/

星巴克到處都有，但在北野坂上的這家星巴克，最特別的就是能夠坐在異人館中品嚐好咖啡。屋內的挑高建築與英式擺設，在在都透露出北野異人館的西洋風情。館內分為兩層樓，比較推薦坐在2樓，比起1樓的人來人往，更有時光倒流至明治初年的洋風懷舊感。

4 北野坂 西村咖啡

☎078-242-2467　📍神戶市中央區山本通2-1-20　🕐1F Café 10:00~22:00，2F 餐廳 11:00~14:30(L.O.)、17:00~20:30(L.O.)　🌐www.kobe-nishimura.jp

大名鼎鼎的西村咖啡在離本店這麼近的北野坂上開設分店，就是因為其風格與本店大不相同。位在中山手通的本店主打當地客層，提供當地人舒適的咖啡環境。而北野坂店則是從店門口就充滿濃濃洋風，不只有咖啡，還提供午、晚間套餐，希望客人能在被藤蔓爬滿的紅瓦洋房中，優雅且自在地度過用餐時光。

> 在巴黎學習烘焙的甜點主廚寄砂愛麗，將甜點製作化為一場甜美的展演。

5 CAKE STAND

☎078-862-3139　📍神戶市中央區山本通2-14-28　🕐10:30~18:00，週六例假日12:00~18:00(L.O.17:00)　❌週四　🌐cakestand.jimdo.com

和一般甜點舖以玻璃櫃展售糕點的作法不同，CAKE STAND以「現點現做」為概念，強調手作的新鮮感和溫度，將甜點最美味的時刻呈獻給客人。風格簡單，注重視覺呈現和美味，糖煮桃的清甜、奶酪的溫醇和玫瑰茶的香氣，拿捏得恰到好處的味覺層次，口味亦不太甜，搭配一壺斯里蘭卡的熱紅茶，是屬於成人的優雅甜點。

北野外國人俱樂部
山手八番館
舊中國領事館
柏拉圖裝飾美術館
萊茵館
神戶北野美術館
イマ領事館
ベソの家(Ben`s House)
法蘭西館
House

1 FREUNDLIEB

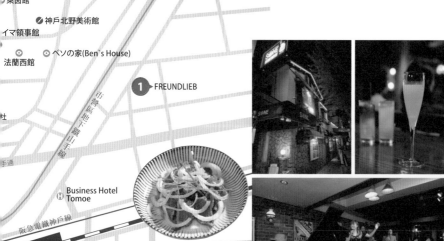

Business Hotel Tomoe

阪急電鐵神戶線

三ノ宮駅
三宮駅
三宮駅
港區捷運線

6 SONE

☎078-221-2055　📍神戶市中央區中山手通1-24-10　🕐17:00~24:00(爵士樂表演18:50開始)　💲ソネセット(SONE套餐)¥3080　🌐kobe-sone.com

SONE是**神戶爵士樂現場演唱的開創者**，從外觀到內部空間都頗為懷舊。每天晚上這裡都會邀請活躍於關西地區的音樂人來此現場表演，風格屬於更為輕鬆的Swing Jazz，**一個晚上表演四個場次**，點上一杯飲料慢慢啜飲，將自己浸浴在悠揚美好的樂聲中，聽覺饗宴盡在這裡。

六甲山
ろっこうさん Rokko Mountain

青青草原佐千萬夜景 神戶休閒好去處

海拔931尺高的山上平均氣溫約10度，跟北海道南部相當，山間清爽的空氣加上柔綠的植披，使六甲山成為神戶和大阪近郊的休閒勝地，也是盛夏時避暑踏青的好地方。建議可以來六甲山進行一趟半日小旅行。至六甲牧場體驗農牧生活，接著在傍晚時分到六甲山花園露台等待黑夜降臨，欣賞日本三大夜景之一的神戶港美景。

ACCESS
電車
六甲有馬ロープウェー六甲山頂駅徒步約3分即達六甲山花園露台。

巴士
若從三宮駅出發，搭乘阪急神戶線在六甲駅下轉乘16號市巴士，從「六甲ケーブル下駅」轉乘纜車至六甲山上駅下車再轉乘六甲山上循環巴士。

> 六甲山上的代表景點，購物美食一次搞定。

1 六甲花園露台

遊客大推

☎078-894-2281 🏠神戶市灘區六甲山町五介山1877-9 🕒依店舖而異，詳見官網 🌐www.rokkosan.com/gt

六甲山花園露台是六甲山上的觀光景點，由許多棟半露天咖啡廳，以及六甲山紀念品店、觀景餐廳、生活雜貨屋、工藝品店與一座展望台所構成，六甲山花園露台於是乎成為年輕情侶們最愛約會的地方，**無論是白天在這兒喝杯咖啡、一覽港灣風光，或是夜幕低垂時來此欣賞神戶夜景都十分適合**。

2 六甲枝垂れ

☎078-894-2281 🏠神戶市灘區六甲山町五介山1877-9 🕒5~8月10:00~21:00(入場至20:30) 💲大人￥1000，小孩(4歲~小學生)￥500 🌐www.rokkosan.com/gt/

被命名為自然体感展望台六甲枝垂れ，正如其名，特殊的外型就同立在山頂的一棵大**樹般，由枝葉包覆的展望台則可以360度展望山海美景**。在展望台中間如同樹幹的部分可是大有來頭，圓管狀的設計可以讓空氣對流，宛如這棵大樹在呼吸般，讓人再次體認到萬物皆是自然的道理。

✈ 千萬夜景

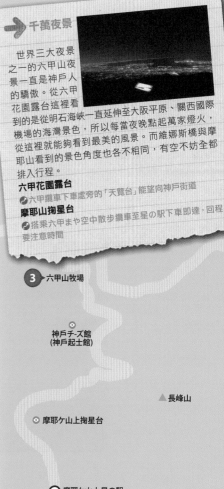

世界三大夜景之一的六甲山夜景一直是神戶人的驕傲。從六甲花園露台這裡看到的是從明石海峽一直延伸至大阪平原、關西國際機場的海灣景色，所以每當夜晚點起萬家燈火，從這裡就能夠看到最美的風景。而維娜斯橋與摩耶山看到的景色角度也各不相同，有空不妨全都排入行程。

六甲花園露台
🚶六甲纜車下車處旁的「天覽台」能望向神戶街道

摩耶山掬星台
🚶搭乘六甲まや空中散步纜車至星的駅下車即達，回程要注意時間

3 六甲山牧場

神戶チーズ館
(神戶起士館)

▲長峰山

◎摩耶ケ山上掬星台

○摩耶ケ山上星の駅

摩耶纜車線(摩耶ケーブル)

虹の駅

摩耶ケーブル駅

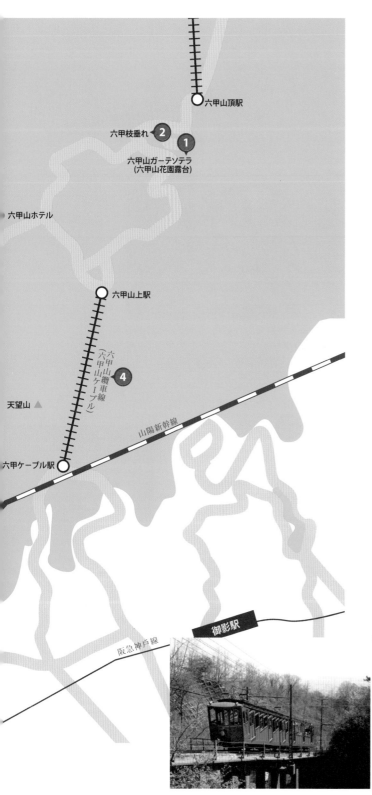

六甲山頂駅

六甲枝垂れ **2** **1**

六甲山ガーテソテラ
(六甲山花園露台)

六甲山ホテル

六甲山上駅

六甲
(六甲山纜車線
六甲山ケーブル)

4

天望山 ▲

山陽新幹線

六甲ケーブル駅

御影駅

阪急神戸線

3 六甲山牧場

☎078-891-0280 ♠神戸市灘區六甲山町中一
里山1-1 🕐9:00~17:00(入園至16:30) 🚫11~3
月週二(遇假日順延一天)、12/29~1/3,維護日
💰大人￥500、小孩(國中小學生)￥200,小學生
以下免費 🌐www.rokkosan.net ❗由於日本
政府將台灣列為口啼疫區,故限制赴日旅遊需7
天後才能與動物接觸,請務必遵守規定

　丘陵起伏的綠草地上散落著一群群如棉
花糖般蓬鬆的綿羊,黑白花的乳牛低頭吃
草,迷你馬和矮驢子則是一副天塌下來也
不管的悠閒狀,如此宛若瑞士高原的場景,
就是六甲山牧場最具代表性的典型美景。
六甲山牧場非常適合親子同遊,除了可以和
溫馴的綿羊、兔寶寶、馬兒做親密接觸外,
還有擠奶、陶藝、做起士、冰淇淋、香腸的體
驗教室。肚子餓了買根香濃的霜淇淋,或是
到神戶起士館一嚐美味的瑞士起士鍋,或來
一客入口即化的燉神戶牛肉,度過輕鬆愉快
的親子假期。

4 六甲纜車

☎078-861-5288 ♠神戸市灘區高羽字西山8-2 🕐
7:10~21:10 💰單程大人￥600、小孩￥300、來回大
人￥1100、小孩￥550 🌐www.rokkosan.com/
cable

　六甲纜車下駅至六甲纜車上駅距離約1.7km,
高低相差493cm,運行的時間大約是10分鐘左
右。不同於一般印象中的纜車,六甲纜車是從山
坡上爬上去的列車,**行進途中還能欣賞神戶港
灣的風景**,是一項有趣的體驗。

33

あかしかいきょうおおはし Akashi-Kaikyo Bridge

明石海峽大橋

海天一色 自由自在波光粼粼之中

> 明石海峽大橋花費十年建造，途中遭遇阪神大震災，克服重重困難於1998年通車，全長3911公尺，為連接淡路島與本州的跨海大橋，也是目前世界上最長的吊橋式大橋，而橋的主塔制高點離海面297公尺高，也是世界最高的。明石海峽大橋完工之後，將本州與淡路島串連起來，可以一路開車從明石經淡路，連接鳴門大橋到四國，大大方便了兩地的交通。

明石公園
明石市立文化博物館
明石案內觀光所
明石市立天文科學館
JR明石駅 山陽明石駅 人丸前駅 JR神戶線 大藏谷駅
山陽電鐵本線
魚の棚商店街
みどり食堂
明淡高速船乘船處
市民會館
明石市役所
大藏海岸公園

ACCESS
電車
搭乘JR神戶線至「舞子駅」或是山陽電鐵山陽本線至「舞子公園駅」下車。

① 舞子海上步道

☎078-785-5090 ⌂神戶市垂水區東舞子町2051 🕐9:30~18:00(入館至17:30)，黃金週、暑假9:00~17:00 ⊗12/29~12/31 💲平日大人¥250、優待票(70歲以上)¥100，假日大人¥300、優待票(70歲以上)¥150，高中學生以下免費；3館共通入場券(舞子海上ブロムナード・孫文記念館・橋の科學館)¥680 ⊕hyogo-maikopark.jp/

從舞子這側登上明石海峽大橋中，就能來到**離海面47公尺，長317公尺的迴遊式海上步道**。展望廣場上有兩個長方形的透明框，在步道裡還有處**「丸木橋」以透明的玻璃讓人可直接看到海底，走在木橋上體驗走在海上的刺激**。從海面上47公尺高的地方往下看，閃亮的波浪就在腳下，懼高的人可得小心！

淡路島

舞子六角堂

華僑富商吳錦堂在舞子海岸建了別墅「松海別莊」，而移情閣正是別墅中建於1915年的八角型中國式閣樓。由於從閣樓窗外能分別看到六甲山、瀨戶內海、淡路島、四國等地，藉「移動改變的風情」之意而取名為移情閣。由於形狀特別，從外看似六角型，所以被當地人暱稱為舞子六角堂。

② 橋の科學館

☎078-784-3339 ⌂神戶市垂水區東舞子町4-114 🕐3月~7/19、9~11月9:15~17:00(入館至16:30)，7/20~8月9:15~18:00(入館至17:30)，12~2月9:15~16:30(入館至16:00) ⊗週一(遇假日順延一天)，7/20~8月、黃金週無休)、12/29~1/3 💲大人¥310、中小學生¥150，65歲以上¥200，小學生以下免費 ⊕www.hashinokagukukan.jp

橋的科學館展示了明石海峽大橋的基本結構，與從企劃到竣工的過程，是想了解明石海峽大橋基本知識的最佳補給站。明石海峽大橋在動工前光是調查地形、海流等便花了近40年，最後克服了海流、地質，再經過抗風、耐震等多項模擬與計算，再花了10年建造，於1998年啟用通車，連結了本洲至淡路島的交通。

③ 移情閣：孫文記念館

☎078-783-7172 ⌂神戶市垂水區東舞子町2051 🕐10:00~17:00(入館至16:30) ⊗週一(遇假日順延一天)、12/29~1/3 💲成人¥300、優待票(70歲以上)¥200，高中生以下免費 ⊕sonbun.or.jp

神戶為最早開港的港口之一，因此與中國的關係也相當密切，**別名移情閣的孫文記念館建造於1915年，曾是當時宴請國父孫中山的宴會建築，2004年被移至現在地**，並於2005年更名，如今展出國父孫中山生平事蹟與修建這棟建築的企業家史料。

Maiko Villa Kober

舞子平安祭典會館
舞子公園駅
舞子駅　　霞ヶ丘駅　　五色塚公園
橋的科學館　2　1
舞子海上步道
3
アジュール舞子
移情閣：
孫文紀念館
4
三井OUTLET PARK

明石海峽大橋

大阪南-神戶港-坂手

4 三井 OUTLET PARK

💭 離神戶市區最近的OUTLET，不只好逛好買，四周景色也十分優美。

📞078-709-4466　📍神戶市垂水區海岸通12-2　🕐10:00~20:00、餐廳11:00~22:00　🌐mitsui-shopping-park.com/mop/kobe/　🕐2023年1月15日開始改建閉館，預計於2024年重新開張

小編激推

　在神戶提到OUTLET，大多人都會選擇來離市區近，周邊又有景點可以逛的垂水三井OUTLET。利用神戶特有的港區悠閒氣氛，營造出南歐充滿陽光的感覺，不僅是神戶熱門的購物去處，也是適合全家大小度過假日時光的區域，不過最吸引遊客的應該是這裡的商品，**全年提供超低折扣，不論是國外名牌、日系服飾品牌，在這裡應有盡有，折數又低，是可以血拼犒賞自己又不會讓荷包大失血的好地方**。不只購物，境內也設置了多處飲食、休憩專區，藍天白牆，加上海濱的微風輕拂，的確有幾分南歐的悠閒情調，廣場上還停著一艘帆船，小孩子跑上跑下，好不熱鬧，一整天都待在這裡也不會累。

明石海峽大橋Bridge World Tour

📧Bridge World事務局078-784-3396　📠078-787-5110　📍神戶市垂水區東舞子町2051。集合地點在淡路島側アンカレイジ（鄰近道の駅あわじ）　🕐週一、五、六、日、例假日每日開2次。8月前午前9:45~11:45，午後13:20~15:20、9~11月午前10:05~12:05，午後13:40~15:40；每20分鐘前開始集合報到　🕐冬季約12月~3月　💰限定中學生以上參加，成人￥5000，國中生￥2500　🌐www.jb-honshi.co.jp/bridgeworld/　📝報名需透過網頁或傳真。於預約當天請準時出席，並於現場以現錢付款。若是預約後要取消，也一定要聯絡，千萬別做失格的旅人。一般導覽為日文，不定期會推出英語導覽，詳洽官網

　難得來到舞子，除了一睹明石海峽大橋的壯麗之外，不如參加Bridge World Tour，走在大橋的海上維修步道，親自爬上主塔，從289M的制高點看向淡路島與整個神戶地區吧！參加行程需要事先報名，依預約時間來到橋的科學館2樓報到付款，並聽取解說明後，跟著導覽員參觀科學館，對橋有基本認知後，即是重頭戲了。登上明石海峽大橋，踏上一般觀光客不能進入的維修步道，在海上走1公里後來到主塔，搭上電梯即能欣賞明石海峽的絕色美景囉！全程不太用爬上爬下，只要穿雙耐走的鞋子就行！

Step 1.聽講：到「橋的博物館」2樓櫃台付錢，進入研習室中觀看明石海峽大橋的解說影片。簽下同意書後，穿上背心、掛上語音導覽耳機、載上頭盔，就可以跟著工作人員移動至1樓博物館。

Step 2.參觀博物館：了解橋的各種知識，藉由實際的資料、模型解說，進一步了解大橋的構造與建造歷程。由於爬橋行程中無廁所，想上廁所一定要在這裡解決。

Step 3.踏上海上大橋：登上8樓舞子海上步道，通過一般步道從一旁的引道走向大橋中間約1公里的維修步道。格子狀步道直接就能看到海面，耳邊海風呼呼吹拂，感覺愈來愈刺激了！

Step 4.搭上電梯：走了1公里後，來到主塔。此時只要1分40秒就能登上98樓。主塔98樓有289公尺高，比起阿倍野HARUKASU的300公尺只矮一點點，海面上感受到的強大風力與美景魄力可是截然不同。在這裡會拍攝團體照，回程便能領到紀念相片。

Step 5.回程：搭電梯下樓後，再走回維修步道，這時會從另一旁的引道回到舞子海上步道處。來到紀念品店稍事休息。最後回到出發時的研習室領取紀念品，結束這美好體驗行程。

潮香商店街 美食海鮮食指大動

明石 あかし Akashi

ACCESS
電車
搭乘JR神戶線、山陽電鐵山陽本線於「明石駅」下車。

> 明石一帶位在神戶的西側。從神戶市向西往明石的鐵路緊鄰海岸線，電車經過須磨駅後往左邊看，廣闊的大海就在眼前。想看海看個夠，來這裡準沒錯！除了海景之外，明石還是章魚的產地，還有天文館，來到這裡一次就能滿足自然、人文、美食、科學、購物的旅行渴望。

淡路島

1 魚の棚商店街

📞078-911-9666 📍兵庫縣明石市本町 🕐8:00~18:00（依店舖而異）
🌐www.uonotana.or.jp

> 明石的庶民風景，美味海鮮吃不完！

遊客大推

位於明石車站前的魚の棚商店街，明石城築城前後即開始營業，至今已有近400年歷史，演變至今，**聚集了眾多海鮮店、特產店、雜貨店、小吃店等**，形成一整區熱鬧的街道，人來人往，摩肩接踵，加上此起彼落的叫賣聲，充滿了活力。

明石蛸

受益於瀨戶內海的溫暖氣候，繁盛的漁業帶來豐富的海產，以盛產鯛魚、海鰻、紫菜等聞名日本全國，但其中最著名的，當屬明石的章魚了。瀨戶內海的潮水流速極快，潮水捲起海底砂石，砂石裡的養分滋生浮游生物，而螃蟹蝦子以吃浮游生物為生，這時換章魚登場，將螃蟹蝦子吹下肚。就是這樣特殊的食物鏈造就了明石章魚的美味，據說明石章魚煮熟後全身通紅便是這個原因。

たこ磯

📞078-914-5103 📍兵庫縣明石市本町1-1-11 魚の棚商店街內 🕐10:00~19:00 🍴玉子燒15個(玉子燒)￥700

位在魚の棚商店街內的たこ磯，是明石名物玉子燒的人氣店家，玉子燒也就是明石燒，在明石當地則以玉子燒稱之。一進門就可以看到師傅以純熟的技術在翻轉著玉子燒，香氣四溢，玉子燒有別於章魚燒最大的差異性是以蛋為主體占的比例較高，章魚燒則是麵粉比例較高，因此**玉子燒吃起來的口感也比章魚燒更滑嫩，入口即化。**

3 明石公園

☎078-912-7600 🏠兵庫縣明石市明石公園1-27 ⊘自由參觀

明石公園裡種有許多植物，綠蔭繁密，每年**春天更是神戶地區著名的賞櫻景點**。在公園內除了有圖書館、花園綠地之外，還可以看見明石城遺跡。雖然天守閣已不復見，但巽、坤兩座城牆巍峨矗立，十分具有歷史教學意義。

Maiko Villa Kober

4 みどり食堂

💬旅行就是要融入當地生活，體驗在地人的日常，老牌大眾食堂便是最佳選擇。

小編激推

☎078-911-3579 🏠兵庫縣明石市本町1-12-11 ⊘9:30～15:30、17:00~19:30(L.O.19:00)，週日9:30~16:30 ⓧ週一、每月4天不定休 ⓢ明石鯛のあら煮定食(明石鯛魚定食)￥1155、明石タコ入り・だし巻き玉子定食(明石章魚玉子燒定食)￥900

1946年創業，在地方上有口皆碑，鄰近海邊的**大眾食堂**みどり食堂，店門外就可以聽到海浪拍打上岸的聲音，店主使用最新鮮的海鮮食材來料理，**多達30種的各式小菜任君選擇**，所有餐點並非現做，事先做好再重新溫熱端上桌，但厲害的是味道卻不打折，也因鄰近海邊多為勞動量大的客人，因此餐點口味偏重，非常下飯。

💬一道道料理就擺在桌上供客人取用，懷舊風味讓人喜愛。

2 明石市立天文科学館

☎078-919-5000 🏠兵庫縣明石市人丸町2-6 ⊘9:30~17:00(入館至16:30) ⓧ週一(遇假日順延一天)、第2個週二(遇假日順延一天)、年末年始 ⓢ大人￥700、高中生以下免費、特別展另外收費 🌐www.am12.jp

天文科學館建於東經135度的日本標準時間子午線上，**高達54公尺的高塔成為子午線的標誌**。館內展覽有2大主軸，分別是宇宙館和時間館，宇宙館以各種設施展示宇宙天體關係，時間館則收集了世界各地各種測量時間的方法。13、14樓有展望室能夠眺望明石大橋；16樓有設置天文望遠鏡，每個月會開放一次「天体観望会」(需上網預約)，只要￥200的報名費就能夠親手使用40cm反射望遠鏡觀測天體。

5 大藏海岸公園

☎078-914-7255 🏠兵庫縣明石市大藏海岸通1 ⊘海水浴場每年夏季8:30~17:30開放游泳 ⓢ海水浴場沖澡￥100/次 🌐www.okura-beach.jp/

沿著優美的海岸線踏著浪，遠望明石海峽大橋，還能夠野餐BBQ，這樣的地方就在大藏海岸公園了。

大藏海岸公園結合了大藏海水浴場與烤肉區，是兵庫縣民夏季休閒的好去處。海水浴場的沙灘全長約500公尺，向東可以看到壯大的明石海峽大橋，天氣好時甚至可以看到淡路島；另外設有烤肉區、賣店等。要注意的是，在開放遊泳的期間之外這裡是禁止游泳的，可別看到海就太興奮地跳下去唷！

35 姬路

ひめじ Himeji

國寶城池 站前繁華購物百貨

姬路市是以姬路城為整個城市的中心，向四方發展而成，因此姬路市的重要景點，如好古園、姬路市立美術館、動物園、姬路文學館、縣立歷史博物館等，都在城的旁邊。從姬路駅沿大手前通直走，不久可以看到姬路城的城廓外濠。大手前通兩側的人行步道，除了遍植銀杏樹外，還豎立著許多日本現代雕塑作品，這些雕塑以人物為主，有的姿態優雅，有的幽默粗獷，非常具有藝術氣氛。

ACCESS
電車
搭乘JR山陽本線、播但線、姬新線、山陽新幹線在「姬路駅」下車，或是山陽電鐵山陽本線在「山陽電鐵姬路駅」下車。

三國堀

三國堀是菱之門旁的大溝渠，是姬路城的重要水源，有防火備水的功能，為當時統領播摩、備前與姬路，共三國的大名(藩主，日本官名)池田輝政所改築，故稱為三國堀，牆壁上V字型的痕跡就是當年改建時所留下的。

化粧櫓

化粧櫓是城主之一的本多忠刻之妻千姬的化妝間，也是平日遙拜天滿宮所用的休憩所，相傳是用將軍家賜予千姬的十萬石嫁妝錢所建的。比起其他地方，千姬的化粧櫓有著女性所喜好的華麗優雅，裡面的房間還有千姬與隨侍在玩具合遊戲的模型。

天守

三個小天守翠護著巍峨的大天守，這種連立式天守的樣式只有在姬路城才看得到，美麗的白壁與唐破風、千鳥破風式屋簷，加上裝飾於其上的魚狀鯱瓦，更見姬路城建築之美。

姥が石

石牆上用網子保護的白色石頭，傳說是一位經營燒餅屋的貧苦老婆婆家裡使用的石臼，當時建城石材十分缺乏，老婆婆就將石臼送給辛苦築城的羽柴秀吉(豐臣秀吉的本名)，引發民眾們也紛紛捐石支援，當時石材嚴重不足，甚至還將石棺、石燈籠都挖來補牆呢！

阿菊井

日本有個很有名的鬼故事「播州皿屋敷」，故事中的婢女阿菊得知元老策劃造反的消息，將此事告知諸侯幫助他逃難，記恨在心的某家臣於是就藏起一只珍貴的盤子並誣陷是阿菊弄丟的，並將阿菊丟入井致死，於是乎每到草木寂靜的深夜時，井旁就會傳來女子淒怨地數著盤子的聲音：「一枚…二枚…三枚…」。

紋瓦

姬路城曾有多位城主進駐，像是豐臣家、池田家、本多家和酒井家等，大天守北側石柱上就貼有將歷代城主的家紋所刻製的紋瓦。

162

① 姫路城

可以親自感受日本古城的原型建築之美，與珍貴的世界遺產做近距離接觸！

小編激推

☎079-285-1146 ♔兵庫縣姬路市本町68 ◷9:00~16:00(閉城至17:00)，4/27~8月9:00~17:00(閉城至18:00) ❻12/29、12/30 ⑤大人￥1000、小孩(高國中小學生)￥300，姬路城·好古園共通券大人￥1050、小孩(高國中小學生)￥360 www.city.himeji.lg.jp/guide/castle

姬路城因為有著白漆喰(抹牆用的灰泥)所塗刷的白壁，所以有白鷺城的美稱。與其他的日本城堡一樣，姬路城不像歐洲城堡般採用石砌，而是木造建築，所以防火是日本城堡最重視的一環，白漆喰就有防火的功能，所以姬路城不單擁有白色外壁，連內部的每處軒柱也都有塗白漆喰呢！建在姬山上的姬路城從山腳到天守閣頂端，有海拔92公尺高，是非常重要的軍事要塞，加上其複雜迂迴的防禦性城廓設計，使姬路城更是易守難攻，敵軍入侵時往往在其間迷路，而減緩攻勢。壯觀華美的姬路城，若要**由外緣到城內都全程走完大約需要三小時**，尤其是一層層沿著高聳的階梯爬上天守閣更是挺費力的，不過走這一趟絕對值得。

② 好古園

☎079-289-4120 ♔兵庫縣姬路市本町68 ◷9:00~17:00(入園至16:30) ❻12/29、12/30 ⑤大人￥310、小孩(高國中小學生)￥150，姬路城·好古園共通券18歲以上￥1050，小學生~高中生￥360 ⓦhimeji-machishin.jp/ryokka/kokoen/

　　借景姬路城為背景的好古園，為一座平成4年(1992)開園的日本庭園，**由九座風情殊異的花園所組成**，小橋流水、春櫻秋楓，景色典雅宜人。好古園的舊址原為姬路城主的外苑及家臣的房屋所在地，德川幕府時更曾有城主神原政岑為名妓贖身，在這兒金屋藏嬌。

163

①TERASSO 姬路

🏠兵庫縣姬路市駅前町27　🕙10:00~
20:00，超市9:00~22:00，4F餐廳
11:00~22:00(LO.21:30)　🌐terasso.jp/

　2015年夏天開幕的TERASSO，鄰近
JR姬路站，**交通便利，共有30間店舖
進駐**，佔地並不算大，但包含超市等
各式各樣的店舖，輕輕鬆鬆便能找到想要的東西。4~8樓則為電影
院，讓姬路市民又多了一個休閒購物的新場所。

②きゃべつ

📞079-222-8952　🏠兵庫縣姬路市南町60　🕙11:30~14:00、
17:00~23:00(LO.22:30)　❌週一(遇假日順延一天)，12/31~1/1

　店主岸田まさよ女士是兵庫縣人，從小就愛往家附近的的大阪燒
店跑，長大後，白天在玩具公司上班，下班後，到大阪燒店學藝，就
這樣持續10年之久，在昭和55年開了きゃべつ，**拿手料理除了自豪
的店名名物大阪燒外，還有姬路おでん(姬路關東煮)**，使用生姜醬
油是姬路おでん獨有的特色，不管是何種料理都能嚐到好滋味。

③Piole姬路

📞079-226-0123　🏠兵庫縣姬路市駅前町
188-1　🕙10:00~20:00　🌐piole.jp/
himeji/han

　這是間與JR姬路駅直構的購物商場，**除
了各式的時尚衣著飾品外，還有豐富的生活
雜貨、美食及美妝用品，對於要轉車的遊客十分方便**。當然，來到
這裡也有退稅服務，外國旅客可以用最優惠的價格入手自己心儀的
所有商品。若想要找姬路的土特產做伴手禮，在這裡也十分齊全。

世界唯一也是第一間只有黑貓限定的貓咖啡，黑貓控怎能錯過。

小編激推

店内にいるのは 黑貓 ONLY

④ cat cafe ねこびやか

☎090-6757-2810 ⌂兵庫縣姫路市駅前町322 ミフネビル2F ◷10:00~18:00(入店至17:00) ⊗週二、週五，不定休(詳見官網) ⑤1小時¥1000，之後每30分鐘¥500 ⊕nekobiyaka.jugem.jp/ ⊗禁止錄影，拍照禁止使用閃光燈

在日本貓咖啡不稀奇，但這間貓咖啡最特別的是間**黑貓限定的貓咖啡**，顧名思義店內只有黑貓，**沒有別花色的貓**，店內有十來隻的黑貓坐檯接待客人，店主利用各式各樣不同花色的領巾，讓客人能快速辨別每隻黑貓的名字，其實仔細觀察後，就會發現每隻黑貓各有其獨特的特徵，可愛的惹人愛，貓咖啡真是個療癒的好地方。

書寫山圓教寺

🚌JR山陽本線姫路駅搭乘往書寫ロープウェイ(書寫纜車)的神姬バス(神姬巴士)於終點站站下轉乘纜車上山即達 ☎0792-66-3327 ⌂兵庫縣姫路市書写2968 ◷8:30~17:00，依季節而異 ⑤¥500，高中生以下免費 ⊕www.shosha.or.jp

書寫山圓教寺是姫路最富盛名的紅葉名所，尤其是一千多年歷史的摩尼殿和大講堂，更是秋天賞楓的勝地。年代悠久、古樸的圓教寺，是日本的重要文化財，精美佛家木雕建築與佛像可讓人自由進入參觀，更能讓人靜心體會文物之美。

而距離書寫山圓教寺徒步約3分的「姫路市書寫の里・美術工藝館」展覽主要分為三大部分，之一展示樸實泥佛，造型迥異於常見佛像，是已故奈良東大寺長老清水公照師的作品，十分特別。另外分還有鄉土玩具室和工藝工房，鄉土玩具室收藏了日本全國各地的鄉土玩具。

・姫路張子／姫路はり

姫路張子是姫路傳統鄉土玩具的代表，做法是在土製模具上壓覆數枚和紙，成型後脫下模型，在紙模上直接著色，就大功告成了。相傳是室町時代由中國傳入，明治初年豐國屋直七開始專門創作姫路張子。日本許多地區都有張子這類工藝品，多以動物和表情生動的人物面具為主，各地造型則有所差異。

・姫山人形

使用一整塊木頭雕刻而成的姫山人形，外觀看起來很樸素，為了表現出木頭的質感，並且和所雕刻的人物符合，必須事先仔細觀察木頭的紋路走向，完成後使用水彩局部上色，讓人偶更生動。

・姫路陀螺／姫路こま

姫路陀螺就是我們小時後常玩的陀螺，過去曾有城主十分喜愛玩陀螺，因此發揚光大，要將一塊木頭削成陀螺形狀並不容易，必須用手控制力道，鮮豔的顏色在轉動時更加炫目。

・姫革細工

姫路是有名的皮革產地，成牛皮革的生產量占全國70%，使用姫路皮革做成的錢包、盒子等，手工細膩，成品纖細富有美感，圖案則以姫路城最具代表性。

三大古泉之一 離市區最近溫泉鄉

ありまおんせん Arima Onsen

有馬溫泉

如果要在阪神地區中挑選一個溫泉鄉造訪，當然非有馬溫泉莫屬，從神戶市區出發，只要短短30分鐘就可抵達。有馬溫泉是《日本書紀》中記載的日本最古老溫泉鄉之一，最早的記錄出現在西元631年。除了史書上的記載外，有馬溫泉也曾出現在日本神話中，在神話裡傳說有馬溫泉是由兩位日本遠古大神「大己貴命」及「少彥名命」，在山峽有馬之里處所發現的，與四國的道後溫泉、和歌山的白浜溫泉並稱日本三大古泉。

有馬溫泉泉質
金泉：鐵鈉塩化物泉，呈金黃色。對神經痛、關節炎、皮膚濕疹過敏、手術外傷等都很有療效。
銀泉：炭酸泉，無色透明。對高血壓、血液循環不良等有療效、還能恢復疲勞、促進食慾。

ACCESS

電車
搭乘神戶電鐵有馬線至「有馬溫泉駅」下車。
巴士
三宮駅的三宮巴士中心（三宮バスターミナル）「三宮駅前駅」4號搭車處搭乘阪急巴士・神姬巴士連運的路線巴士「阪急バス6系統」至「有馬溫泉駅」下車，約45分鐘，票價￥700。若搭乘JR西日本營運的大阪高速巴士「有馬エクスプレス号」至「有馬溫泉駅」，約30分鐘，單程大人￥770、小孩￥390。

1 太閤像

⚑神戶市北區有馬町 ◉自由參觀

　說到有馬溫泉，第一個想到的歷史人物當然就屬戰國時代的豐臣秀吉。當時**被尊稱為「太閤」的秀吉**對有馬的溫泉情有獨鍾，相傳自他一統天下後，總**共到過有馬溫泉15次**，因此人們感念秀吉，而在湯煙廣場旁造了太閤像以茲紀念。

2 寧寧橋

⚑神戶市北區有馬町(有馬溫泉觀光総合案内所前)

　日本戰國時，一代霸主豐臣秀吉經常從大阪城到有馬溫泉進行溫泉療養的活動，而他的妻子寧寧常跟他一起來這裡。世人羨慕他們的堅貞愛情，於是在和**湯煙廣場上的太閤像對面造了寧寧像與其相望**，而寧寧像旁火紅的橋就是寧寧橋。站在橋上可欣賞河道風景，每到秋天更有繁華似錦的紅葉，是有馬溫泉的著名景點。

3 湯煙廣場

⚑有馬溫泉駅旁 ◉自由參觀

　擁有美麗水景的湯煙廣場旁有個立像，原來是和有馬溫泉頗有淵源的豐臣秀吉，在此守護著溫泉鄉，旁邊還有通道，居然**能夠走到清涼的水簾之後**，讓人好像隱藏在瀑布裡面，這水幕原來就是湯煙。

4 有馬川親水公園

⚑神戶市北區有馬町 ◉自由參觀

　有著**金の湯的葫蘆圖案的親水公園**，有馬川流經其中，每到夏天就是**人們戲水玩樂的場所**。除了能夠戲水，這裡春天有櫻花祭，夏天晚上不定期還會有藝妓表演，坐在川旁的座席邊享用晚餐邊觀賞藝妓的舞蹈，日本風情躍然而上。

⑤ 金の湯

☎078-904-0680 ⌂神戶市北區有馬町833 ◷8:00~22:00(入館至21:30) ⊗第2、4個週二(遇假日順延一天)、1/1 ⑤成人(國中生以上)¥650、假日¥800,小孩(小學生)¥350,2館券(金の湯、銀の湯)¥1200 ⓦarimaspa-kingin.jp

小編激推

富含豐富鐵質的金泉,染上一抹紅褐色,十分特殊。

享受有馬溫泉最受歡迎的方式就是來金の湯純泡湯,呈濃濃的鐵銹色被稱為「金泉」的溫泉,原本在地下時是透明無色,但由於**含有很重的鐵質,當泉水與空氣接觸後會因氧化作用而成為赤茶色**,連浴池都被染成一層紅褐色非常特殊。金之湯經過多次整修,重新開幕之後,煥然一新也吸引許多絡繹不絕的泡湯客。

➜ 太閤泉

太閤泉由於昭和41年枯竭而廢止,但是阪神大地震之後又湧出泉水,這個設置於金之湯旁,葫蘆狀的水龍頭流出的便是可以飲用的太閤泉,含有豐富的鈉酸化合物,流出的泉水也是銀之湯的溫泉,喝一口據説就能夠養生。

⑥ 銀の湯

☎078-904-0256 ⌂神戶市北區有馬町1039-1 ◷9:00~21:00(入館至20:30) ⊗第1、3個週二(遇假日順延一天)、1/1 ⑤成人(國中生以上)¥550、假日¥700,小孩(小學生)¥300,2館券(金の湯、銀の湯)¥1200 ⓦarimaspa-kingin.jp

銀の湯2001年9月重新裝修,與金の湯同樣屬於公營的泡湯設施。而銀の湯的泉源來自銀泉,除了含鐵質之外,**含有大量的碳酸成分,入湯之後皮膚會浮現碳酸泡沫**非常有趣。外型採鐘樓設計的銀之湯,整體的和風造型,無論是岩風呂大浴槽或是個人用的拍打湯,都讓人可以輕鬆入浴。

有馬溫泉駅

神戸電鐵有馬線

有馬川

潼川

7 吉高屋

太閤像
湯煙廣場
ねぎや陵楓閣
有馬御苑
兆楽
欽山
大閤橋
有馬川親水公園
兵衛向陽閣
寧寧橋
有馬溫泉觀光
綜合案內所
中の坊瑞苑
有馬玩具
博物館
2 天神泉源　天神社
御所坊
金の湯・太閤泉
御所泉源
花小宿旅館
三津森本舖
有馬皇家飯店
溫泉寺
月光園鴻朧館
極樂寺
1
神戸市立
太閤の湯殿館
湯泉神社
愛宕山公園
往六甲有馬ロープウェー有馬溫泉駅
3 川上商店
4
6 灰吹屋
妬泉源
5 有馬籠
極樂泉源
銀の湯
炭酸泉源
有明泉源
高山莊華野
四季の彩旅籠

1 太閤の湯殿館

☎078-904-4304　🏠神戸市北區有馬町1642
🕐9:00~17:00(入館至16:30)　🈳第2個週三、
不定休　💲成人¥200，兒童、學生¥100
arimaspa-kingin.jp　❶因設備檢修目前休館中

　　有馬溫泉與豐臣秀吉的關係頗深，這兒不但有豐臣正室「北政所－寧寧」的別邸(現為念佛寺)，當年豐臣所舉行的秋季大茶會，現在仍於每年秋天在有馬舉行，而太閤湯殿館則是**阪神大地震後所發現的當年豐臣秀吉的泡湯遺址**。這座被稱為「湯山御殿」的遺構當中，共有**熱蒸氣風呂與岩風呂**，還有許多當年的用具出土，重現了當年叱吒風雲的豐臣秀吉的豪華泡湯陣勢。

2 天神泉源

🏠神戸市北區有馬町1402

　　天神泉源是有馬溫泉裡七個溫泉的其中一個源頭，是祭祀菅原道真的天神社境內的湧泉。咕嚕咕嚕地冒著煙，**溫度高達攝氏98.2度的泉源**，成分有鐵、塩化物質等，**被稱為金泉**，也是有馬最有代表性的泉源之一。

168

③ 三津森本舖

☎078-903-0101　⌂神戶市北區有馬町290-1
🕐9:00~18:00　💲手燒き炭酸煎餅(碳酸仙貝)16
枚入¥550　🌐www.tansan.co.jp

有馬溫泉名物現烤碳酸仙貝，獨特香脆的好滋味。

遊客大推

　碳酸仙貝是**利用有馬的碳酸溫泉而誕生的名產**，薄薄脆脆，有點兒像法蘭酥的外皮，但碳酸仙貝並沒有包餡而是一種天然的、淡淡的鹽味。另外也有芝麻、海苔等口味，職人現烤煎餅是每個來到有馬的旅客的必買名物。

④ 川上商店 本店

☎078-904-0153　⌂神戶市北區有馬町1193
🕐9:00~17:30　💲松茸昆布¥864　🌐www.
kawakami-shouten.co.jp

　川上商店是創業於永祿2年(1559)的**佃煮老舖**，佃煮就是以糖、醬油燉煮的山珍海味，至今川上仍花費時間燒柴，以傳統手工方法製作，因此保有豐富美味，每一樣商品都可以試吃，**松茸昆布、山椒昆布都很美味**，還用小小化妝箱包裝，最適合買來送人。

⑤ 竹芸 有馬籠くつわ

☎078-904-0364　⌂神戶市北區有馬町1049　🕐10:00~17:00　🈵週三　💲有馬籠花器¥5250起　🌐www.arimakago.jp

　「有馬籠」是有馬溫泉的**傳統竹藝，纖細精巧的編織法**十分受到尊崇，還曾獲得萬國博覽會的優秀賞。有馬籠的歷史非常久遠，**可追溯到十五世紀**，就連豐臣秀吉也曾送有馬籠當作土產給夫人寧寧喔！位於有馬溫泉老街上的有馬籠くつわ可以看到職人現場製作有馬籠，還有多種商品可以選購。

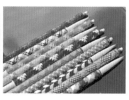

⑥ 灰吹屋西田筆店

☎050-7125-1393　⌂神戶市北區有馬町1160　▼
10:00~16:00　🈵週三、四　💲人形筆¥3000起

　包裹著華麗織線、筆頭還藏著個小娃娃頭的毛筆，長得十分可愛，這就是有馬名物之一的「有馬人形筆」。灰吹屋的老奶奶西田光子製作人形筆已超過50年的歷史，老奶奶做的人形筆上筆頭的小娃娃還會靈活的彈動呢。

溫泉水做的肥皂讓肌膚更保濕。

⑦ 吉高屋

☎078-904-0154　⌂神戶市北區有馬
町259　🕐9:00~20:00　🈵週三(遇假
日照常營業)　🌐yoshitakaya.com

　吉高屋是神戶電鐵有馬駅前的**一家和風雜貨店**，其有許多竹編手工藝品、用金泥染的麻布等各式各樣**充滿日本情懷的小東西**。最近其更研發出由有馬溫泉水製作而成的美肌產品，大受女性歡迎。另外用溫泉水製作的碳酸水也很特別，經過時不妨買一瓶試試看，喝起來可是清涼無比呢！

① 御所坊

☎078-904-0553　🏠神戶市北區有馬町858　💲一泊二食，兩人一室每人¥31,500起　🌐www.goshobo.co.jp

　御所坊為有馬溫泉的高級旅館，傳統又不失現代、和風品味卻又透露著國際風範，是個氣氛獨特日式溫泉旅館。自1191年創業以來，御所坊有著非常驚人，**超過八百年以上的歷史**。一如旅館名稱「御所」所示，這兒一開始是為了招待天皇等王公貴族而設的溫泉宿，館內的講究自然不在話下。但這種講究並不是目前京都一帶華美富麗的平安風格，而是一種更古醇、更深沉的簡樸素幽。走廊上、房間內擺飾的不是精美的陶瓷器皿，而是御所坊主人熟識藝術家的古體書法與金石篆刻；空間照明等更是擁有一股**百分之百的和風氛圍**。

② 兆楽

☎078-904-0666　🏠神戶市北區有馬町1654-1　🌐www.choraku.com

　兆楽是有馬溫泉少見的**風格美學旅館**，由高俯視的地勢稍離觀光地的喧囂，離幽靜的山林與澄澈的星空更近，在有馬溫泉的諸多旅館中論氣派與品質都是數一數二。傳統又不失現代的兆楽，房間內和風品味卻又透著國際風範，一走入玄關，大空間內只看到成為主角的花藝擺飾，讓人彷彿來到充滿和風精神的藝廊。而旅館最重要的**會席料理則屬於創作系**，依序一道道端上，讓客人放入舌上的都是最適合的溫度，嚐起來也特別美味。

③ 月光園 鴻朧館

☎078-903-2255　🏠神戶市北區有馬町318　🌐www.gekkoen.co.jp/kourokan/

　月光園鴻朧館**融合歐式的亮麗大方與和風的典雅**建築，將窗外落葉山翠綠的林蔭都攬了進來，自然的光線滿蘊著柔和的幸福感，溫柔地灑在大廳的每個角落。露天風呂的正下方是條潺潺小溪，小溪兩旁栽植著許多櫻花樹，每逢四月櫻花開時更是嬌豔迷人，泡在金色的溫泉裡，欣賞眼前櫻花花瓣如雪片般旋轉飛舞，充滿日本情懷。月光園鴻朧館的餐點為精緻的京風懷石料理，講究季節感的食材以極度纖麗之姿，展現在每道形色味皆美的料理中，其中又以神戶牛網燒與陶阪燒最受歡迎，是一年四季中皆可嘗到的佳餚。

④ 兵衛向陽閣

☎078-904-0501　🏠神戶市北區有馬町1904　🌐www.hyoe.co.jp/

　在歷史悠久的有馬溫泉區，**兵衛向陽閣是間外觀很現代的飯店，不過飯店客房仍是傳統的和室**，追溯至江戶時期，飯店原本是3層樓的木造建築，後來改建後才呈現今的風貌。飯店裝潢豪華中可見典雅，以各種花卉作為裝潢主題，特別討女性歡心，浴衣上印有牡丹圖案，不但符合飯店主題，同時也特別受到歡迎。大眾湯大片玻璃落地窗，提供絕佳視野，而室內無色透明的銀泉和室外赤褐色的金泉，兩者交互泡湯，據說對促進身體健康有絕佳效果。

神戸電鐵有馬線
有馬川
② 兆楽
⑤ 欽山
有馬溫泉駅
潼川
吉高屋
太閤像
湯煙廣場
ねぎや陵楓閣
有馬川親水公園
兵衛向陽閣 ④
有馬御苑 H
寧寧橋
有馬溫泉觀光
綜合案內所
中の坊瑞苑
有馬玩具
博物館
御所坊 ①
金の湯・太閤泉
御所泉源
花小宿旅館
三津森本舖
川上商店
天神社
天神泉源
有明泉源
高山莊華野
四季の彩旅籠
灰吹屋
妬泉源
有馬皇家飯店 H
溫泉寺
有馬籠
極樂寺
極樂泉源
③ 月光園鴻朧館
銀の湯
神戸市立
太閤の湯殿館
湯泉神社
愛宕山公園
往六甲有馬ロープウェー有馬溫泉駅 ↙
炭酸泉源

⑤ 欽山

☎078-904-0701　📍神戸市北區有馬町1302-4
🌐 www.kinzan.co.jp

　欽山一詞來自「山海經」，意思是擁有絕佳美景的山，這是欽山強調的重點，提供旅客隨時可得的美景，所以**大眾湯的「花の湯」和「鼓の湯」，外頭是瀑布式的水簾**，在泡湯的時候聽到轟轟然的水聲，閉上眼睛會懷疑自己是不是到了森林之中，營造出全然放鬆的環境，令人難忘。因為希望旅客可以得到完全的休息，並且享受當季時令料理，所以原則上不接受12歲以下旅客，不過春假、暑假、寒假期間除外，如此一來，每位客人都能不受打擾，擁有一個安靜的假期。

瑞寶寺公園

☎078-904-0708有馬溫泉觀光案內所　📍神戸市北區有馬町　🕐自由參觀

　稍稍遠離車站的瑞寶寺公園是有馬溫泉甚至是兵庫縣屈指可數的紅葉名所，此地為明治時代所廢除寺院瑞寶寺的遺跡，於1951年整理成為開放給民眾的公園。每年到了11月初就會因應秋天的來臨舉行有馬大茶會，重現豐臣秀吉時代的景象，將歷史、傳統文化與史跡融為一體。

京阪神基本情報

語言➜日語

地理環境➜京都與大阪、神戶為關西大都會圈中的主要城市,也是迎接旅人的三大門戶。京都古稱平安京又稱洛,為天皇居住所在地及首都,京都府內可分為洛中、洛東、洛西、洛南、洛北等區域。

時差

日本比台灣快一個時區,也就是台灣時間加一小時。

氣候

春(3、4、5月)➜氣溫已開始回升,但仍頗有寒意,有時氣溫仍在攝氏10度以下,早晚溫差大,需注意保暖。3月底至4月初是賞櫻季節,也是觀光人潮最多的時候,無論是訂機位或是訂房,最好提前一至二個月預訂較為保險。

夏(6、7、8月)➜夏天甚為悶熱,攝氏30度以上的日子不少,7月下旬~8月初甚至可能超過35度。夏天在各地都有許多傳統祭典及煙火大會,更添遊興。

秋(9、10、11月)➜涼爽怡人,平地只要薄外套、針織毛衣即可應付。但早晚溫差大,部分山區已進入冬天氣候,需有厚外套。11月進入京都的賞楓季節,奪目的紅葉為古都染上詩意。

冬(12、1、2月)➜冬天的氣溫比台灣北部更加嚴寒,但是偏乾冷,寒流來時甚至會在攝氏零度左右,保暖防風的衣物不可少。市區內很少下雪,只會偶爾因寒流而輕輕飄雪,路面不會造成嚴重的積雪狀況。

習慣

日本的一般商店街和百貨公司,除了特賣期間,通常都從早上11點左右營業到晚間7點到8點之間。行人行走方向是靠左行走,車輛行進方向也與台灣相反。而近來日本各處實行分菸制度,在公共場合都不可以吸菸,想吸菸必須要到有標識能吸菸的地方才行。

貨幣及匯率

匯率➜台幣1元約兌換日幣4.47圓

通貨➜日幣￥。紙鈔有1萬圓、5千圓、2千圓及1千圓,硬幣則有500圓、100圓、50圓、10圓、5圓及1圓。

兌換

出發前記得在國內先兌換好日幣,雖然各大百貨公司及店家、餐廳等都可使用信用卡,但是像購買電車票、吃拉麵、買路邊攤、住民宿等,都還是會用到現金。國內各家有提供外匯服務的銀行都有日幣兌換的服務,桃園、松山等機場內也有多家銀行櫃台可快速兌換外幣。

消費稅

日本的消費稅目前是10%。但無需擔心這會讓荷包大大縮水,因為退稅的方式也有所調整。日本自2016年5月1日起,除當地機場及少數免稅商店可提供退稅服務外,若是在大型電器連鎖賣場、百貨公司及店外貼有免稅/可退稅貼紙的店家消費,當日於同一店家消費了一般商品(非消耗品家電、服飾、包包等)或消耗品達5000日圓門檻即可退稅,須注意的是消耗品與一般物品需分開計算金額。消費後可憑護照、機票辦理退稅,但也不是每家均有退稅服務,建議事先詢問店員。

🔗tax-freeshop.jnto.go.jp

小費

日本當地消費無論用餐或住宿,都不用額外給小費,服務費已內含在標價中。

用餐

除了小餐館、路邊攤和投幣拿券式的拉麵店等小商家只能使用現金,大部份的地方可以刷卡(門口會有可否刷卡的標示)。一般店家都在店門附近擺放料理模型,可以按照模型選擇。不少大型居酒屋也都推出圖文並茂的菜單,讓不會日文的外國朋友可以按圖點餐。

購物

日本的大折扣季是在1月和7月，每次約進行1個半月的時間，跟台灣一樣會折扣愈打愈低，但貨色會愈來愈不齊全。1月因逢過年，各家百貨公司和商店都會推出超值的福袋。

信用卡掛失

VISA信用卡國際服務中心➜00531-44-0022
Master信用卡國際服務中心➜00531-11-3886
JCB日本掛失專線➜1-213-6888-00941
美國運通日本掛失專線➜03-3586-4757

電話

投幣話機可使用¥10、¥100，或是使用可以撥打國際電話的國際電話卡。能撥打國際電話的公用電話越來越少，請特別注意。

·打回台灣的國際電話
例：010→886→＊(區碼)→＊＊＊＊→＊＊＊＊
日本國際碼→台灣國碼→區域號碼-受話號碼

·打回台灣的行動電話
例：010→886→9＊＊→＊＊＊→＊＊＊＊
日本國際碼→台灣國碼→受話行動電話號碼

手機通訊

台灣行動電話雖和日本系統不同，但目前3G、4G手機皆可在日本漫遊。一般撥打方式在電話號碼前去0加上國碼即可，詳情請洽各家通訊業者。

電源

電壓100伏特，插頭為雙平腳插座。如果筆電的電源線為三個插座的話，記得要帶轉接頭，以免到日本後無法使用。

郵政

郵筒分紅、綠兩色，紅色寄當地郵件，綠色寄外國郵件(有些地區只有一個紅色郵筒兼收)。市區主要郵局開放時間，週一~五為9:00~19:00，週六為9:00~17:00。

航空明信片郵資日幣70圓，航空郵件郵資日幣90圓(限10公克以下，寄往亞洲國家，不包括澳洲、紐西蘭，10公克以上，每10公克加日幣60圓)。

旅遊服務中心(TIC)

可索取地圖、住宿及觀光交通等資料，講英文或中文都可以通喔！

關西國際機場旅遊服務中心

◎關西國際機場旅客航廈大樓(旅客ターミナルビル)1F
⏰7:00~22:00 ☎072-456-6160

台北駐大阪經濟文化辦事處

遭遇到任何問題與麻煩，如護照遺失、人身安全等，可與辦事處連絡。

◎大阪市北區中之島二丁目三番一八号17樓及19樓 ☎06-6227-8623，人身事故緊急聯絡電話090-8794-4568，一般事務勿撥打 📠06-6227-8214 ⏰週一~五9:00~11:10，13:00~15:00 🚇大阪地下鐵四つ橋線肥後橋駅下車，3號出口徒步5分

日本台灣交流協會台北事務所

備有觀光地圖、手冊與資料，也提供旅遊諮詢等。

☎02-2713-8000 ◎台北市松山區慶城街28號通泰商業大樓

國定假日

1月1日➜元旦
1月第2個週一➜成人之日
2月11日➜建國紀念日
3月20日或21日➜春分之日
4月29日➜昭和之日
5月3日➜憲法紀念日
5月4日➜綠之日
5月5日➜兒童之日
7月第3個週一➜海洋之日
8月11日➜山之日
9月第3個週一➜敬老之日
9月22日或23日➜秋分之日
10月第2個週一➜體育之日
11月3日➜文化之日
11月23日➜勤勞感謝日
12月29~31日➜年末休假

173

進入京阪神——入境資訊

簽證及護照效期規定

2005年8月5日通過台灣觀光客永久免簽證措施,即日起只要是90日內短期赴日者,即可享有免簽證優惠,使得旅行日本更加便利。

免簽證實施注意事項

對象➜持有效台灣護照者(僅限護照上記載有身分證字號者)。
赴日目的➜以觀光、商務、探親等短期停留目的之赴日(如以工作之目的赴日者則不符合免簽證規定)。
停留期間➜不超過90日期間。
出發入境地點➜無特別規定。

入境手續

所有入境日本的外國人都必須填寫入境表格與行李申報單,可以在機上向空服人員索取。另外,建議利用在飛機上的時間填寫表格,以免耽誤誤入關時間。

如何填寫出入境表格

日本的入國紀錄表格於2016年4月開始更新,目前通用的皆為新式表格,新版省略了出國紀錄,內容也較簡單,記得利用乘機空檔填寫,加快入境程序的時間。

❶姓(填寫護照上的英文姓氏)
❷名(填寫護照上的英文名字)
❸出生日期(依序為日期、月份、西元年)
❹現居國家名 ❺現居都市名
❻入境目的(勾選第一個選項「觀光」,若非觀光需持有簽證)
❼搭乘班機編號
❽預定停留期間
❾在日本的聯絡處(填入飯店名稱、電話號碼即可)
❿在日本有無被強制遣返和拒絕入境的經歷(勾選右方格:沒有)
⓫有無被判決有罪的紀錄(不限於日本)(勾選右方格:沒有)
⓬持有達禁藥物、槍砲、刀劍類、火藥類(勾選右方格:沒有)
⓭簽名

備註

新式入國記錄背面問題即為❿~⓬

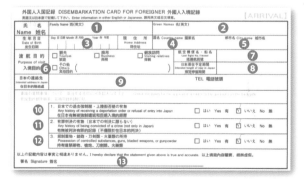

入境審查手續

自2007年11月20日開始,為了預防恐怖事件發生,所有入境日本的外國旅客都必須經過按指紋與臉部照相過程才可入境。

❶ 抵達後請準備好已經填寫完成的入境表格,於外國人的櫃檯依指示排隊。

⬇

❷ 向櫃檯入境審查官提交護照、填寫好之入境表格。

⬇

❸ 在海關人員的引導指示下讀取指紋。
請將兩隻手的食指放上指紋機,等候電腦讀取指紋資訊。

⬇

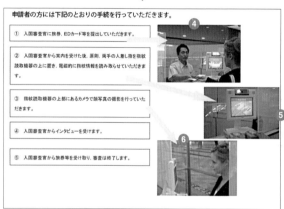

請參照 JP www.moj.go.jp/NYUKAN

❹ 準備臉部拍照,請將臉部正對著指紋機上的攝影鏡頭。

⬇

❺ 接受入境審查官的詢問。

⬇

❻ 入境審查官審核認可之後,
會在護照上貼上日本上陸許可,並釘上出國表格。
(此張表格於日本出境時審查官會取回)

⬇

❼ 等候入境審查官歸還護照,完成入境手續。

不需接受按指紋與臉部照相手續的人

1. 特別永住者。
2. 未滿16歲者。
3. 進行外交或政府公務活動之人員。
4. 受到日本國家行政首長邀請之人員。
5. 符合日本法務省規定之人員。

如何填寫行李申報單

① 搭乘航班編號

② 出發地點

③ 入境日期

④ 姓名(填寫護照上英文姓名)

⑤ 日本的聯絡處(請填寫入住之飯店名稱、電話)

⑥ 職業

⑦ 出生年月日(填寫西元年號)

⑧ 護照號碼

⑨ 同行家屬(請勾選)

⑩ 是否攜帶以下申請單B面之禁止入境物品?(填寫右方格:沒有)

⑪ 是否攜帶超過B面免稅範圍的商品、土產或禮品?(填寫右方格:沒有)

⑫ 是否攜帶商業貨物、樣品?(填寫右方格:沒有)

⑬ 是否攜帶別人寄放物品?(填寫右方格:沒有)

⑭ 是否攜帶超過折合100萬日幣的現金或有價證券?(填寫右方格:沒有)

⑮ 除隨身行李之外是否有郵寄送達日本的物品?(填寫右方格:沒有)

以上10-15項如果填寫「是」則必須在B面的清單正確填寫物品名稱與數量。

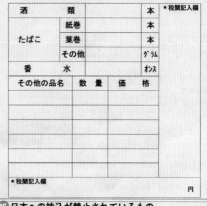

税関様式C第5360号

携帯品・別送品 申告書

下記及び裏面の事項について記入し、税関職員へ提出してください。

① 搭乗機(船舶)名・出発地　BR2198　(出発地 ② Taipei)

③ 入国日　2009年09月20日

④ 氏名　フリガナ　Wang Da Ming

⑤ 住所(滞在先)　KEIO PLAZA HOTEL TOKYO
tel　03 (3344) 1111

⑥ 職業　Student

⑦ 生年月日　1980年01月01日

⑧ 旅券番号　123456789

⑨ 同伴家族　20歳以上　　名　6歳以上20歳未満　　名　6歳未満　　名

※ 以下の質問について、該当する□に「✔」でチェックしてください。

1. 下記に掲げるものを持っていますか?　　はい　いいえ

⑩ ① 日本への持込が禁止又は制限されているもの(B面を参照)　□　☑

⑪ ② 免税範囲(B面を参照)を超える購入品・お土産品・贈答品など　□　☑

⑫ ③ 商業貨物・商品サンプル　□　☑

⑬ ④ 他人から預かった荷物　□　☑

※上記のいずれかで「はい」を選択した方は、B面に入国時に携帯して持込むものを記入願います。

2. 100万円相当額を超える現金又は有価証券などを持っていますか?　はい　いいえ　□　☑

※「はい」を選択した方は、別途「支払手段等の携帯輸入届出書」の提出が必要です。

3. 別送品　入国の際に携帯せず、郵送などの方法により別に送った荷物(引越荷物を含む。)がありますか?

□ はい　(　　個)　☑ いいえ

※「はい」を選択した方は、入国時に携帯して持込むものをB面に記載したこの申告書を2部、税関に提出して、税関の確認を受けてください。
税関で確認を受けた申告書は、別送品を通関する際に免税範囲の確認に必要となりますので大切に保管してください。

《注意事項》

海外で購入されたもの、預かってきたものなど、本邦に持込む携帯品・別送品については、税関に申告し、必要な検査を受ける必要があります。税関検査にご協力ください。
また、申告漏れ、偽りの申告などの不正な行為がありますと、処罰されることがありますので注意してください。

ご協力ありがとうございました。

A面より、記入してください。《申告は正確に!》
(ご不明な点がございましたら税関職員へお尋ねください。)

※ 入国時に携帯して持ち込むものについて、下記の表に記入してください。

(注) 個人的使用に供する購入品等に限り、1品目毎の海外市価の合計額が1万円以下のものは記入不要です。また、別送した荷物の詳細についても記入不要です。

酒　　類		本	*税関記入欄
たばこ	紙巻	本	
	葉巻	本	
	その他	グラム	
香　水		オンス	
その他の品名	数量	価格	

*税関記入欄　　　　円

⑯ 日本への持込が禁止されているもの

① 麻薬、向精神薬、大麻、あへん、覚せい剤、MDMAなど
② けん銃等の銃砲、これらの銃砲弾やけん銃部品
③ ダイナマイトなどの爆発物や火薬、化学兵器の原材料
④ 紙幣、貨幣、有価証券、クレジットカードなどの偽造品
⑤ わいせつ雑誌、わいせつDVD、児童ポルノなど
⑥ 偽ブランド品、海賊版などの知的財産侵害物品

⑰ 日本への持込が制限されているもの

① 猟銃、空気銃及び日本刀などの刀剣類
② ワシントン条約により輸入が制限されている動植物及びその製品(ワニ・ヘビ・リクガメ・象牙・じゃ香・サボテンなど)
③ 事前に検疫確認が必要な生きた動植物、肉製品(ソーセージ・ジャーキー類を含む。)、野菜、果物、米など
*事前に動植物検疫カウンターでの確認が必要です。

⑱ 免税範囲

・酒類3本(760ml/本)
・外国製紙巻たばこ200本
*20歳未満の方は酒類とたばこの免税範囲はありません。
・香水2オンス(1オンスは約28ml)
・海外市価の合計額が20万円の範囲に納まる品物(入国者の個人的使用に供するものに限る。)
*6歳未満のお子様は、おもちゃなど子供本人が使用するもの以外は免税になりません。
*海外市価とは、外国における通常の小売価格(購入価格)です。

⑯ 日本禁止入境物品

(1)麻藥、類精神藥、大麻、鴉片、興奮劑、搖頭丸等各級法定毒品。

(2)手槍等槍枝與槍枝的彈藥及零件。

(3)炸藥等爆炸物品、火藥、化學武器的原料。

(4)紙幣、貨幣、有價證券及信用卡等的偽造物品。

(5)色情書報雜誌、光碟及兒童色情物品。

(6)仿冒名牌商品、盜版等損害智慧財產權的物品。

⑰ 日本限制入境物品

(1)獵槍、空氣槍及日本刀等刀劍類。

(2)根據華盛頓公約限制進口的動植物及其製品(鱷魚、蛇、龜、象牙、麝香及仙人掌等)

(3)需事前檢疫的動植物、肉產品(包括香腸、牛肉乾、豬肉乾等)、蔬菜、水果及稻米。

⑱ 入境日本免稅範圍

・酒類3瓶(1瓶760ml)
・外國香菸400支
・香水2盎司(1盎司約28ml)
・境外市價總額不超過20萬日幣的物品(只限入境者的自用品)

國家圖書館出版品預行編目資料

京阪神地圖隨身GO 2023-2024/墨刻編輯部作. --
初版. -- 臺北市：墨刻出版股份有限公司出版：英
屬蓋曼群島商家庭傳媒股份有限公司城邦分公司發
行, 2023.09 176面；18.3×24.2公分
ISBN 978-986-289-909-0(平裝)
1.CST: 旅遊 2.CST: 旅遊地圖 3.CST: 日本關西
731.7509   112013028

地圖隨身 MOOK go
no.079
京阪神 2023~2024

作者
墨刻編輯部

攝影
墨刻攝影組

編輯
陳楷琪・施念恩

美術設計
駱如蘭 (特約)・李英娟

地圖繪製
Nina (特約)・墨刻編輯部

出版公司
墨刻出版股份有限公司
地址：115台北市南港區昆陽街16號7樓
電話：886-2-2500-7008
傳真：886-2-2500-7796
E-mail：mook_service@cph.com.tw
讀者服務：readerservice@cph.com.tw
墨刻官網：www.mook.com.tw

發行公司
英屬蓋曼群島商家庭傳媒股份有限公司城邦分公司
地址：台北市104民生東路二段141號2樓
電話：886-2-2500-7718　886-2-2500-7719
傳真：886-2-2500-1990　886-2-2500-1991
城邦讀書花園：www.cite.com.tw
劃撥：19863813
戶名：書蟲股份有限公司

香港發行所
城邦(香港)出版集團有限公司
地址：香港九龍土瓜灣土瓜灣道86號順聯工業大廈6樓A室
電話：852-2508-6231
傳真：852-2578-9337

馬新發行所
城邦(馬新)出版集團 Cite (M) Sdn Bhd
地址：41, Jalan Radin Anum, Bandar Baru Sri Petaling, 57000 Kuala
Lumpur, Malaysia.
電話：(603)90563833
傳真：(603)90576622
E-mail：services@cite.my

製版・印刷
凱林彩印股份有限公司

經銷商
聯合發行股份有限公司（電話：886-2-29178022）
誠品股份有限公司
金世盟實業股份有限公司

城邦書號
KA2079

定價
360元

ISBN
978-986-289-909-0・978-986-289-912-0(EPUB)
2023年9月初版　2024年4月二刷

首席執行長　Chief Executive Officer
何飛鵬　Feipong Ho

生活旅遊事業總經理暨墨刻出版社長　PCH Group President & Mook Managing Director
李淑霞　Kelly Lee

總編輯　Editor in Chief
汪雨菁　Eugenia Uang

資深主編　Senior Managing Editor
呂宛霖　Donna Lu

編輯　Editor
趙思語・唐德容・王藝霏・林昱霖
Yuyu Chew, Tejung Tang, Wang Yi Fei, Lin Yu Lin

資深美術設計主任　Senior Chief Designer
羅婕云　Jie-Yun Luo

資深美術設計　Senior Designer
李英娟　Rebecca Lee

影音企劃執行　Digital Planning Executive
邱茗晨　Mingchen Chiu

資深業務經理　Senior Advertising Manager
詹顏嘉　Jessie Jan

業務經理　Advertising Manager
劉玫玟　Karen Liu

業務專員　Advertising Specialist
程麒　Teresa Cheng

行銷企畫經理　Marketing Manager
呂妙君　Cloud Lu

行銷企畫主任　Marketing Supervisor
許立心　Sandra Hsu

業務行政專員　Marketing & Advertising Specialist
呂瑜珊　Cindy Lu

印務部經理　Printing Dept. Manager
王竟為　Jing Wei Wan